アメリカの今を知れば、日本と世界が見える

―混迷が告げる時代大転換の予兆―

中林美恵子

東京書籍

はじめに

２０２４年の大統領選挙は、トランプ氏の「アメリカ第一主義」の復活を決定づけた。アメリカ第一主義は、過去の歴史的サイクルにおける孤立主義や保護主義の再現に似ていると言うこともできるだろう。このような政策は、１９３０年代の大恐慌期や19世紀末の工業化時代に見られた現象でもあり、経済的不安と社会的緊張が生じるときにしばしば登場する。

トランプ氏の主張は、グローバル化によって取り残されたと感じる白人労働者階級に訴えたのであり、特に非大学卒の有権者層に響いたとされる。これらの人々は、グローバル市場や技術革新による変化に対応できない自分たちの境遇を訴え、既存の政治エリートに不信感を抱いていたことが既に指摘されている。

しかし２０２４年の大統領選挙では、トランプ氏が２０１６年の選挙のとき以上に支持層を膨らませ、民主党と共和党の支持層の流動化現象に至っている実態が明らかにされた。ＡＰ通信のＶｏｔｅＣａｓｔ調査によれば、トランプ氏は従来の支持層である白人有権者、非大学卒有権者、高齢者に加え、若年層、黒人男性、ヒスパニック系男性からの支持を拡大したのである。非大学卒有権者の55%はトランプ氏に投票し、ハリス氏の約4割を上回った。また、18〜29歳の最年少有権者層でも支持を伸ばし、45歳未満の有権者のほぼ半数を獲得した。一方、民主党のハリス氏は、都市部の白人大学卒男性からの支持を増やしたものの、他の層での支持減少を補うには至らなかった。特に、ラテン系有権者（特に男性）の共和党支持への傾斜が、民主党の支持基盤の融解を示している。これらのデータは、2024年の選挙において、民主党と共和党の支持層に流動化が顕著になったことを示している。リチャード・ピルデス教授（ニューヨーク大学法科大学院）の研究では、これは徐々に進行してきた現象であり、2024年の大統領選挙で決定的になったという。

もはや「分断」という観察的な視点でアメリカを外から論評する段階は、過ぎつつあるようだ。過去の変革期と同様、2024年の選挙では、社会の分断は固定的でないことが明らかになった。今のアメリカは既に混迷の時代に移り、日本を含む世界の人々をも巻き込んでいく時代の転換期に入った可能性がある。

歴史を振り返ると、アメリカは50年に一度の周期で社会的な混迷と再生を経験してきた。1960年代の公民権運動や1970年代のウォーターゲート事件後の改革は、アメリカが民主主義を強化する契機となった。現在の混迷もまた、アメリカが新たな民主主義の形を模索する過程であると考えることができる。

さらに、2024年の選挙で注目すべき点は、従来の選挙管理や情報操作の課題が新たな形で浮上したことである。AIやブロックチェーン技術を活用した不正防止やサイバー攻撃対策は、選挙の透明性向上に一定の成果を上げた。しかし同時に、ソーシャルメディアを通じた偽情報の拡散や有権者の情報操作という新しい問題が顕在化した。これらの問題は、現代特有の課題であると同時に、過去の歴史の中で繰り返されてきた「不安定な時代における情報戦」の現代版でもあった。

そしてトランプ氏の当選は、アメリカ社会が抱える経済的不平等、価値観の分断、そして国際的責任のあり方を再定義する機会にもなりそうである。過去の歴史を振り返ると、アメリカは常に混迷の中から新しい秩序を見いだしてきた。この歴史的文脈を理解することは、現在の混迷が単なる危機ではなく、未来への転換点であることを示している。歴史を紐《ひも》解くことで、アメリカの「混迷の時代」

がどのように展開し、新たな社会を築いていくかのヒントを得る機会となる可能性がある。

アメリカの歴史には、「大転換」のサイクルが存在するとされている。このサイクルは、内外の要因による激しい変動と、それを乗り越えての再構築によって特徴付けられる。建国の経緯や憲法起草の時代はもとより、南北戦争も19世紀のアメリカを二分し、奴隷制の廃止と国の再統一という形で歴史的な転換点を迎えた。20世紀初頭には産業革命と進歩主義運動が重なり、アメリカ社会は急速に近代化し、労働者の権利や政府の役割について新たな方向性が示された。さらに、20世紀半ばの公民権運動は、社会的平等を求める大規模な変革をもたらし、アメリカにおける人種間の関係性を劇的に再定義した。

これらの転換期に共通するのは、深い混迷を経て、その混迷を乗り越えた先に新たな社会の形が築かれるという点である。現在のアメリカもまた、歴史的な転換期にあるのだろう。トランプ政権の復帰が示すように、国内外での政治的分断と社会的対立が顕著となっているが、これは過去の混迷期と同様、社会全体が新たな方向性を模索している証左とも言える。２０２４年の大統領選挙では、都市部と地方部、教育水準の高い層と低い層の間での価値観の対立が一層明確になった。しかし、このような分断はアメリカにとって新しいものではなく、むしろ建国以来の歴史を通じて繰り返されてきたテーマである。

また、アメリカが民主主義の「実験国家」としての側面を持つことも、歴史を振り返る中で浮かび上がる重要な要素である。建国当初から、アメリカは人類の自由と平等を基盤とする新しい政治体制を試みてきた。独立宣言や憲法の制定は、その理念の最初の具体化であったが、それを実現する過程では多くの困難が伴った。民主主義の原則を実際の社会に適用するための試行錯誤の連続であった。アメリカの歴史は、こうした努力を通じて自由と平等の理念を拡張していく過程の記録であり、現在のアメリカ社会が直面する課題もまた、この流れの中で位置付けられる。

アメリカの政治は、単なる国内問題ではなく、世界の安定と繁栄に直結する影響力を持つ。２０２４年の大統領選挙におけるトランプ氏の再選は、アメリカ国内の深刻な格差や価値観の変化を浮き彫りにすると同時に、グローバルな影響力を再確認させた出来事となった。この選挙の結果は、アメリカが歴史的な変革の周期に再び入ったことを示しており、その波及効果は日本を含む世界各国に及ぶと考えられる。トランプ氏は高関税政策を掲げ、国内製造業の復活を目指している。この政策は短期的には効果を見せるかもしれないが、長期的には保護主義がアメリカ経済を閉塞的なものにするリスクも内包している。高関税政策や移民規制の強化は、国際貿易や地政学的安定に大きな影響を与える。中国との経済戦争の激化や移民制限による労働力不足は、アメリカ自身の経済成長を抑制する可能性があるだけでなく、世界経済全体にリスクをもたらす。また、気候変動対策や新技術の開発が停滞すれば、アメリカがリーダーシップを失い、国際社会が持続可能な未来を模索する上での障害となることも懸念される。

しかし一方で、混迷の中には常に変革の種があることを見逃してはならない。AＩや核融合エネルギーといった技術革新は、新たな経済成長をもたらす可能性を秘めている。アメリカがイノベーションを推進し、技術を活用して生産性を向上させれば、不平等や気候変動といった課題に対処する道筋が見えてくるかもしれない。この方向性は、アメリカ自身だけでなく、日本をはじめとする同盟国にとっても希望を抱かせるものである。

日本にとって、アメリカの動向を理解することは、自国の未来を見据える上で欠かせない。例えば、イーロン・マスク氏らをリーダーに据えた「政府効率化省」は、ＡＩやロボット技術を活用した行政改革のモデルケースとなるかもしれない。これを日本の行政や経済政策に応用すれば、長期停滞を乗り越える新たな可能性が生まれるだろう。また、日本は長年「先送り」によって課題を後回しにしてきたが、アメリカが混迷を通じて変革を実現しようとする姿勢は、日本にも多くの示唆を与える。特に高齢化社会や労働力不足の解決には、ＡＩやバイオテクノロジーを活用した政策転換が必要であり、この点でアメリカの成功例や失敗例から学ぶべきことは多い。

本書は、こうしたアメリカの「混迷の時代」を読み解くために欠かせないアメリカの建国のプロセスや現在の制度およびそこに至る考え方を解説した。そのことによって、アメリカが将来にわたって何を模索し、どのような政治的枠組みの中で葛藤しているのかを理解することができるからである。その際、アメリカの「今」は、過去の蓄積の上に成り立っており、すでに構築された国内の独特な制度と枠組みの中で展開されている事実を忘れてはならない。

そしてアメリカを理解することは、日本や世界にとって極めて重要な視座を提供する。本書が掲げる「アメリカの今を知ることは、日本と世界を知ること」というテーマは、単なる知的探求の意義に留《とど》まらず、国際社会における共存と協調の未来を形作る具体的な手段でもある。アメリカという「混迷の時代」を象徴する存在が、いかにして新たな国際秩序を形成し、それが日本や他国にどのような影響を及ぼすかを深く洞察することが求められる時代に入った。アメリカを理解することは、日本を含む世界全体の課題と可能性を理解することにもつながるのである。

2024年12月

中林美恵子

序章

戦争とインフレがアメリカの分断を加速

1 ウクライナ戦争・パレスチナ問題

ウクライナ戦争とアメリカ世論

アメリカは「分断」していると言われて久しい。人種、性、宗教、思想などさまざまな面で対立が表面化しているからである。なかでも大きな問題は、世界各地での戦争にどう関わるかということであり、もう1つは経済格差の拡大である。

2022年以降、ロシアによるウクライナ侵攻とイスラエルのガザ地区攻撃という2つの戦争が起きている。こうした国同士の対立は今に始まったことではないが、現代ならではの具体性が深刻な問題として目前に横たわる。まず、ウクライナの戦争についてアメリカ人がどう考えているかは、いくつかの世論調査から窺《うかが》い知ることができる。

アメリカのテレビネットワークCBSニュースはウクライナ問題に関する世論調査を2022年2月と4月に行っている。ロシアによるウクライナ侵攻が始まって直後の2月に行われた調査では、半数以上の53%の人が「関わるべきではない（Stay out）」と答えて

	関わるべき でない	ウクライナ を支援
18-29 歳	61%	29%
30-44 歳	55%	39%
45-64 歳	55%	44%
65 歳以上	39%	61%

図2　アメリカ国民はウクライナ問題にどう
対処すべきか？（年層別）

	民主党 支持者	共和党 支持者
ウクライナを支援	58%	41%
ロシアを支援	5%	4%
関わるべきではない	37%	55%

図3　支持政党別に見た対ウクライナ対応
（図1、2、3の出典：「CBS News 世論調査」
2022 年 2 月）

いる（図1）。ウクライナを支援すべきだと答えた人は43％、ロシアを支援すべきだという人は4％にとどまっている。年層別に見ると、若い人ほど「関わるべきではない」と答え、年齢が上がるにしたがって「ウクライナを支持すべき」という人が増える傾向が見てとれる（図2）。

支持政党別に見ると、民主党支持者は「ウクライナ支援」と考え、共和党支持者は「関わるべきではない」と考えていることがわかる（図3）。興味深いことに、バイデン大統領

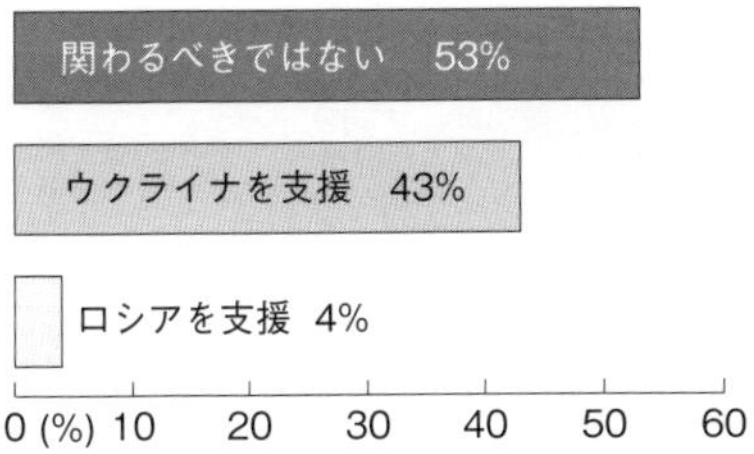

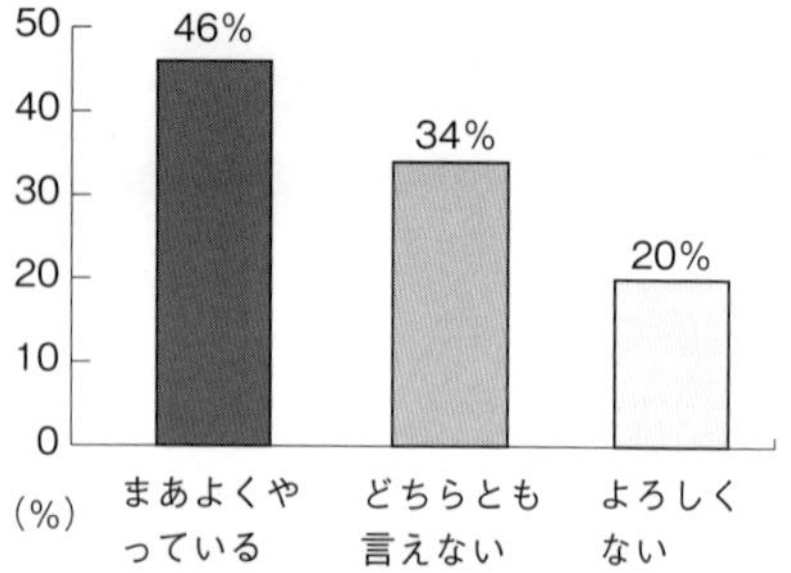

図4　バイデン大統領の対ロシア政策は適切か？
（出典：「CBS News 世論調査」2022 年 2 月）

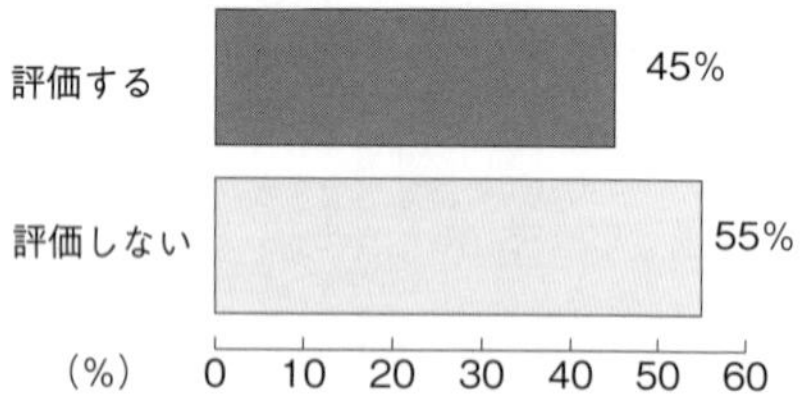

図5　バイデン大統領のロシアとウクライナへの対応をどう思うか？（出典：「CBS News 世論調査」2022 年 4 月）

の対ロシア政策については、約半数（46％）の人が「まあよくやっている」と答えている（図4）。

ウクライナ戦争の戦況で変化するアメリカ世論

２０２２年２月24日、ロシア軍は首都キーウなど４方面からウクライナ侵攻を開始した。このうちキーウへの侵攻は３月には膠着《こうちゃく》状態となり、４月にはロシア軍はキーウ周辺から撤退を始めた。プーチン大統領は数週間で終結すると考えていたとされているが、４月には戦況は長期化する様相を呈していた。

その４月にＣＢＳニュースは再びウクライナ戦争についての世論調査を行っている。この調査では、バイデン大統領に対する評価は逆転した。リーダーシップを発揮していないと見る人が増え、バイデン大統領の対ロシア政策を「評価しない」人が55％、「評価する」が45％に下がったのである（図5）。

アメリカがロシアとどう対峙していくべきかについては、「ウクライナ支援のために派兵すべき」と答えた人は25％にとどまっている。大多数のアメリカ人が、ウクライナ戦争に軍事的なコミットメントをすべきではないと考えているということである。約8割の人は「対ロシア経済制裁」を支持し、約7割の人が「武器供与によるウクライナ支援」に賛成している。さらに、北大西洋条約機構（NATO）同盟国への支援という形で間接的にウクライナを支援すべきだと考える人が約6割だった（図6）。

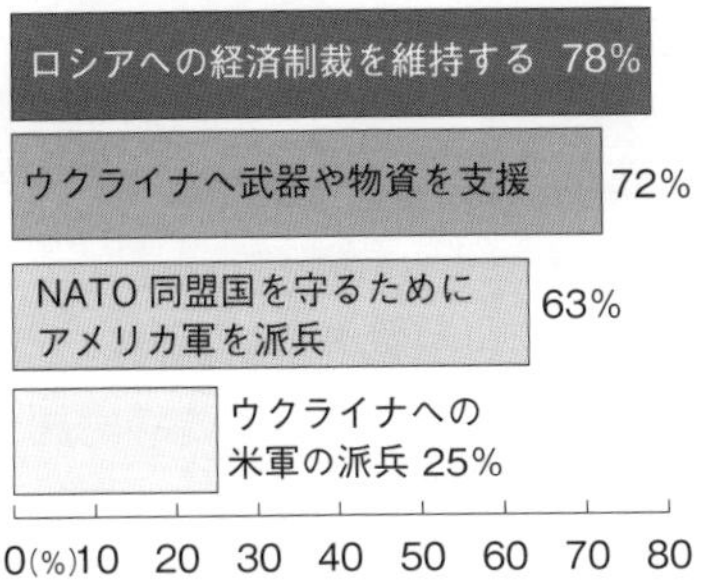

図6　ロシアのウクライナ侵攻にどう対峙すべきか？（出典：「CBS News 世論調査」2022年4月）

アメリカが軍事行動を起こすとしたら?

ウクライナ戦争の状況が時々刻々と変化している。また、戦況に応じて報道されるニュース画面も大きく変わり、それに応じて世論の感情も大きく左右される。したがって、質問条項も変わるため、

図７　アメリカがウクライナで軍事行動を起こすとしたら何が起こったときか？
（出典：「CBS News 世論調査」2022 年 4 月 5 日～ 8 日）

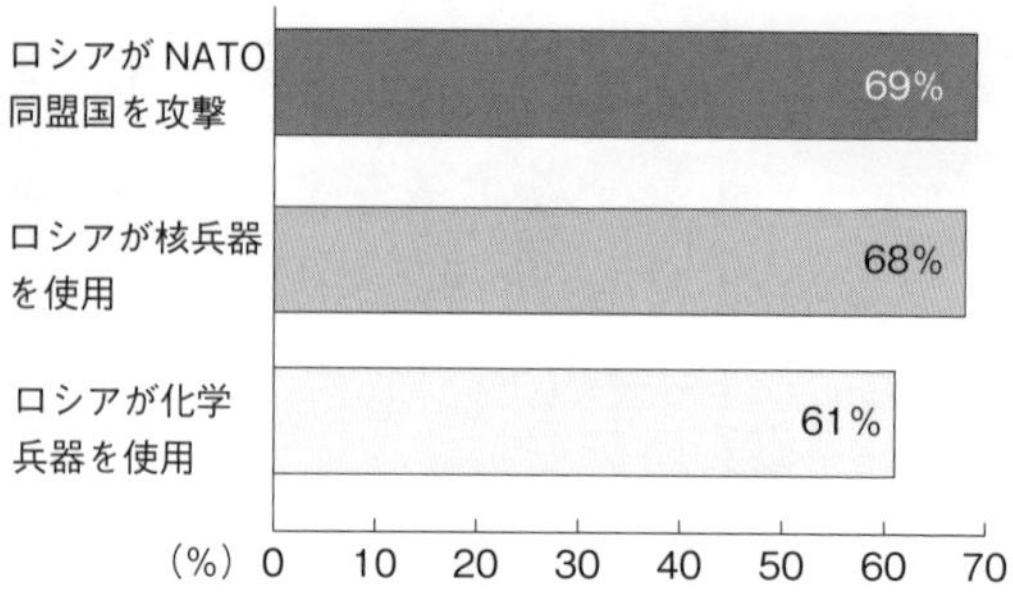

２月のＣＢＳ世論調査と４月のＣＢＳ世論調査を、単純に比較することはできない。しかし、２つの調査を比較することによって、アメリカの世論の変化をある程度読み取ることはできる。

実は、４月に行われたＣＢＳ世論調査では、もう１つ興味深い質問項目がある。それは、どのような状況になれば、アメリカはウクライナで軍事行動を起こすかという質問である。それは、アメリカがウクライナに派兵してロシアと戦うということである。

この質問に対しては、約７割の人が、「ＮＡＴＯをはじめとするアメリカ同盟国にロシアが攻撃を加えたとき」あるいは「ロシアが核兵器を使ったとき」と答えている。また、約６割の人が「ロシアが化学兵器を使ったとき」と答えている（図７）。

アメリカの対ウクライナ支援

ウクライナ戦争について、アメリカの世論は、ロシアへの経済制裁とウクライナへの武器支援を支持している。そこで、連邦議会は2022年3月に成立した2022年度予算に、ウクライナ支援のための136億ドル（うち軍事支援は65億ドル）を計上した。当時の為替レートで計算すると約1・6兆円（軍事費8000億円）である。

バイデン大統領は2022年4月28日、ウクライナ支援の追加予算として総額330億ドルの承認を連邦議会に求めた。ウクライナへの軍事支援204億ドル、経済援助85億ドル、人道援助30億ドルなどである。5月9日には「武器貸与法」が成立し、5月11日には連邦議会下院が70億ドルを上乗せして、400億ドル（約5兆2000億円）の追加（補正）予算を可決した。賛成368、反対57の圧倒的多数だった。さらに、5月19日、連邦議会上院が同じ法案を、賛成86、反対11の圧倒的多数で可決した。

400億ドルの中身は、ウクライナへの兵器の供与やアメリカ軍が提供する兵器の補充、ウクライナ政府への経済支援などが含まれている。アメリカは、人工妊娠中絶や人種問題、経済格差をはじめとするさまざまな面で分断していると言われる。しかし、ウクライナ支援に関しては、共和党と民主党は分断を超えて一致していた。

図8　ウクライナへの資金援助とアメリカの役割（出典：「CNN世論調査」2023年7月）

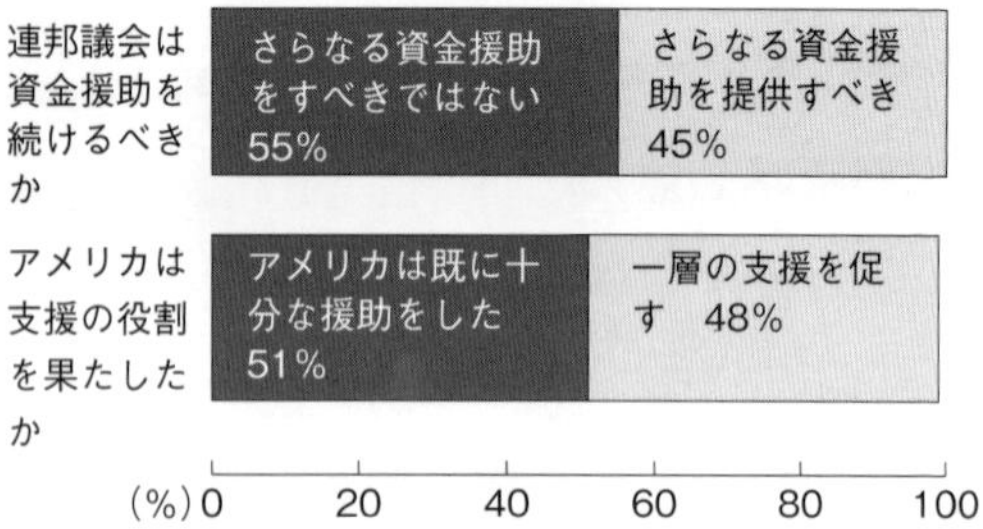

冷める世論

２０２３年に入るとさらに状況は変化してくる。同年7月にＣＮＮが実施した世論調査では、ウクライナ支援に関する考えが促進派と非促進派で拮抗するようになる。「連邦議会がさらなるウクライナへの資金援助を行うべきかどうか」という質問に対して、半数を超える人々が、資金援助を提供すべきではないと答えている。また、約50％の人々がさらなる援助について否定的な立場を取っている。党派別に見ると、民主党支持層は62％の人が新たな支援に賛成しているのに対して、共和党支持層は71％の人が「追加の支援援助は控えるべき」と回答している（図8）。

ウクライナ支援に消極的な意見が増加するようになった。ウクライナへの支援を過剰だと考える人は２０２２年3月は7％に過ぎなかったが、２０２４年4月には31％に増加している。共和党支持層では9％から49％に、民主党支持層でも5％から

16%に増加している（ピュー・リサーチ・センター）（＊1）（図9）。

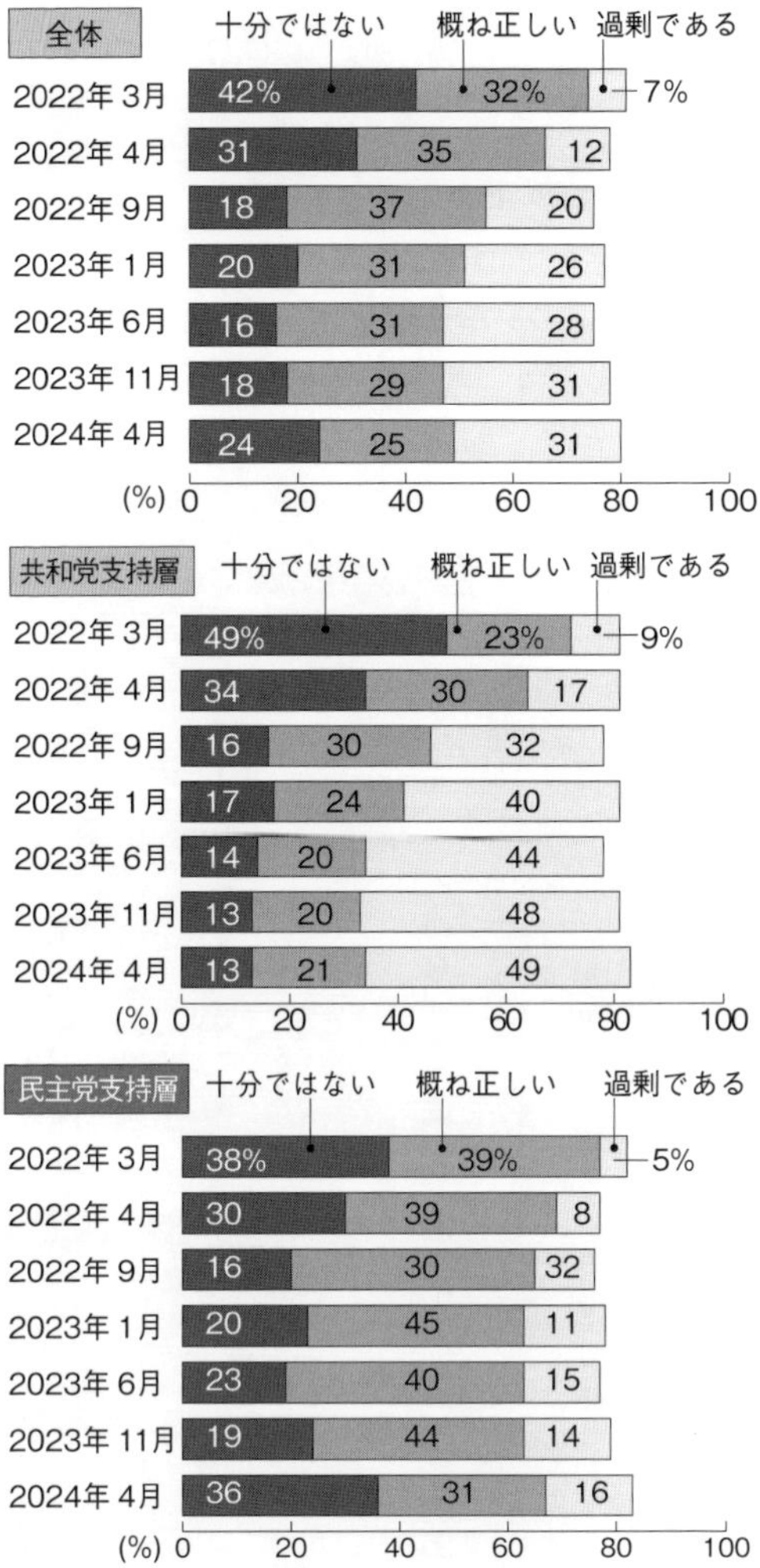

図9　ウクライナ問題に対する世論の推移
（出典：「ピュー・リサーチ・センター」調査2024年5月）

＊1【ピュー・リサーチ・センター（Pew Research Center）】同センターは、ワシントンを拠点としてアメリカや世界の人々の問題意識や意見、傾向に関する情報を調査するシンクタンク。サイトでは、時間の経過に伴う世論の変遷や、党派間の意見の違い、また紛争が及ぼす広範な影響への懸念について詳述している。

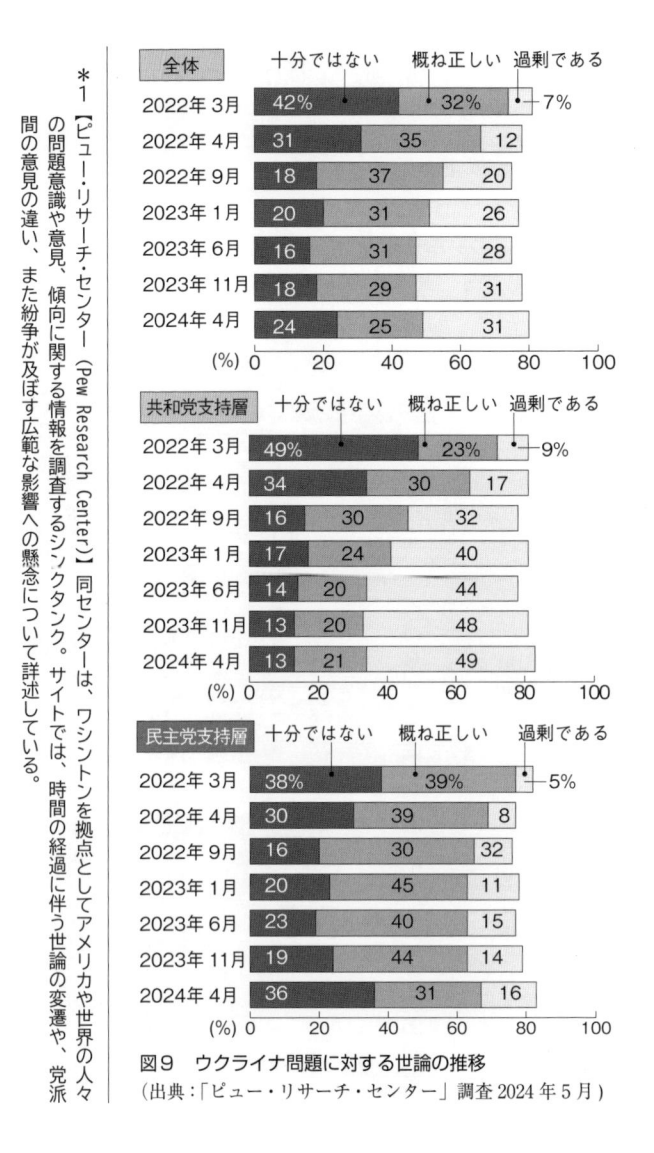

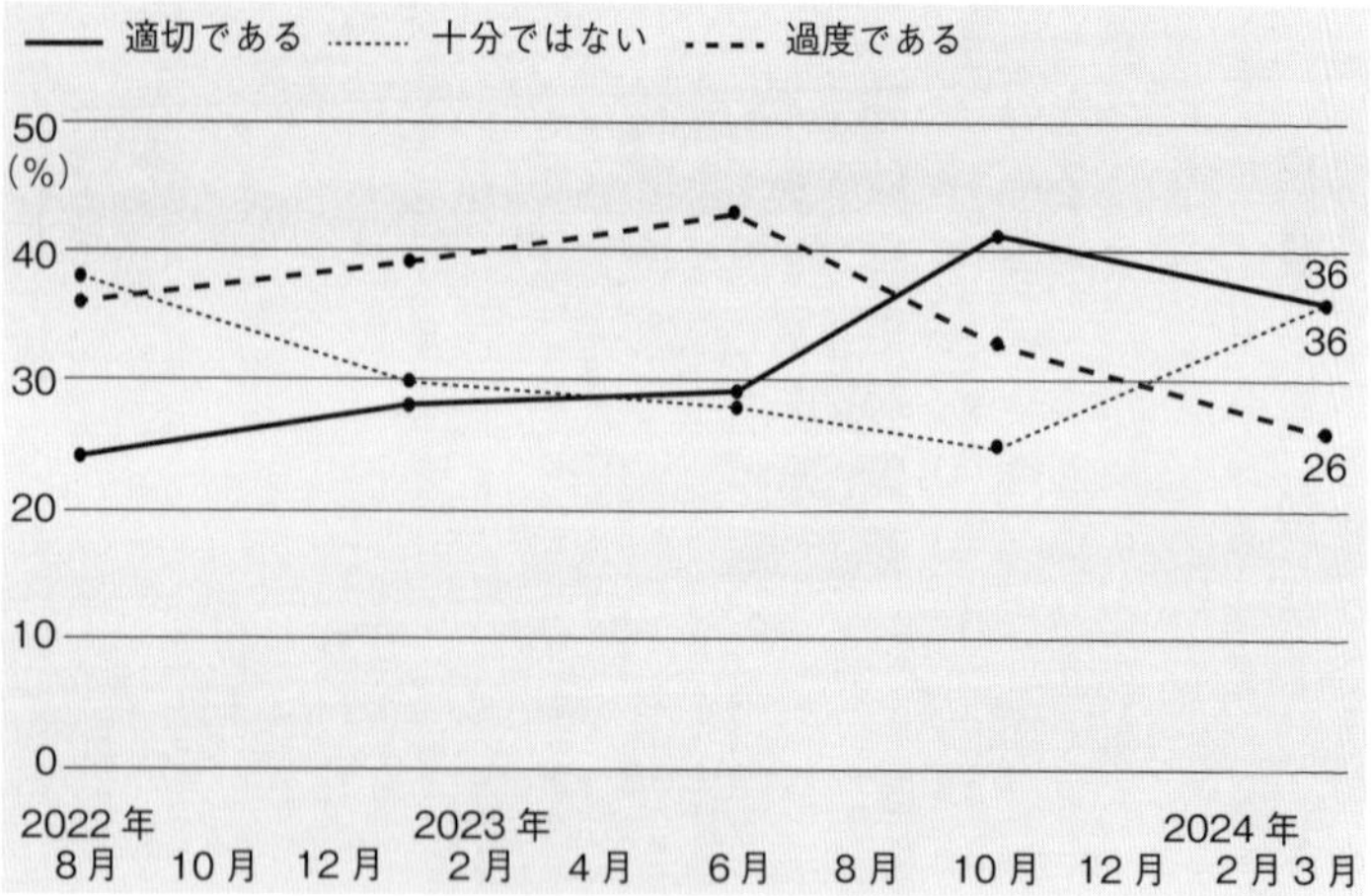

図10　ウクライナへの支援をどう思いますか？（出典：「ギャラップ社調査」2024年4月）

一方、ギャラップ社の2024年4月発表の調査では、3月時点でウクライナへの支援が「適切である」と「十分ではない」が各36％、「過度である」が26％と、アメリカはウクライナに対して十分なことをしていないと考えるアメリカ人が増えているという結果が出ている（図10）。

ウクライナ支援とトランプ前大統領の再登場

その後、約610億ドルの支援を行う内容の追加予算案が2024年4月20日に下院で可決された。民主党と共和党の対立により、法案の成立が数か月間停滞したが、最終的には両党の妥協によって成立した。民主党はウクライナ支援を「国際秩序を守るための必要な措置」として全面的に支持したが、共和党内の一部では「国内の財政問題を優先すべき」との声が強く、ウクライナ支援に対する反対が根強かったのが原因である。

追加予算法案では、軍事支援として、アメリカの武器備蓄の補充費用に130億ドル、ウクライナ向け防衛システム費用として140億ドル、地域内でのアメリカ軍の活動費として70億ドルが計上されている。経済支援として、ウクライナ政府の経済運営を支えるために95億ドルが融資される。これにより、2022年2月以降のアメリカによるウクライナ支援の累計額は約1130億ドルに達している。

しかし、2024年11月のアメリカ大統領選挙でトランプ氏が勝利した。トランプ氏は選挙中ウクライナに対する西側の支援規模をくり返し批判し続け、返り咲けばロシアによるウクライナ侵略を24時間以内に終わらせると豪語してきた。ウクライナや欧州諸国では今後のアメリカによる支援の度合いを巡り懸念が高まっている。

2024年11月、バイデン大統領は、トランプ氏の就任式までに、使用されずに残っているウクライナ向け軍事支援を迅速に支出する計画策定に入った。

イスラエルの対ハマス攻撃

２０２３年10月7日、パレスチナのガザ地区を支配するハマスとイスラエルとの間で戦争が勃発した。ハマスはイスラエル領内に数千発のロケット弾を撃ち込むとともに、ガザ地区近隣のイスラエル南部各軍事施設に向けて戦闘員を侵入させ、戦闘により民間人を含む多数のイスラエル人を殺傷・拉致した。これは、２０２３年に占領下のパレスチナ領内でイスラエルが約２５０人のパレスチナ人を殺害したことに対する反撃だという説もある。

イスラエル軍はハマスを押し返した後、ガザ地区を閉鎖し、大規模な空爆と地上侵攻を行い、ガザ地区の一般市民などを中心に多数の死傷者が出た。ハマスがイスラエルを攻撃した。パレスチナ・イスラエル戦争である。

この戦争に関してアメリカは、一般市民の死傷者が多いことについては懸念を表明しているものの、一貫してイスラエル支持の姿勢を崩していない。なぜか。それは多くのアメリカ人にとって、イスラエルは重要な国だからである。

民主党・共和党それぞれの対応

アメリカ人の約75％はキリスト教徒であり、そのうちの50％がプロテスタントである。

また、プロテスタントのうち聖書を重要視する福音派が多数であり、現在では有権者の4人に1人は福音派と言われる。共和党支持者の多くは福音派である。福音派にとってエルサレムは特別の聖地である。したがって、アメリカ人の多数派はイスラエルを支持していると考えていい。

例えば、2016年の大統領選挙では、福音派の8割がトランプ氏に投票したと言われる。2018年にはトランプ大統領は、テルアビブにあったアメリカ大使館をエルサレムに移転した。イスラエルは「エルサレム」を首都としているが、多くの国はテルアビブに大使館を置いている。トランプ大統領は福音派を意識して、アメリカ大使館をあえてエルサレムに移転させたのである。

一方、民主党は宗教に関して必ずしも一枚岩ではない。例えば、2023年11月に行われたギャラップ社（*2）の世論調査によると、民主党支持者の63%がガザ地区でのイスラエルの軍事行動を支持しないと回答している。また、民主党支持者で35歳未満の67%、有

*2【ギャラップ社】1935年にジョージ・ギャラップによって設立されたアメリカ世論研究所（American Institute of Public Opinion）が前身。本社はワシントンにある。約30か国に拠点を設けて世論調査などを行っている。1995年に日本オフィスを開設。ウクライナ戦争に関するアメリカ人の態度の変化を追跡するデータと視覚的に分かりやすいチャートを提供している。

色人種の64％が不支持を表明している。

２０２４年のアメリカ大統領選挙において、ガザでの戦争がアラブ系アメリカ人の投票行動に影響を及ぼし、民主党のカマラ・ハリス候補に不利に働いたと言われる。

アラブ・アメリカン研究所（Arab American Institute）が行った出口調査によれば、アラブ系によるハリス氏の支持率は約20・３％にとどまり、２０２０年のジョー・バイデン氏が獲得した69％から大幅に減少した。一方、緑の党（Green Party of the United States）のジル・スタイン候補は53％、ドナルド・トランプ候補は21・４％の支持を得た。

特にミシガン州では、ハリス氏の支持率が14・３％にまで低下しており、アラブ系有権者の動向が選挙結果に大きな影響を与えたと考えられる。これらのデータは、ガザでの戦争がアラブ系アメリカ人の投票行動に直接的な影響を及ぼし、ハリス氏の得票に不利に働いたことを示している。

またこの結果は、アラブ系アメリカ人の伝統的な民主党支持傾向からの大きな変化を示している。共和党のトランプ氏はアラブ系有権者の間で46％の支持を得ており、民主党のハリス氏の42％を上回ったのである。

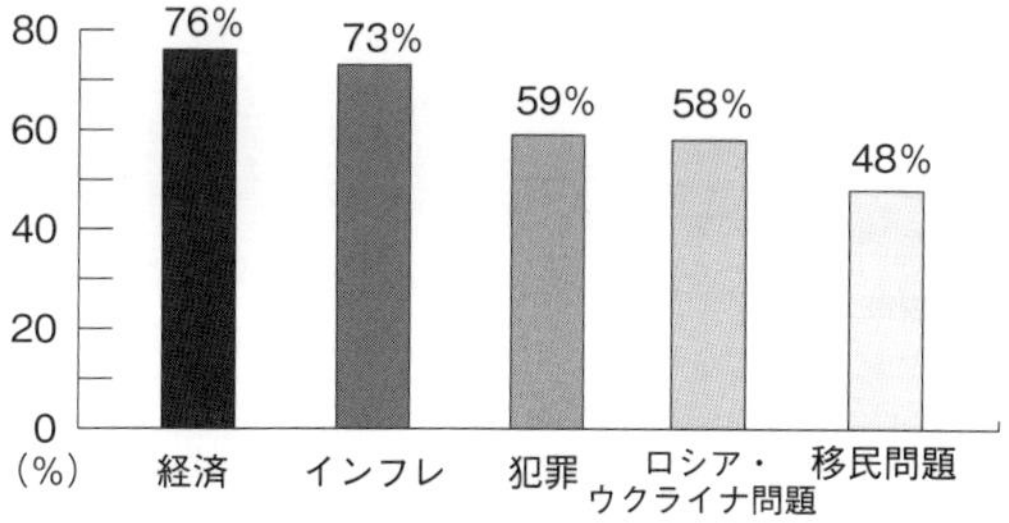

図 11　優先されるべき政策課題は？（出典：「CBS News 世論調査」2022 年 4 月 5 日〜 8 日）

もう1つの課題「経済」

さて、アメリカが抱えるもう１つの課題は「経済」である。

２０２４年の大統領選挙で当選したトランプ氏は、新たな減税策を導入し、国の経済成長を促進すると述べている。実際、大統領在任時には、法人税率の引き下げ、個人の所得税の最高税率引き下げなどを行っている。

２年ほど前になるが、ＣＢＳニュースの世論調査によれば、バイデン政権が最優先に取り組むべき課題として76%の国民が「経済」を挙げており、２番目が「インフレ」（73%）である。次いで、「犯罪」（59%）、「ロシア・ウクライナ問題」（58%）、「移民問題」（48%）と続く（図11）。

図12　国別GDPランキング
（出典：IMF統計）

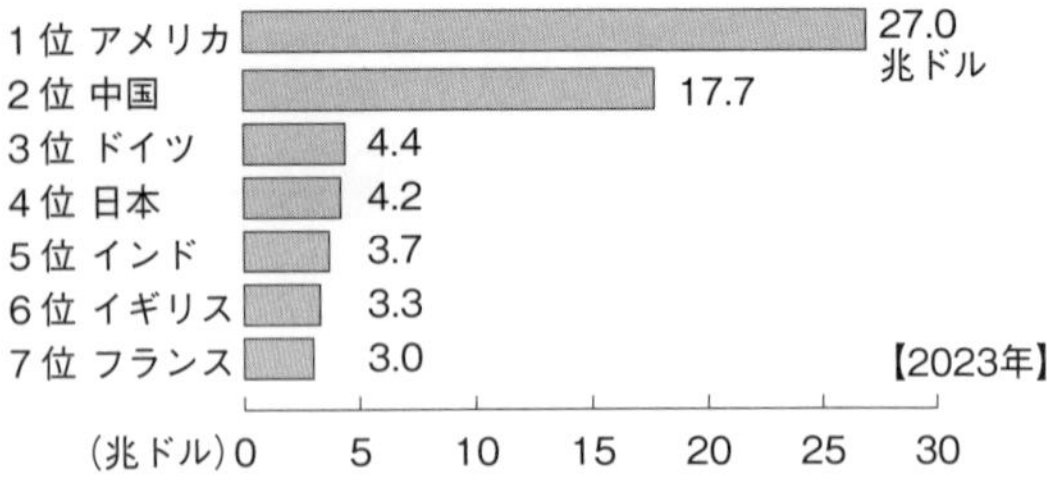

図13　世界の1人当たりGDP（名目）ランキング
（出典：IMF統計）

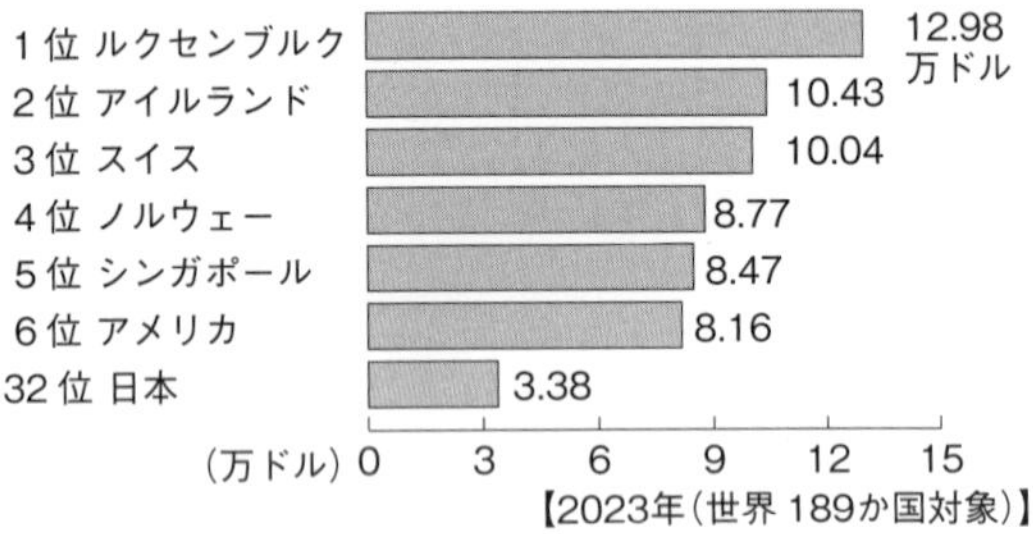

なぜアメリカで「経済」と「インフレ」が問題なのだろうか。アメリカは世界一のGDP（国内総生産）大国である。2023年のGDPは約27兆ドルで、日本円に換算すると約3800兆円（2023年の円平均相場140・53円）。日本の7倍近い（図12）。1人当たりGDPは約8万ドルで、日本の2倍以上である（図13）。

平均年収で見ても、約8万ドルで日本の2・5倍の年収である（2023年）（図14）。また、2021年のアメリカの4人家族の平均貧困水準は年収2万6500ドル（約291万円、2021年の円平均相場109・87円）

で、人口の約１１・６％（３７９０万人）が貧困層と推計されている。比較年は異なるが、日本では、１００万円以上４００万円未満の世帯が約42％を占め、世帯所得の中央値（データを小さい順に並び替えた時に真ん中に来る値）は４０５万円である（２０２３年）（図15）。

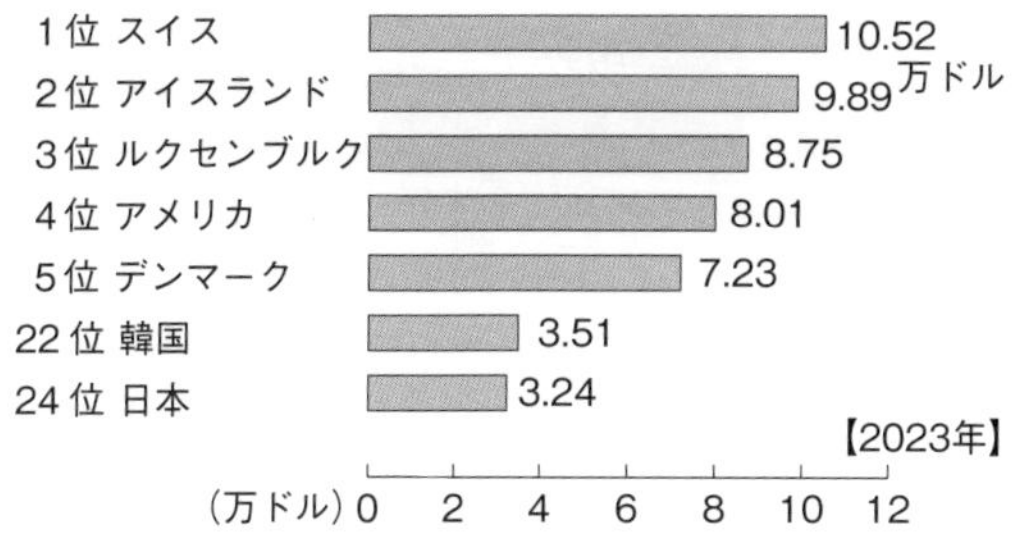

図 14　国別平均年収ランキング（出典：OECD 資料）

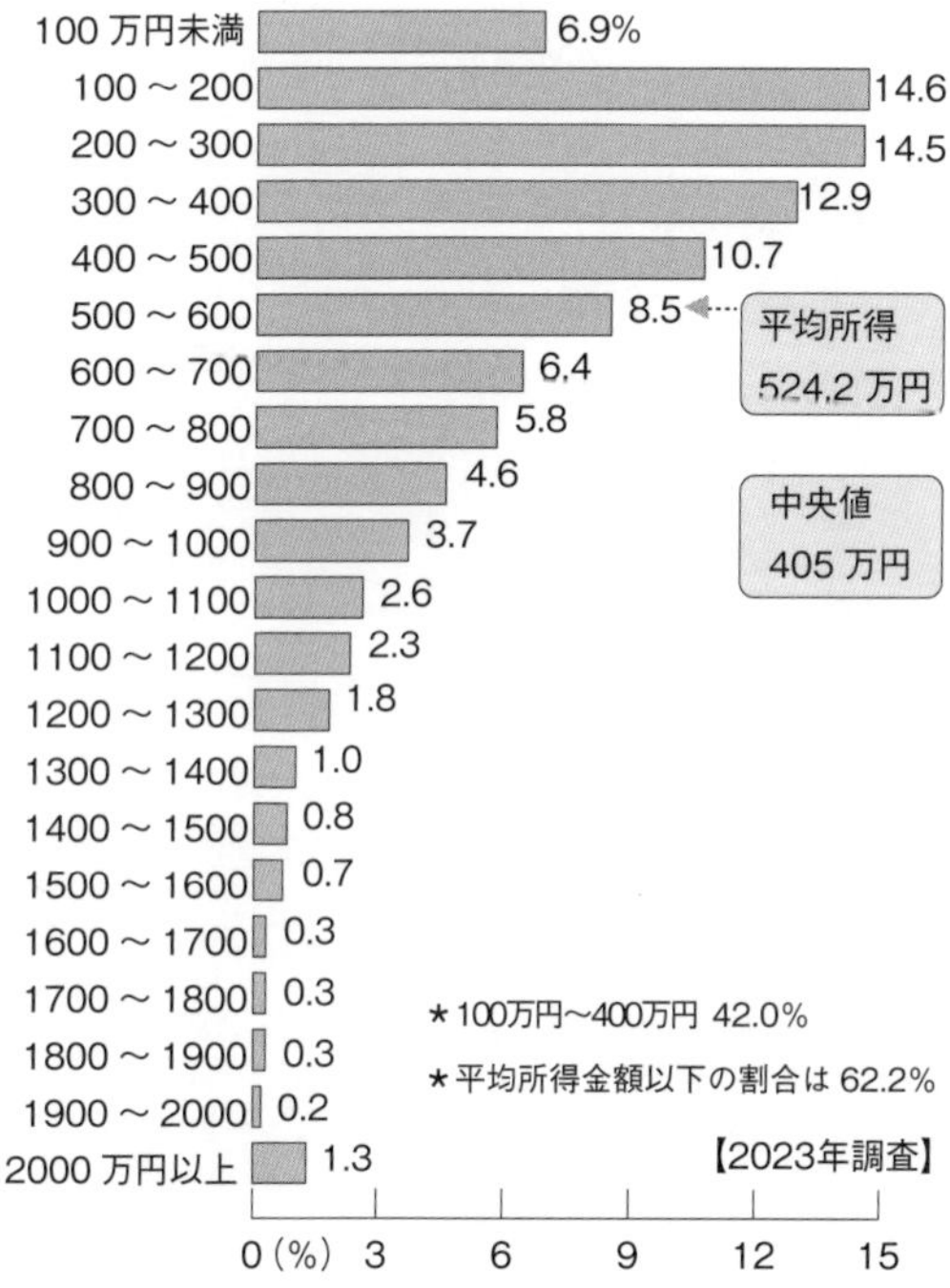

図 15　所得金額階級別世帯数の分布（出典：厚生労働省「2023 年国民生活基礎調査の概況」）

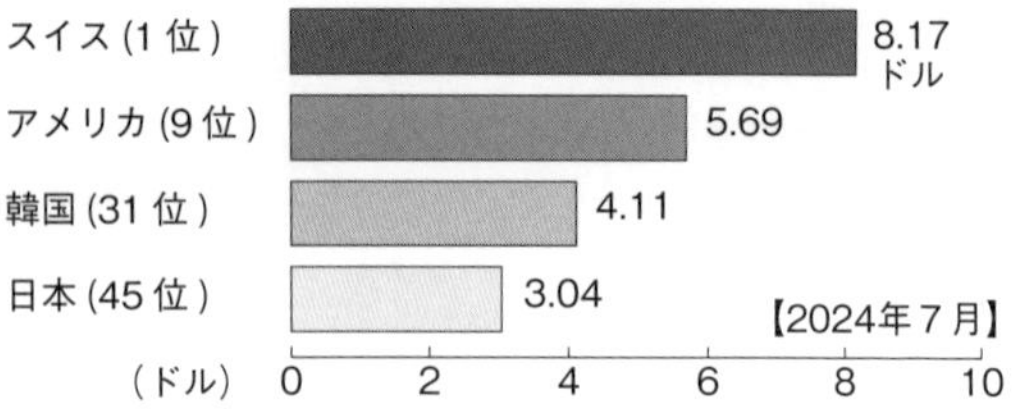

図16　マクドナルドのビッグマック1個の値段の国際比較（出典：The Economist資料）

以上の数字から判断すると、アメリカ全体から見れば、アメリカは貧しい国には見えない。むしろ日本の貧困のほうが目につく。ただし、いま紹介した数字は、為替レートが替われば大きく変わる。1ドル150円が1ドル100円になれば、日本の数字は1・5倍になるからである。

例えば、マクドナルドのビッグマック1個の値段は、2024年時点で、日本では3・04ドル、アメリカでは5・69ドルである。日本の値段を基準にして1ドル150円で計算すると、アメリカのビックマックは約854円になる。日本は456円である。つまりアメリカの物価は、日本よりも1・9倍高いことになる。多くの貧しいアメリカ人が、物価高の中で暮らしているのである（図16）。

ガソリン価格高騰が貧困層を直撃

「経済」は国民にとっての最重要事項である。人々にとっての「経済」とは、みずからの「暮らし向き」を意味する。例えば、アメリ

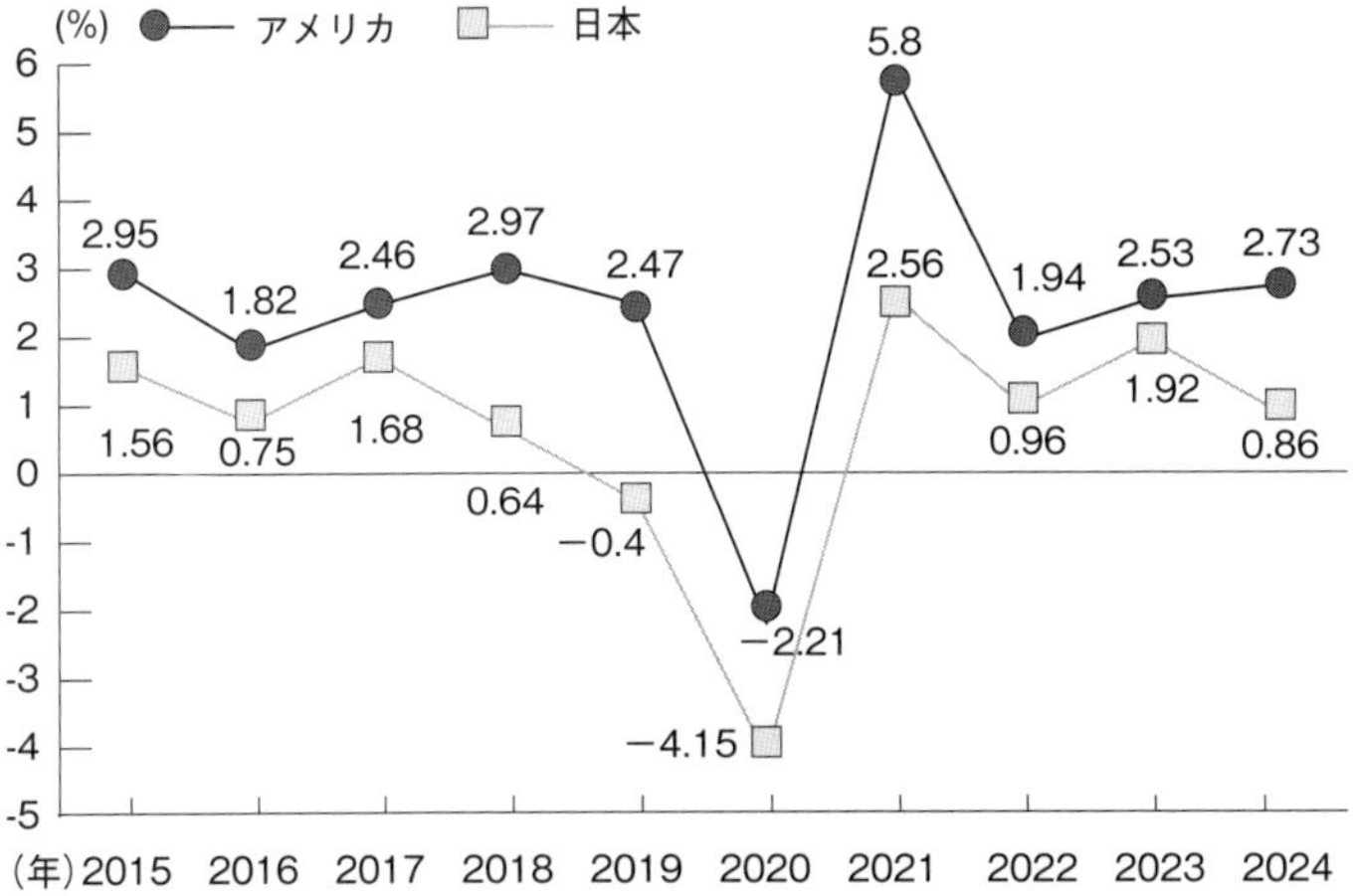

図 17　アメリカと日本の経済成長率（実質）　GDP の変動を示す。2024 年は 4 月時点の推計。（出典：IMF「World Economic Outlook Databases」2024 年 4 月版）

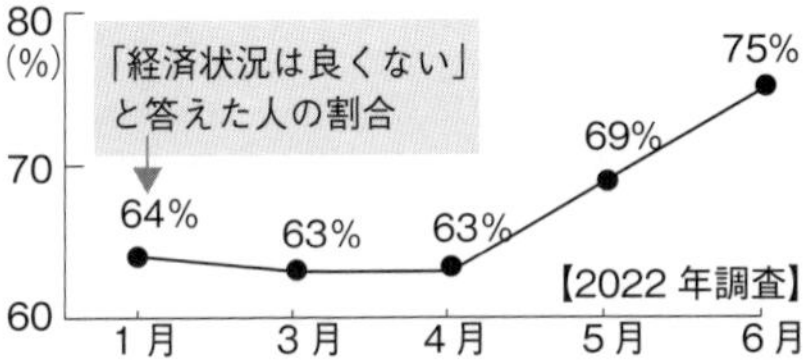

図 18　アメリカの経済状況をどう思うか（出典：「CBS News 世論調査」2022 年）

カ経済は２０２０年にはマイナス成長（マイナス２・21％）を記録した。新型コロナ禍で経済が停滞したことが最大の原因である。その反動で、２０２１年は５・８％の成長を記録したが、２０２２年には１・94％に落ち込んだ（図17）。

２０２２年に行われたＣＢＳニュースの世論調査によれば、「経済は悪い」と答えた人の割合が、１月には64％だったものが６月には75％に増加している（図18）。

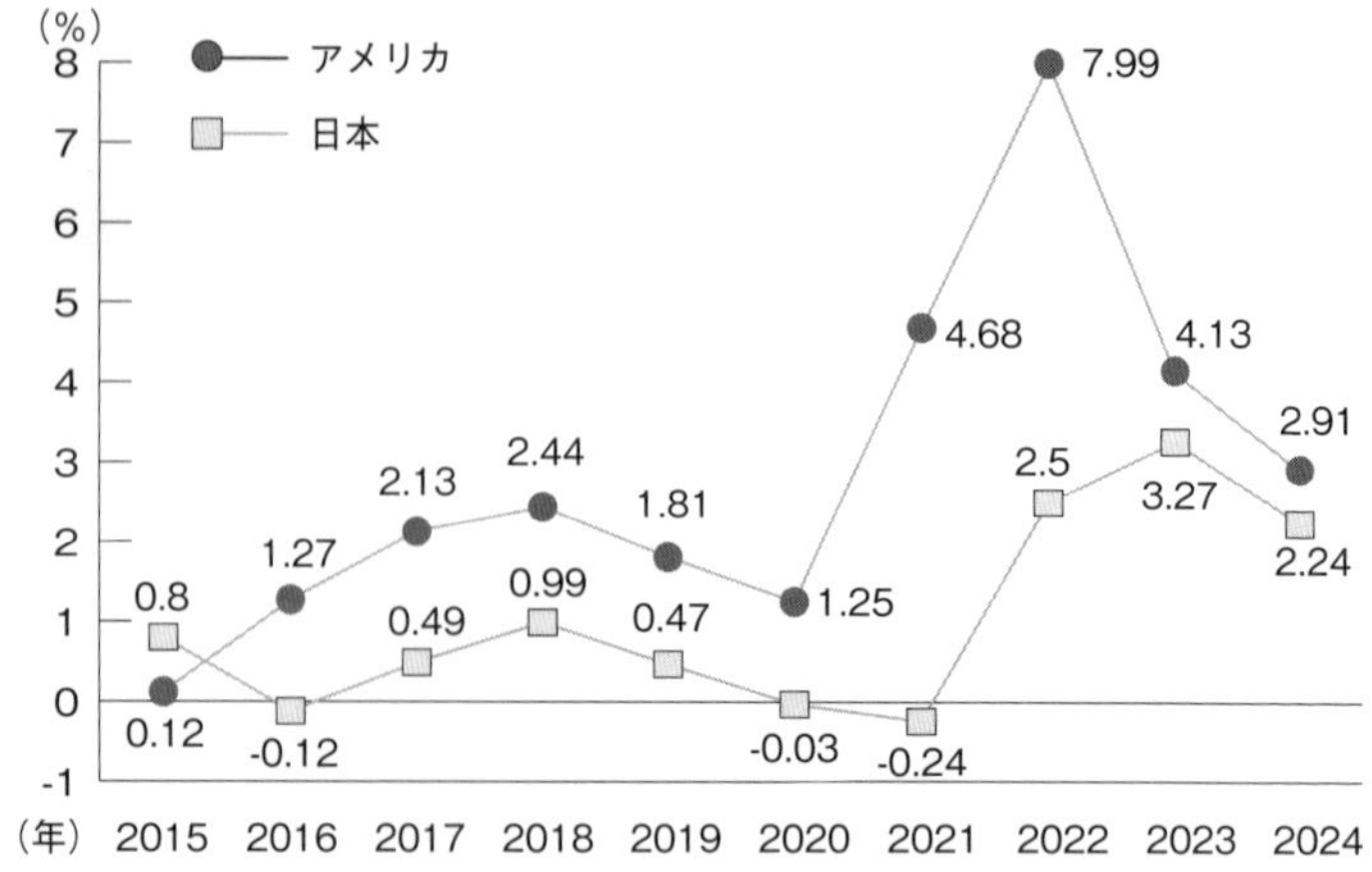

図19　アメリカと日本のインフレ率　年平均値。消費者物価指数の前年に対する上昇率を表す。（出典：IMF「World Economic Outlook Databases」2024年4月版）

インフレ率も高い。２０２１年４・68％だったアメリカのインフレ率は、22年には７・99％まで急上昇した（23年４・13％）（図19）。その主要な原因は、ウクライナ戦争によるガソリン価格の高騰である。２０２２年７月にメリーランド大学が発表した世論調査によれば、３月には73％が「ウクライナ支援にエネルギーコストを支払う覚悟がある」と答えたのに対して、３か月後の６月には、62％と11ポイント減少している。戦争が長引くにつれて支援疲れが起きることを示している。

　実際、バイデン大統領が大統領選挙で勝利した２０２０年11月以降、ガソリン

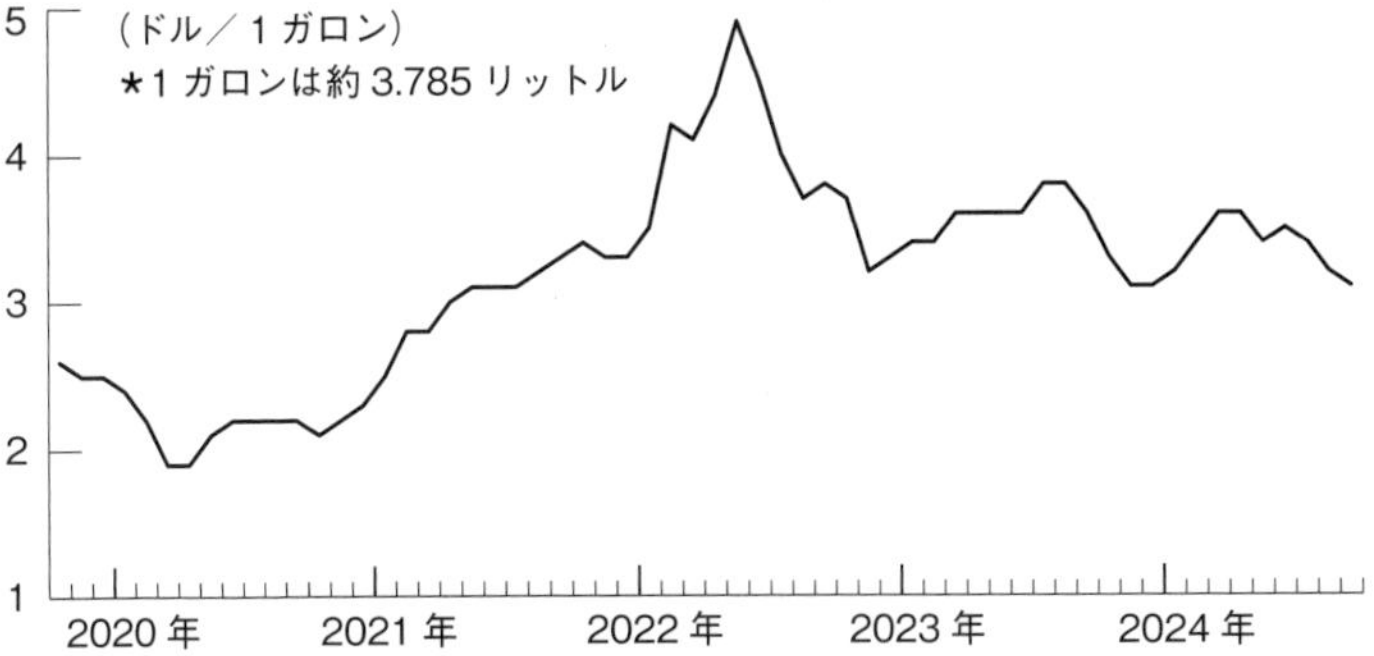

図20　アメリカのガソリン価格の推移
（出典：US Energy Information Administration 資料）

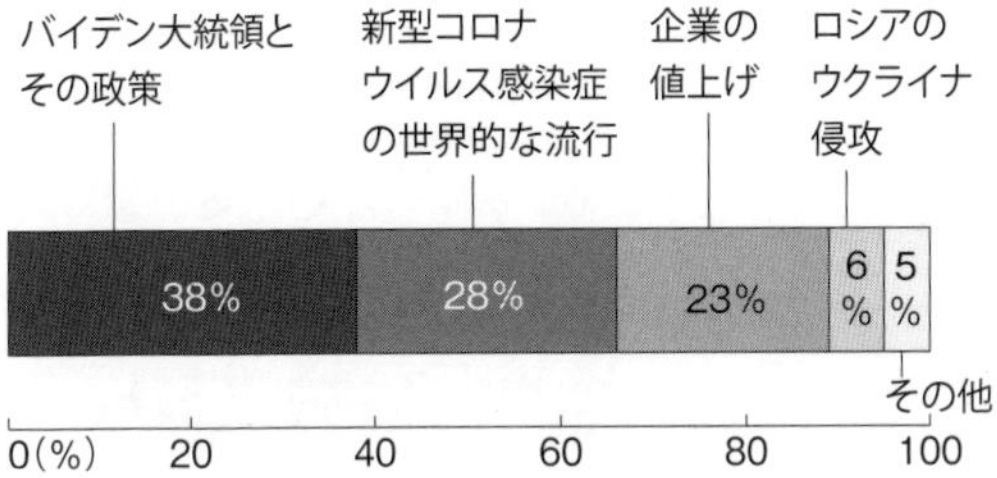

図21　インフレの責任は誰にあるのか
（出典：「NBC News 世論調査」2022年3月18日〜22日）

価格は急上昇した。1ガロン（約3・8リットル）当たり2・12ドルだった価格が、2022年2月には4・33ドル、6月には4・81ドルまで上昇したのである（図20）。アメリカは自動車社会である。豊かではない人々にとってガソリン価格の上昇は死活問題にもつながる。2022年3月に行われたNBCニュースの世論調査によれば、4割近いアメリカ国民が「インフレの責任はバイデン大統領にある」と回答している（図21）。

バイデン大統領の中東訪問

当たり前のことだが、ガソリンの価格を下げるためには供給量を増やせばよい。ガソリンの供給量を増やすための1つの方法は、アラブ諸国からの石油輸入を増やすことである。そこで、バイデン大統領は2022年7月に中東を訪問した。

世界最大の産油国サウジアラビアでは、ムハンマド・ビン・サルマン皇太子と面会した。実は、2018年にトルコで、サウジアラビア人の著名なジャーナリストであるジャマル・カショギ氏が暗殺された。この事件をめぐり、米国家情報長官室は2021年2月、サウジのムハンマド皇太子が関与していると結論づけた調査報告書を公表した。当時、バイデン大統領は、人権侵害だとしてこの事件に激怒したとされる。

バイデン大統領は、その感情をのみ込んで、サルマン皇太子と面会した。アメリカ国内では、人権擁護派の民主党支持者からは痛烈な批判を浴びた。一方、共和党支援者からは、冷ややかな目で見られた。アメリカで石油を増産すればいいのに、地球温暖化政策のためにそれをしないからである。

バイデン大統領の支持率は下がり続けた。

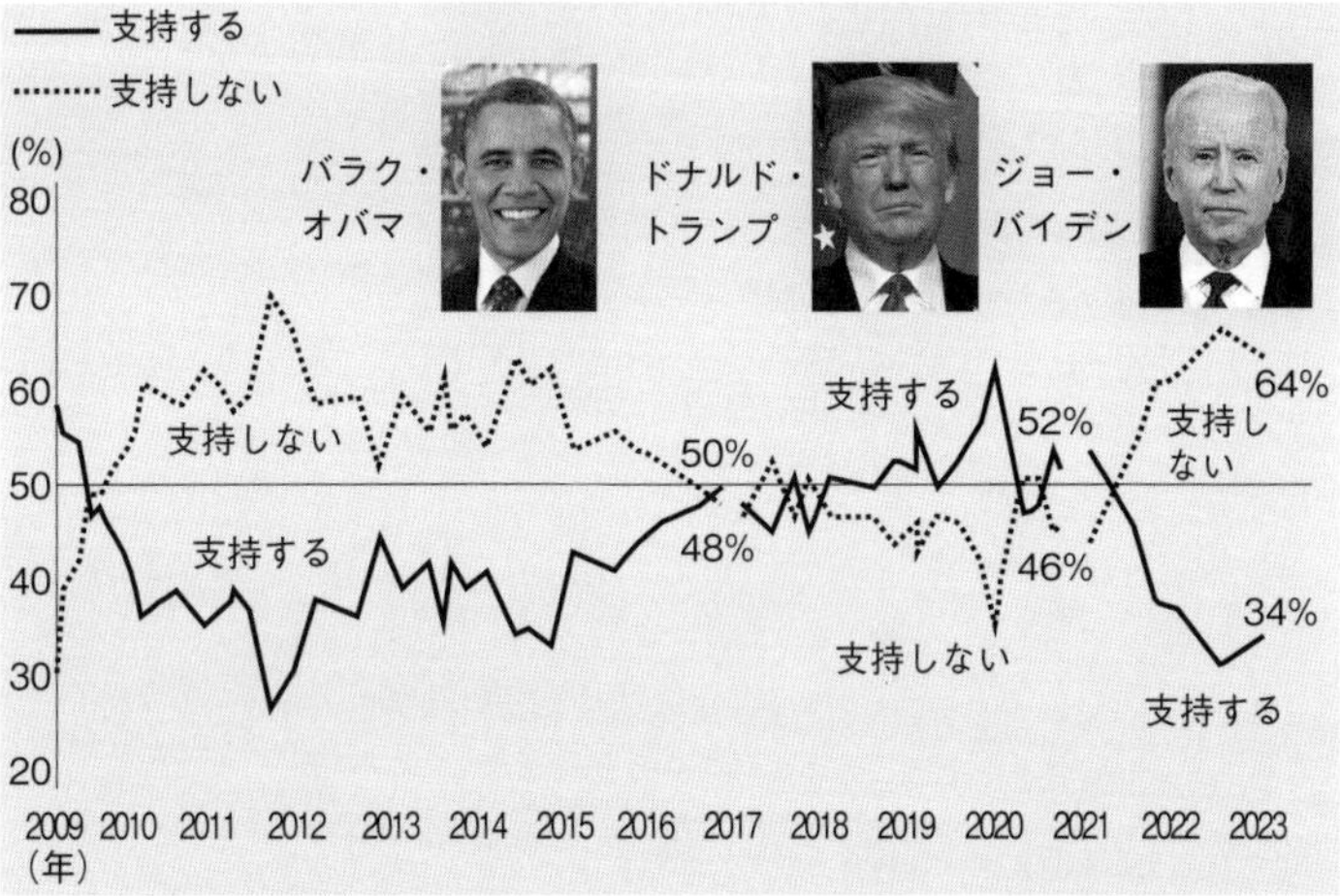

図 22　現大統領の経済政策を支持するか？（出典：ギャラップ社世論調査）

トランプ前大統領再登場の理由はバイデン政権の経済政策の失敗

２０２４年の大統領選挙において、経済に対する国民の不満は大きく影響したと言えよう。

バイデン政権の現職副大統領として刷新感を出せずにいたハリス候補が、トランプ候補に敗北した大きな理由の１つは、経済だった。第１次トランプ政権の経済政策が良かったと実感した国民が多かったのである。

図22で示されたギャラップ社の経年的な調査を見れば、トランプ氏の再選が予言されていたようにも見える。

第1章

アメリカ合衆国という国の成り立ち

1 アメリカ合衆国憲法の制定

トランプ前大統領、狙撃される

２０２４年7月13日、アメリカの東部ペンシルベニア州バトラーで、演説中のトランプ前大統領が狙撃され負傷した。巻き添えになって１人が死亡、数人がけがをした。容疑者の20歳の男はその場で射殺された。さらに、9月にはトランプ前大統領を銃撃しようとしたとしてフロリダ州で男性容疑者が拘束された。

アメリカではこれまでも大統領や大統領候補者に対する狙撃事件が起きている。１８６５年には、共和党のリンカーン大統領が首都ワシントンD.C.（ワシントン・ディー・シー、英：Washington, D.C.）（以下本書での表記はワシントン）のフォード劇場で演劇観戦中、およそ1・2メートルの至近距離から南部支持者の俳優に銃撃され死亡した。１９６３年にはテキサス州ダラスで、民主党のジョン・Ｆ・ケネディ大統領がオープンカーに乗ってパレード中に狙撃され死亡した。１９８１年にはワシントンで、レーガン大統領が狙撃されたが一命をとりとめた。1968年にはカリフォルニア州で民主党のロバート・ケネディ上院議員が、今回の事件と同じように大統領予備選の演説中に狙撃され死亡している。

銃社会のアメリカでは、銃乱射による大量殺傷事件が頻発している。例えば、2016年には、フロリダ州オーランドで49人が死亡、53人が負傷する銃乱射事件があった（＊1）。また、2017年にはラスベガス銃乱射事件で58人が死亡、867人が負傷している（＊2）。

大統領や大統領候補への狙撃や銃乱射による大量殺人事件の背景には、銃規制の緩さがある。アメリカでは3億9000万丁以上の銃が一般市民によって所有されている。乳幼児を含めたすべての人が1丁以上の銃を持っていることになる。

合衆国憲法修正第2条と銃規制

アメリカにおける銃規制は州ごとに異なり、厳しい規制を敷いている州もあれば、比較的緩やかな州も存在する。例えば、政府機関や各国の大使館が集中するワシントンでは、

＊1【オーランド銃乱射事件】2016年6月12日、オマール・マティーンにより、米国フロリダ州オーランドのナイトクラブで起きた銃乱射事件。客49人が射殺され、さらに53人が負傷した。

＊2【ラスベガス銃乱射事件】2017年10月1日にネバダ州ラスベガスで、犯人がホテルの32階から、フェスティバル会場に向け無差別に銃を乱射。58人が殺害された（事件後の2019年と2020年に合併症で2人が死亡）。

銃の所持には許可が必要であり、原則として銃を携帯することは厳格に制限されている。しかし、2014年以降、裁判所の判決により、一定の条件を満たすことで「隠匿《いんとく》携行許可証（concealed carry permit）」を取得し、銃を携帯することが可能となった。この制度改正は、憲法修正第2条に基づく権利を保護するための司法判断により実現した。

ニューヨーク州も、全米で最も厳しい銃規制を行っている州の1つである。同州では、銃の所持には登録が義務付けられ、銃を携帯するためには厳格な要件を満たした上で許可を取得する必要がある。また、銃の保管に関しては安全な保管方法が義務付けられており、自己防衛目的で装填済みの銃を保管する場合でも、厳密な条件を満たさなければならない。ただし、州外出身者がニューヨーク州で拳銃免許を取得することは困難であり、実質的に携帯が許可されないケースが多い。

そのニューヨーク州で2022年5月14日に、バッファローのスーパーにおいて18歳の男が銃を乱射し、13人が撃たれ、10人が死亡した。その10日後の24日には、テキサス州南部のユヴァルディの小学校で、現地在住の18歳の男が銃を乱射し、7歳から10歳の生徒19人と教師2人が死亡した。

銃乱射事件が頻発《ひんぱつ》すれば、銃規制を求めることが高まりそうである。しかし、アメリカでは事情は異なる。銃乱射が起きるたびに自己防衛のための銃の保持と携帯が必要だという声が沸き起こる。そのため、銃規制が緩くなることもある。

実は、ニューヨーク州で乱射事件が起きた約1か月後の6月23日に、米連邦最高裁は銃規制を緩めるような判断を下した。銃を持ち歩く権利を制限するニューヨーク州法を違憲としたのである。ニューヨーク州法は、「銃を公共の場で見えないようにして携帯するには州民が『正当な理由』を証明しなければならない」と定めている。連邦最高裁はこれを合衆国憲法に違反していると判断した。家庭と公共の場の両方で銃を持ち歩く権利は、「合衆国憲法修正第2条」で保障されているというのが論拠となっている。

合衆国憲法修正第2条とはどのようなものなのだろうか。簡単にいえば、市民が十分な力を持っていなければ市民の権利が守られなくなるという危機感から成立した憲法の条項である。しかし、なぜそれが「銃規制」と関係があるのだろうか。それを知るために、アメリカという国の成り立ちと憲法制定への道筋を駆け足でたどってみよう。

アメリカ独立と「大陸会議」

日本の中学校で「歴史」の時間に習うように、イタリアのジェノヴァ出身のコロンブスは、スペインの援助を受けてインドを目指し、１４９２年にカリブ海の島に上陸した。「アメリカ新大陸」の「発見」である。そして、スペインをはじめとしてイギリス、フランス、オランダなどが進出し、先住民を武力で制圧し、アメリカ大陸を植民地化した。

その後、長い間、アメリカは主としてイギリスの支配下に置かれることになる。植民地とは、本国に支配され従属する存在であり、イギリスとアメリカ植民地の関係もその例外ではなかった。そのため、イギリス本国とアメリカ植民地の軋轢《あつれき》は次第に高まっていくことになる。そして、１７７３年12月の「ボストン茶会事件」（＊3）に端を発して、イギリス本国とアメリカ植民地との対立は戦争へと発展していく。

当時、イギリスは世界の大国であり、アメリカ人の4人に3人がイギリス系またはアイルランド系だった。そのイギリスからの独立を勝ち取るためには、アメリカの13植民地（state：邦《くに》）は共に手を組む必要があった。それは緩やかな連合（Federation）という形での結びつきだった。そして、どの邦もそれで十分だと思っていた。連合は、あくまで各邦が自発的に集まってつくった組織体であり、それぞれの邦の議会は「大陸議会」に代表を送り、すべての邦にかかわる問題についてのみ、そこで決定を下すようにすればいいと考えていたのである。

そのような状況のなかで1774年9月に、第1回の「大陸会議」（＊4）が開かれた。すべての邦に共通する関心事は1つに絞られていた。それは、イギリスとの関係をどうするかということだった。「大陸会議」では、「宣言と決議」が採択された。アメリカの13の邦が1つの連合体になったのである。

1775年4月にイギリス本国とアメリカ植民地との間で武力衝突が起きた。「アメリカ独立戦争」の始まりである。この戦争では、アメリカ東部沿岸イギリス領の13の邦は1つのアメリカとしてイギリスと戦った。1776年には13の植民地であったそれぞれの邦がまとまることによって、主権国家として「独立」を宣言した。

「主権ある州」と「連合規約」の成立

「独立宣言」の次の段階は、13の邦を統合する機能を持つ組織（政府）をつくることだった。

＊3【ボストン茶会事件】1773年5月、イギリス本国議会が茶法（茶条令）を制定。イギリス東インド会社に茶の専売権を与える。これに反発した植民地側の一部の急進グループが、ボストン港に停泊中の船舶から積荷の茶箱を海に大量投棄した事件（同年12月）。

＊4【大陸会議】イギリス本国の高圧的な植民地経営に反発して、1774年から開催された各植民地代表による会議。第1次大陸会議と第2次大陸会議がある。1781年からは連合会議（1781年～1789年）となる。

しかし、当時の人々は緩やかな連合で十分だと考えていた。「主権ある邦」という表現が好んで使われ、多くの人は13の邦を統合する組織体など不要だと思っていた。「主権ある」とは、自らの邦のことは自らで決めるということである。多くの人々はこの表現が気に入っており、「主権ある邦」に満足していた。

しかし、「主権ある邦」などお笑い種《ぐさ》だと考えている人々もいた。その代表格が独立戦争の指導者ジョージ・ワシントン（1732年〜1799年）である。13の邦がそれぞれ「主権」を主張して、まとまりを欠いたままでは、せっかく勝ち取った独立が脅かされかねないと心配していたのである。

実は、独立宣言が採択されて以降、人々はこの13の邦の集まりを「United States of America」（アメリカ諸邦連合）（＊5）と呼んでいた。そうであるならば、13の邦が1つにまとまって（United）、一緒に行動するための機は熟しているのではないかとワシントンは考えた。

まず、それぞれの邦が存在しているという前提に立つ。そして、13の邦が1つにまとまるための「政府」は、必要なすべての要素を必ずしも具備していなくてもよい。例えば、大国イギリスとの戦争のように、13の邦全体で事に当たらなくてはならないときに、1つにまとまることができればいいということである。

その結果として行き着いたのは、13の邦がまとまるためのいくつかの「基本的な規則」があればいいということだった。それは、「ゆるぎない友好に基づく連合」の規則のあらまし（連合規約）という形で実現した。

1777年11月15日に大陸会議で「連合規約」が採択された。「連合規約」の第1条では、植民地の連合の名前をUnited States of America（アメリカ諸邦連合）とすることが定められた。アメリカ諸邦連合は、主権・独立・自由を有する13の邦からなる連合国家であり、各邦の代表によって構成される連合会議は、宣戦と講和・外交使節の交換・条約の締結などの外交権を持つこととなった。第2条には「主権はそれぞれの邦にある」と書かれている。

この「連合規約」の成立とともに「大陸会議」は「連合会議」へ名前を変えることになっ

＊5【アメリカ諸邦連合】現代では「アメリカ合衆国」と訳されるものであるが、1777年当時の体制を正確に表現するため「アメリカ諸邦連合」とする。1777年に採択された連合規約がその後の「合衆国憲法」（1787年）につながり、現在のアメリカ合衆国の基盤となった。

た。1781年には「連合規約」がそれぞれの邦で批准されて発効した。

「やくざなヤンキー」、「しらみだらけの田舎もの」

13の邦は独立戦争を戦うためにUnited States of America（アメリカ諸邦連合）になった。しかしその後も、多くの人にとって大事なのは、アメリカ諸邦連合ではなく、それぞれの「邦」だった。独立戦争に勝利した当時のアメリカのほとんどの人々は、自分たちが「イギリス国民」でなくなったことを喜んだものの、「アメリカ国民」を名乗ろうという気分にはならなかったと言われている。1つの国としてまとまるつもりなど毛頭なく、人々はばらばらな13の邦の国民でいいと考えていたのである。

日本で明治維新前までは、「国」と言えば武蔵・甲斐など約60地域を指し、それぞれの地域はそれぞれの特色を持っていたように、アメリカの各邦もそれぞれ特色を持っていた。日本で「お国自慢」をするように、アメリカでも自分たちの州を誇りに思っていた。そして、ともすれば他の州のことを物笑いの種にする風潮もあった。

例えば、南部諸邦の人々は、北部のニューイングランド地方を「やくざなヤンキー」と呼び、北部の人々は西方のペンシルベニアの人々を「しらみだらけの田舎もの」と呼ぶといった具合である。どの邦の人々にとっても、自分の住んでいる邦こそが、守るべき大切なところだったのである。

妥協の産物としての「連合規約」の限界

このようにして、「連合規約」は、言い方は悪いが、いわば「妥協の産物」として成立した。そのため、13の邦はこの「規約」に常に忠実に従わなくてはならないと考えていたわけではなかった。

「連合会議」は、アメリカ諸邦連合が外国に対して抱えている負債を返すために、それぞれの邦に対して出資を依頼することはできた。しかし、出資を渋る邦に対して、「強制力」をもって対処することはできなかった。

また、連合会議は相手国に「宣戦布告」することはできたが、各邦は必ずしも兵士を出すことを承認するとは限らなかった。十分な兵士が集まらなければ、戦争を遂行することはできない。

さらに、連合会議の議長には明確な権限があるわけでもなければ、諸邦連合全体に及ぶ法制度があるわけでもなかった。したがって、連合会議がさまざまな規則をつくったとしても、その規則で邦を縛ることはできなかった。

邦が連合会議に代表を送らないこともよくあった。このままでは諸邦連合の体をなさなくなることは明らかだった。さらに、悪いことが起きていた。１７８６年頃には、多くの人々が負債にあえぐようになり、いくつかの邦が独自に発行していた「紙幣」が信用を失い、紙切れ同然のありさまになっていたのである。

諸邦連合の解体が間近に迫ってきていた。アメリカが邦ごとにバラバラになってしまいかねない事態が差し迫っていたのである。

「アナポリス会議」での「大会議」の提案

すべての邦の代表としてふるまう権限を持つ中央政府をつくらなくてはならない。混乱する事態の中で、そう気づき始めた人が徐々に増えていた。すでに紹介したように、ジョージ・ワシントンは以前からその思いを強く持っていた。ニューヨークを代表する政治家アレクサンダー・ハミルトン（１７５５年～１８０４年）も同じ意見だった。カリブ海の西インド諸島で生まれ育ったハミルトンは、「邦への忠誠など何を寝ぼけたことを」と思っていた。ハミルトンによれば、「今のアメリカは13の頭を持った怪物」に他ならなかった。

バージニア出身のジェームズ・マディソン（1751年〜1836年）も、「強いアメリカをつくらなくてはならない」と考える1人だった。マディソンは小柄な男だったが、祖国について考えているスケールは大きかった。マディソンはのちに、第4代アメリカ合衆国大統領に就任している。

機は熟していた。1786年に、バージニアの呼びかけで開かれた会議の場で、これらの人々が中心となって連合会議に対して1つの提案がなされた。すべての邦の代表を集めて、ペンシルベニアのフィラデルフィアで「大会議」を開き、今ある政府の形をさらに整えるよう話し合おうというものだった。

この連合会議は、ポトマック川での船の航行や公益に関する各邦間のもめごとを解決するために開かれていた。諸邦連合全体として、邦と邦の間の交易についてきちんとした取り決めすらなかったのである。この連合会議は、メリーランドのアナポリスで開かれたことから「アナポリス会議」と呼ばれている。

「大会議」開催への険しい道のり

実は、交易以外の面でも、13の邦が力を合わせなければ収拾できないような出来事が頻《ひん》発《ぱっ》していた。例えば、「アナポリス会議」が開かれている最中に、マサチューセッツ西部の農夫たちが、負債のかたに農場を取り上げられたことに腹を立てて、反乱を起こそうとしていた。元大陸軍《たいりくぐん》（＊6）士官ダニエル・シェイズに率いられた反乱軍は、武力で裁判を阻止し、ついには約200人の男たちが、兵器庫を乗っ取ろうとマサチューセッツのスプリングフィールドに向けて進攻した。マサチューセッツの政府は、この反乱をなんとか鎮《しず》めたものの、この反乱騒動にアメリカ中が驚愕《きょうがく》した。「連合規約」がいかに無力かを思い知らされたのである。

それでも、「大会議」のアイデアが「アナポリス会議」の場で提案されたときには、反対意見が続出した。ロードアイランド（現在のアメリカ合衆国の東北部、ニューイングランド地方にある州）は、そんな会議にかかわる気は毛頭ないと即座に否定した。バージニア（現在のアメリカ合衆国東部、大西洋岸の南部に位置する州）代表として「大会議」への参加を要請されたパトリック・ヘンリー（＊7）は、「そんな胡散《うさん》臭い会議」には出席しないと答えたという。

パトリック・ヘンリーは、1775年3月にバージニアの植民地議会で演説し、イギリスの植民地支配に異議を唱えて「われに自由を与えよ、しからずんば死を与えよ」という言葉で締めくくり、植民地からの独立に大きく貢献した人物として知られていた。そのパトリック・ヘンリーが消極的だったことからもわかるように、中央政府としての形を整えるための「大会議」への道のりは険しいものだった。

「大会議」は秘密裏に進められた

ジョージ・ワシントンやアレクサンダー・ハミルトンらの説得が功を奏してか、翌1787年5月14日にフィラデルフィアのステートハウス（邦議事堂）で「大会議」を開くことがようやく決まった。しかし、開催に至るまでにはさらなる紆余《うよ》曲折が待ち構えていた。

バージニア代表のジェームズ・マディソンは、「張り切りすぎて」11日も前にフィラデルフィアに着いていた。同じくこれまたバージニア代表で、5月9日にマウント・バーノンの自宅を出たジョージ・ワシントンは、「頭痛はするし胃は痛む」といった不調を抱え

＊6【大陸軍】イギリスに対して反乱を起こした13植民地の軍事行動について連携を図ることを目的に、第2次大陸会議の1775年6月14日の決議に基づいて発足。独立戦争の全期間を通じてジョージ・ワシントンが総司令官を務める。

＊7【パトリック・ヘンリー（1736年～1799年）】アメリカ合衆国の弁護士、政治家。独立後の各州の主権と人民の権利が脅かされるのではないかと1787年に提示されたアメリカ合衆国憲法に異議を唱えている。

ていながらも、13日の夜にはフィラデルフィアに到着した。

翌14日、さらにバージニアの代表数人とペンシルベニアの代表数人がステートハウスに姿を現した。しかし、当日までに会場に姿を現したのはこの2つの邦の代表だけだった。「大会議」を開催するためには少なくとも7つの邦の代表が出席する必要があると定めていたために、会議は延期された。

「大会議」を開催できるだけの邦の代表が集まったのは、予定を10日も過ぎた5月25日だった。何とも悠長な話だが、上には上がいた。ニューハンプシャーの代表が「旅費をかき集めて」会議の場に姿を現したのは、7月も終わろうとする頃だった。メリーランド代表のジョン・フランシス・マーサーは、8月6日にステートハウスに悠然と姿を現した。彼は、代表の中では2番目に若かった。到着の仕方が最も派手だったのは、ベンジャミン・フランクリンだった。代表の中で最年長の81歳のフランクリンは、馬車に揺られると体の節々がひどく痛むということで、日本の駕籠《かご》のような乗り物に乗って議事堂に現れたのである。

会期中、会議に参加した代表は55人だったが、遅れてきた者もいれば途中で帰ってしまった者もいて、30人以上の代表者が一堂に会することはほとんどなかったと言われている。

議長はジョージ・ワシントン、書記はジェームズ・マディソンだった。すべての議論は秘密のうちに進められた。会議室の扉は施錠され、廊下には見張り番が立てられた。会議室の窓は閉め切られたままだった。このような秘密主義はえてして根も葉もない臆測を呼ぶものである。イギリス国王ジョージ三世の次男を呼んでアメリカ国王にしようとしているらしいという噂も飛んだという。

「バージニアプラン」から「合衆国憲法」へ

大会議を召集したジョージ・ワシントンやジェームズ・マディソンらの意図は明白だった。それは単に連合規約を改正することではない。1つの国を統治するための立てつけ、すなわち新しい統治機構を考えることだった。「憲法」を制定して、新しい政府を樹立し、13の邦が1つの国家としてまとまることだった。「大会議」の実態は「憲法制定会議」だったのである。

代表たちは慎重の上にも慎重を期した。自分たちがつくろうとしている文書を「憲法」（Constitution）ではなく「プラン」と呼んだ。人々は「National」という言葉に拒否反応を示すのはわかっていたので、「Federal」（連邦制の）という言葉を使うようにも心掛けた。

「Federal」であれば人々は耳慣れているし、邦の力を弱めるようなことにもならないと考えられていたからである。

しかし、「プラン」の合意には困難を極めた。例えば、決定機関として最重要である「連邦議会」の構成で対立した。当然のことながら、当時の州には、人口の多いところもあれば、少ないところもあった。したがって、「連邦議会」の代表者をどのようにして選ぶのかは大きな問題だった。各邦一律に代表を出すということにすれば、人口が多い邦は損をすると考えるだろう。人口比で代表を出すことにすると、小さな邦は代表者が少なくなってしまうからだった。

また、黒人奴隷を人口に数えるかどうかでも対立した。南部諸州では黒人奴隷の数が多く、彼らをカウントしなければ人口が減少することが対立の原因だった。連邦政府に送る代表者数が人口比で決まるとすれば、黒人の多い州は損をすることになるからである。そこで、「5分の3条項」が取り入れられた。黒人人口の5分の3を計算上人口数に加えるということである。今考えると、まったく非道な取り決めである。この条項は1868年成立の合衆国憲法修正第14条によって黒人にも市民権が平等に与えられることになり、廃止された。

「合衆国憲法」

5月25日に始まった「大会議」では真夏の時期に議論が戦わされ、9月に入ってようやく大詰めを迎えた。9月8日には、「バージニア案」すなわち「合衆国憲法草案」が出来上がった。この草案は、ジョージ・ワシントンやジェームズ・マディソンらで構成される委員会に送られて、最終的な形にまとめられた。その4日後には、さらにいろいろと手を加えられ、仕上がった「憲法案」が邦の代表たちに披露された。

「合衆国憲法」は格調高い「前文」で始まる。

「われら合衆国の国民は、より完全な連邦を形成し、正義を樹立し、国内の平穏を保障し、共同の防衛に備え、一般の福祉を増進し、われらとわれらの子孫のために自由の恵沢を確保する目的をもって、ここにアメリカ合衆国のためにこの憲法を制定し、確定する」(合衆国憲法「前文」)

合衆国憲法のもとで、13の「邦」は「州」となった。そして、歴代のアメリカ大統領は聖書に手を置いて次のように宣誓する。

「私は、合衆国大統領の職務を忠実に遂行し、全力を尽して合衆国憲法を維持し、保護し、擁護することを厳粛に誓います」

連邦制を明記

「合衆国憲法」には2つの重要な要素が盛り込まれた。

1つは、「連邦制」である。当時のアメリカ植民地の時代が記憶に新しい人々は、イギリスのような強力な中央政府に対して強い不信感を抱いていた。つまり、強力な中央集権国家をつくるような憲法には大きな反発が予想される。そこで、「邦」から「州」に変わったとはいえ、ほとんどの権限はこれまで通り邦（州）政府または人民に留保されることにしたのである。

これが、その後、アメリカで多くの難問を生むことになった。良くも悪くも、1つの国家としてまとまり切れない現状を生み出しているからである。しかし、当時は、13の邦が合意できる憲法を批准するためには、欠くことのできない必要な妥協案だった。

「合衆国憲法」第4章「連邦条項」では、第1条で「各々の州は、他のすべての州の一般法律、記録および司法手続に対して、十分な信頼と信用を与えなければならない」とし、第4条「共和政体条項」では、「合衆国は、この連邦内のすべての州に対し共和政体を保障し、侵略に対し各州を防衛する。合衆国は、州の立法部または（立法部が集会できないときは）執行部の要請があれば、州内の暴動に対して各州を防護する」と明記している。

「三権分立」

もう1つは、厳格な「三権分立」である。イギリスの王侯貴族による古い政治や統治の仕方に反感を覚えて独立したアメリカは、権力が1つに集中したり、王侯貴族が好き勝手に独裁したりすることに嫌悪感を持っていた。つまり、専制主義的な政府を防ぐために厳格な「三権分立」を憲法の中に入れ込んだのである。

「合衆国憲法」のほとんどは、第1章「立法部」、第2章「執行部」、第3章「司法部」で構成されている。連邦政府は「立法」「執行（行政）」「司法」の3つの部門で構成される。その後の修正で上院議員の選出方法は変化したが、次のとおり三権分立の基本コンセプトが確定した。

立法部

法律の作成を司《つかさど》る。下院の議員は一般の人々による直接選挙によって選ばれる。上院の議員はそれぞれの州の議会によって選ばれるが、定員は下院より少ない。その分、冷静な判断が下せるようにしている。

行政部

1人の長を置き、その人物が、法律の執行や政府全体の運営に責任を持つ。上院と下院の

2つの「連邦議会」で構成される。

司法部

つくられた法律が憲法に沿ったものかどうか、そして法律が遵守《じゅんしゅ》されているかどうかを見張る役割を担う。最高裁判所がその頂点に立つ。

憲法批准とアメリカ合衆国の成立

1787年9月17日の「大会議」には各州の代表55人が出席し、49人が「憲法案」に署名した。その後、この「憲法案」は当時の首都だったニューヨーク市に決議書として送られ、「大陸会議」で採択された。

残る作業は、13の州（図1）での批准手続きである。全体の4分の3、すなわち9つの州が批准すれば「合衆国憲法」が成立することになる。それぞれの州が会議を召集し、憲法について議論した。人々は、「憲法案」を読んで、態度を決めることが求められた。「憲法案」に賛成する人々は自らをFederalist（連邦主義者）と呼び、反対する人々をAnti-federalist（反連邦主義者）と呼んだ。

各州で侃侃諤諤《かんかんがくがく》の議論が展開された。例えば、アメリカ建国の父と呼ばれるハミルトンやマディソンらは、ニューヨークで発行されている新聞で「合衆国憲法」の解説を行っている。合衆国憲法に基づく新しいアメリカは、イギリスやヨーロッパのような王侯貴族による政治体制にはならないことを繰り返し説明したのである。

アメリカ合衆国憲法は、1787年にデラウェア州、ペンシルベニア州、ニュージャージー州で批准された。1788年にはジョージア州、コネチカット州、マサチューセッツ州、メリーランド州、サウスカロライナ州の順で批准され、9番目のニューハンプシャー州で批准されて、アメリカ合衆国憲法が成立した（図2）。連邦政府の権限が強化されるとともに、世界で初めて

	植民地名	設立年
1	バージニア	1607 年
2	マサチューセッツ湾	1620 年
3	ニューハンプシャー	1623 年
4	ニューヨーク(※1)	1624 年
5	メリーランド	1632 年
6	コネチカット	1636 年
7	ロードアイランド	1636 年
8	デラウェア(※2)	1638 年
9	ノースカロライナ	1653 年
10	サウスカロライナ	1663 年
11	ニュージャージー	1664 年
12	ペンシルベニア	1681 年
13	ジョージア	1732 年

図1　1790 年時点での独立 13 州の植民地としての設立年（※1：ニューアムステルダムとして／※2：スウェーデン植民地として）

	植民地名	批准年
1	デラウェア	1787 年
2	ペンシルベニア	1787 年
3	ニュージャージー	1787 年
4	ジョージア	1788 年
5	コネチカット	1788 年
6	マサチューセッツ	1788 年
7	メリーランド	1788 年
8	サウスカロライナ	1788 年
9	ニューハンプシャー	1788 年
10	バージニア	1788 年
11	ニューヨーク	1788 年
12	ノースカロライナ	1789 年
13	ロードアイランド	1790 年

図2　アメリカ合衆国憲法の 13 州の批准年

成文憲法による近代民主主義国家が誕生したのである。

しかしこの時点では、4つの州がまだ合衆国憲法を批准するには至っていなかった。バージニア州とニューヨーク州は少し遅れて同じ年（1788年）に合衆国憲法を批准したが、ノースカロライナ州は翌年（1789年）に批准した。さらに最後に残ったロードアイランド州が合衆国憲法を批准したのは、ジョージ・ワシントンが初代アメリカ大統領に就任して1年後の1790年5月のことだった。

2 憲法を修正する

権利の章典

当初、バージニア州、ニューヨーク州、ノースカロライナ州、ロードアイランド州が合衆国憲法の批准に躊躇《ちゅうちょ》したのには理由がある。それは、個人の基本的権利が明示されていないことだった。そのために中央政府に権力が集中し、横暴を極めることになってしまうのではないかと懸念したのである。

「合衆国憲法」第5章では、「改正」（修正）の発議について、次のように定めている。

「連邦議会は、両院の3分の2が必要と認めるときは、この憲法に対する修正を発議し、または、3分の2の州の立法部が請求するときは、修正を発議するための憲法会議を召集しなければならない」（合衆国憲法第5章）

そしていずれの場合においても、「4分の3の州の立法部または4分の3の州における

修正第１条	「信教・言論・出版・集会の自由、請願権」
修正第２条	「武器保有権」規律ある民兵団は、自由な国家の安全にとって必要であるから、国民が武器を保有し携行する権利は、侵してはならない。
修正第３条	「兵士宿営の制限」平時においては、所有者の承諾なしに、何人の家屋にも兵士を宿営させてはならない。戦時においても、法律の定める方法による場合を除き、同様とする。
修正第４条	「不合理な捜索・押収・抑留の禁止」
修正第５条	「大陪審、二重の危険、適正な法の過程、財産権の保障」
修正第６条	「刑事陪審裁判の保障、被告人の権利」
修正第７条	「民事陪審裁判を受ける権利」
修正第８条	「残酷で異常な刑罰の禁止」
修正第９条	「国民が保有する他の権利」この憲法の中に特定の権利を列挙したことをもって、国民の保有する他の権利を否定しまたは軽視したものと解釈してはならない。
修正第10条	「州と国民に留保された権限」この憲法が合衆国に委任していない権限または州に対して禁止していない権限は、各々の州または国民に留保される。

図３　権利の章典　1791年成立。（出典：アメリカンセンターJAPAN）

憲法会議によって承認されたときは、あらゆる意味において、この憲法の一部として効力を有する」とされている。

そこで、13のすべての州が合意できるように、１７８８年に批准成立してから後、合衆国憲法にはいくつかの修正が施されることになった。

連邦議会開設直後には、市民的自由の法的保護規定として、修正第１条から修正第10条が提起され、修正がなされた。合衆国憲法の最初の修正である。この全10条の人権保護規定を「権利の章典」（図３）と呼ぶ。

権利の章典は、アメリカ憲法制定直後の１７８９年第１回合衆国議会で提案された。名前は1689年制定のイギリスの「権利章典」に由来する。

憲法が修正され、「権利の章典」がつけ加わることに合意がなされたことで、バージニア州、ニューヨーク州、ノースカロライナ州、ロードアイランド州が批准に踏み切った。「権利の章典」は1790年に発効され、1791年12月から実施された。

「権利の章典」のうちとりわけ重要なものは、以下の修正第1条、第2条、第10条の3つである。

基本的人権の保護・人民が武器を保有し、携帯する権利

1つめは修正第1条「信教・言論・出版・集会の自由、請願権」である。

「連邦議会は、国教を定めまたは自由な宗教活動を禁止する法律、言論または出版の自由を制限する法律、ならびに国民が平穏に集会する権利および苦痛の救済を求めて政府に請願する権利を制限する法律は、これを制定してはならない」

国としての宗教の樹立を禁止し、市民に言論や出版の自由を保障する。つまり、個人の基本的人権を保護するということである。

2つめは、修正第2条「武器保有権」である。

「規律ある民兵団は、自由な国家の安全にとって必要であるから、国民が武器を保有し携行する権利は、侵してはならない」

当時のヨーロッパ王侯貴族が行ったように、連邦政府が国民を独裁的に支配し、弾圧するようことがある場合に、国民は自ら武器を持って戦う権利があるということである。民兵組織による安全保障であり、人民が武器（銃）を携帯する権利があるということである。「武器保有権」を人権の保護の規定にいれることを主張したのは、バージニア州、ニューヨーク州、ノースカロライナ州である。アメリカでは、日本から見ると考えられないくらい、誰でも容易に銃を入手できる。冒頭で紹介した事件だけではなく、アメリカでは乱射事件が多発している。

アメリカ独立記念日頃に集中する銃乱射事件

アメリカは1776年7月4日に独立を宣言した。そのことから、毎年7月4日を独立記念日としている。アメリカ最大のイベントであり、各地で多くの人が参加してパレードが行われ、花火が打ち上げられて、独立を宣言した日を祝うのである。アメリカという国が1つになるということを実感する大事な日である。

しかしここ数年、その独立記念日の頃にアメリカ各地で銃乱射事件が発生している。

2022年7月4日には、中西部イリノイ州シカゴ近郊で、独立記念パレード中に建物の屋上からライフル銃が無差別に発砲され、7人が死亡し、39人が負傷した（ハイランド・パーク銃乱射事件）。2023年にも、独立記念日を前に、フィラデルフィアやボルティモア、テキサス州フォートワースなど全米で銃乱射事件が相次いだ。

年	件数
2014	272
2015	332
2016	383
2017	347
2018	335
2019	414
2020	610
2021	689
2022	646
2023	656

図4　アメリカにおける銃乱射事件件数の推移（出典：ガン・バイオレンス・アーカイブ）

CNNは、「独立記念日の前後は、ほかのどの日よりも銃乱射事件が多い状況が、ここ10年近く続いている」として、非営利団体「ガン・バイオレンス・アーカイブ（GVA）」（*8）がまとめた2014年以降の銃乱射事件に関するデータを分析紹介している（図4）。

*8【ガン・バイオレンス・アーカイブ（GUN VIOLENCE ARCHIVE）】ウェブサイトとソーシャルメディア配信プラットフォームを併設したアメリカの非営利団体。アメリカ国内の銃暴力事件をすべて記録することを目指している。

それによれば、発砲した人物を除き4人以上の死傷者が出た事件を「銃乱射事件」と定義したうえで、「過去10年近くにわたり、7月4日に起きた銃乱射事件は50件を超え、ほかのどの日よりも多く、2番目に多いのは7月5日だった」としている。

さらに、2024年にも7月4日から週末にかけて、イリノイ州シカゴでは相次ぐ銃撃で合計109人が撃たれ、19人が死亡した。

きわめてアメリカらしい基本的理念

「権利の章典」のうちとりわけ重要な3つめは、修正第10条「州と国民に留保された権限」である。

「この憲法が合衆国に委任していない権限または州に対して禁止していない権限は、各々の州または国民に留保される」

アメリカの憲法は非常にシンプルで短い。現行の日本国憲法が比較的簡潔なのは、第2次世界大戦後、進駐軍による占領下でアメリカ合衆国憲法を参考にしてつくられたからだと言われている。

すでに指摘したように、「三権分立」は、アメリカ合衆国憲法の基本である。それは、中央政府の権限が強力になり、国民のさまざまな自由を剥奪した時代を再来させないための手段だった。そして、修正第10条は、憲法に合衆国の権限とは書かれていない部分、あるいは州政府に任せるとも書かれていない部分については、すべてそれぞれの州または人々にその権利を与えるということを明記したのである。きわめてアメリカらしい基本的理念である。

人はともすれば、他国について、自分たちの国と同じようなことを考えているはずだと、同じように歴史をたどってきたはずだと思いこんでしまう。しかし、このきわめてアメリカらしい基本的な理念を理解していないと、アメリカのさまざまな行動を正確に見極めることが難しくなる。アメリカの行動は理解不能とか、いったいアメリカは何を考えているのか、何を議論しているのか、わけのわからないことばかり言っている、ということになりかねないのである。

その後の憲法修正

日本国憲法を改正するためには、衆参両院の総議員の3分の2以上の賛成で国会が発議

修正第11条	［州に対する訴訟と連邦司法権］［1795年成立］
修正第12条	［正副大統領の選出方法の改正］［1804年成立］
修正第13条	［奴隷制の禁止］［1865年成立］
修正第14条	［市民権、法の適正な過程、平等権］［1868年成立］
修正第15条	［選挙権の拡大］［1870年成立］
修正第16条	［連邦所得税］［1913年成立］
修正第17条	［上院議員の直接選挙］［1913年成立］
修正第18条	［禁酒修正条項］［1919年成立］
修正第19条	［女性参政権］［1920年成立］
修正第20条	［正副大統領と連邦議員の任期］［1933年成立］
修正第21条	［禁酒修正条項の廃止］［1933年成立］
修正第22条	［大統領の三選禁止］［1951年成立］
修正第23条	［コロンビア地区の大統領選挙人］［1961年成立］
修正第24条	［選挙権にかかわる人頭税の禁止］［1964年成立］
修正第25条	［大統領の地位の継承］［1967年成立］
修正第26条	［投票年齢の引下げ］［1971年成立］
修正第27条	［連邦議員報酬の変更］［1992年成立］

図5　1791年以降に修正された17条項（出典：アメリカンセンターJapan）

し、国民投票または国会の定める選挙の際に行われる投票において、その過半数（50％以上）の賛成を必要とする。一方、アメリカの憲法を修正するためのハードルはさらに高い。それでも１７８７年に成立して以降２００年以上の歴史を持つ「合衆国憲法」は、「権利の章典」を含めて27回も修正されている。

以下では、１７９１年以降に修正された17条項（図5）のうち、重要と思われる4つについて簡単に紹介しよう。

南北戦争と奴隷制廃止

１つめは、１８６５年の修正第13条「奴隷制の禁止」である。

第1項「奴隷制および本人の意に反する苦役は、適正な手続を経て有罪とされた当事者に対する刑罰の場合を除き、合衆国内またはその管轄に服するいかなる地においても、存在してはならない」

修正第13条の背景にあるのは南北戦争である。アメリカは独立後1783年にはイギリスから領土の割譲を受け、1803年にはフランスから領土を買収するというようにして、次々に領土を拡大していった。そして、独立してから約80年が経過した1860年代のアメリカは、南部と北部に分断されていた。南北分断の大きな原因は奴隷制と貿易だった。

南部の経済は農業中心のプランテーションで成り立っていた。プランテーションは黒人奴隷の労働により支えられ、綿花などの生産物はイギリスなどに輸出されていた。南部を実質的に支配していた農園所有者にとって、自由に輸出できることが不可欠だった。一方、北部では急速な工業化が進展していた。必要なことは、奴隷ではなく新たな労働力であり、イギリスに対抗するために輸出入での保護規制だった。

北部と南部との間の緊張はいやがうえにも高まっていた。新しく増え続ける州が、南部と北部のどちらにつくのかということは、緊張をさらに高めていった。当時の北部の人口は約2200万人、南部の人口は約400万人の奴隷人口を含めて約900万人だった。

南部は連邦議会において少数派となること、すなわち北部の上院議員数が多くなることに危機感を抱いた。そして、奴隷制存続を主張するミシシッピ州やフロリダ州など南部11州が合衆国を脱退して「アメリカ連合国」を結成した。

1861年4月、合衆国にとどまったその他の北部23州との間で戦争が勃発した。「南北戦争」である。多数の死傷者を出したこの「内戦」は4年後の1865年4月に終結を迎えた。北部が勝利した。その結果、南部が擁護していた奴隷制は廃止され、修正第13条の「奴隷の禁止」が成立したのである。

奴隷制禁止とセットの平等条項

2つめは、1868年の修正第14条第1項の「平等条項」である。

第1項「合衆国内で生まれまたは合衆国に帰化し、かつ、合衆国の管轄に服する者は、合衆国の市民であり、かつ、その居住する州の市民である。いかなる州も、合衆国市民の特権または免除を制約する法律を制定し、または実施してはならない。いかなる州も、法の適正な過程によらずに、何人からもその生命、自由または財産を奪ってはならない。いかなる州も、その管轄内にある者に対し法の平等な保護を否定してはならない」

実は、修正第13条「奴隷制の禁止」は、第2項には「連邦議会は、適切な立法により、この修正条項を実施する権限を有する」と書かれている。つまり、修正第13条の「奴隷の禁止」に伴う「適切な立法」として「平等権」が加えられたのである。「平等条項」は、南北戦争終結直後の1866年6月に提案され、1868年7月に批准された。

「平等権」は、黒人だけではなく、すべての人の市民としての身分の広範な定義が盛り込まれている。「権利の章典」の成立以後では最も重要な憲法修正であり、各州に対しては、その司法権の範囲内で市民に限定せず、法人を含むすべての人に対する法の下の平等の保護を求めている。

禁酒修正条項と禁酒修正条項の廃止

3つめは、1919年に批准された修正第18条「禁酒修正条項」である。

第1項「この修正条項の承認から1年を経た後は、合衆国とその管轄に服するすべての領有地において、飲用の目的で酒類を製造し、販売しもしくは輸送し、またはこれらの地に輸入し、もしくはこれらの地から輸出することは、これを禁止する」

極めてハードルが高い修正憲法に、なぜ「禁酒」を入れることができたのだろうか。
アメリカのいくつかの州では、早くから禁酒法制定への取り組みは行われていた。健康被害や幻覚などによる暴力や犯罪など、アルコール乱用が原因で発生するさまざまなトラブルが問題視されていたからである。

当時の世界・社会状況も関連していたのかもしれない。1914年にはヨーロッパで戦争が勃発した。第1次世界大戦である。アメリカは1917年に参戦し、アメリカ国内は戦時体制下に置かれた。同年、ロシアで二度の革命が起こり、帝政が崩壊してボリシェヴィキが政権を掌握した。これが後に共産主義国家ソビエト連邦の誕生へとつながった。アメリカ国内でも「赤の恐怖」が徐々に広がっていた。日本では、「酒は百薬の長」などと言われるが、飲酒には緊張を忘れさせる効果もある。社会的な緊張が高まる中で、アメリカ国内ではアルコール乱用が目に余るほどに広がっていたのだろう。

ただし、「禁酒修正条項」は国民に「禁酒」を強制する法律ではない。1919年に批准された「禁酒修正条項」の第1項では、1920年以降、飲用の目的で酒類を製造・販売したり、輸出入することを禁止しているのであって、国民が酒を飲むことを禁止しているわけではない。

「禁酒修正条項」によって1920年には、市場から酒が消えてしまうことになった。酒好きの金持ちたちは大量の酒を買い占めようと奔走しただろう。多くの人が欲しいと思っている商品が市場から消えてしまえば、「闇市場」ができるのが世の常である。闇市場では、高価な酒と劣悪な安酒が売られることとなる。

第1次世界大戦後、アメリカは未曽有の好景気に沸いた。しかし、それも長くは続かなかった。1929年10月24日、ニューヨーク株式取引所で空前の株価大暴落が発生したのである。当日が木曜日だったことから、「暗黒の木曜日」と呼ばれる。その前日までは、株価は面白いように高騰を続けた。金持ちだけではなく、貧乏人までが借金をして株を買っていた。ほとんどすべての人が、繁栄は永遠に続くと考えていた。

しかし、その日に突然、株価が暴落を始めた。アメリカ国内は大混乱に陥った。混乱は世界中に広まっていった。「世界恐慌」の始まりだった。

そのような状況の中で、「禁酒修正法」に対するアメリカ国民の不満は高まっていった。そのため1933年に、修正第21条「禁酒修正条項の廃止」が批准された。第1項には「合衆国憲法修正第18条は、本修正条項により廃止する」と明記された。

女性の参政権

4つめが、1920年に批准された修正第19条「女性参政権」である。

第1項「合衆国またはいかなる州も、性を理由として合衆国市民の投票権を奪い、または制限してはならない」

第2項「連邦議会は、適切な立法により、この修正条項を実施する権限を有する」

アメリカ合衆国憲法では、被選挙権に関する記述はあるが、選挙権に関しては明記されていない。例えば、「下院は、各州の州民が2年ごとに選出する議員でこれを組織する」としているに過ぎない。当時は、男性市民のみが選挙権を持つことが当たり前の前提だったのである。

1840年代頃からの黒人奴隷制度廃止運動と連動する形で、女性の権利獲得のための動きが始まった。1848年にはニューヨーク州で、女性の権利に関する会議が初めて開催され、男女平等を求める声明が発表された。これを機に女性の参政権獲得を目指す運動が始まり、「20世紀初頭までには西部諸州を中心に11州で女性参政権が実現し、その他多くの州でも不完全ながら女性の投票が認められていた」(*9)。そのような状況の中で，東部や南部でも憲法修正第19条によって女性の参政権が実現したのである。

ただし、1つ注意が必要である。それは、ここでの「女性」とは「白人女性」のことだからである。憲法修正第19条は「性別に基づく参政権の否定を禁じる」もので、人種に基づく差別を意図的に含むものではない。しかし、実際には南部の多くの州で、人種差別的な法律（例えば、識字テストや人頭税）や慣習が続いており、アフリカ系アメリカ人や他の非白人女性が投票できる機会は著しく制限されていたのである。人種に関係なくすべてのアメリカ女性が参政権を完全な形で獲得したのは1965年のことであり、さらに45年の歳月を必要とした。

アメリカが第1次世界大戦に参戦した3年後に、白人女性の参政権が認められ、アメリカがベトナム戦争の泥沼に陥っている1965年に、投票権法が制定され、すべての女性が人種を問わず実質的に参政権を保障されるようになった。直接的な因果関係は証明されていないが、戦争と女性の権利獲得には何らかの関係があるようにさえ見える。

＊9　高村宏子「アメリカ、カナダにおける女性の第一次大戦参加と参政権獲得—議会の審議過程を中心として—」（『東洋学園大学紀要』第12号、p49～58、2004年3月発行）。

戦後日本でも女性が参政権獲得

ちなみに、日本では、平塚らいてうが雑誌『青鞜』の創刊号で、「元始、女性は実に太陽であった。真正の人であった」と書いたのは１９１１年（明治44年）のことだった。この発刊の辞は、さらに、「今、女性は月である。他に依って生き、他の光によって輝く、病人のような蒼白い顔の月である」と続く。女性の真の自由の解放を求めた運動が日本で始まったのである。

その後、日本で女性が参政権を行使するまでに36年の歳月を要した。太平洋戦争終戦後の１９４６年（昭和21年）のことである。日本は明治憲法を捨て去り、新しい憲法（日本国憲法）を制定した。１９４６年11月３日に公布され、１９４７年（昭和22年）５月３日に施行された日本国憲法の第14条には、「すべて国民は、法の下に平等であつて、人種、信条、性別、社会的身分又は門地により、政治的、経済的又は社会的関係において、差別されない」と明記された。男女平等に参政権を持つということである。

１９４６年４月10日には戦後初めての衆議院議員総選挙が行われ、約１３８０万人の女性が投票し、39名の女性国会議員が誕生している。

3 アメリカの州と合衆国

ドル紙幣とアメリカ

アメリカは絶対王政下のヨーロッパから逃れてきた人々が、三権分立を謳《うた》う憲法をつくり、修正を重ねるという具合にさまざまな試行錯誤を繰り返してつくり上げてきた。いわば、民主主義の実験場である。

それは、アメリカのドル紙幣にも象徴的に表れている。現在のアメリカの紙幣は、1ドル札、2ドル札、5ドル札、10ドル札、20ドル札、50ドル札、100ドル札の7種類がある。以下で紹介するように、1ドル紙幣にはアメリカ建国を象徴するようなさまざまな図柄が描かれているが、他の紙幣はシンプルな図柄である。原則として、アレクサンダー・ハミルトンやエイブラハム・リンカーンなどの歴史的人物の肖像と歴史的建造物が描かれているだけである。

ところで、ドルのマークは「$」で表示される。なぜだろうか。例えば、日本円のマー

1ドル紙幣（表面）

ク「¥」は、「YEN」の頭文字の「Y」に2本棒を加えてつくられている。同様に考えれば、ドルの頭文字は「D」である。それがなぜ「S」なのか。実は、ドルの「S」はスペインを意味している。アメリカ大陸がスペイン領だった頃、スペインから入ってきた貨幣は「ドレラ」と呼ばれていた。それがアメリカで流通している間に「ドル」という呼び名が定着していったのである。ここにも、アメリカ建国の歴史が刻まれている。

1ドル紙幣の表面……発券銀行

1ドル札の表面の中央にはジョージ・ワシントンの肖像が描かれている。ジョージ・ワシントンはアメリカ合衆国初代大統領である。

紙幣の上端には「FEDERAL RESERVE NOTE」と印刷されている。ドル紙幣はアメリカの中央銀行である連邦準備制度理事会（Federal Reserve Board：FRB）が発券管理しているからである。日本の中央銀行である日本銀行が発券管理している日本の紙幣に「日本銀行」と印刷されているのと同じである。

しかし、連邦国家であるアメリカでは事情は日本とは多少異なっている。ＦＲＢはアメリカ国内に12行ある連邦準備銀行で構成されているからである（次ページ図6・7）。

ＦＲＢはドル紙幣の発券管理はしているが、紙幣の発行は12行の連邦準備銀行がそれぞれ発行している。そのため、どの準備銀行が発行したかがわかるように、肖像画の左側にマルで囲まれたＡからＬまでのいずれかのアルファベットが表記されている。前ページ写真の紙幣の表面の左側には（Ｋ）と記されている。これは、テキサス州ダラス連邦準備銀行が発行したものである。（Ｂ）であれば、ニューヨーク州ニューヨーク連邦準備銀行、（Ｃ）であればペンシルベニア州フィラデルフィア連邦準備銀行の発行ということがわかる。

1ドル紙幣の裏面……「IN GOD WE TRUST」

裏面を見てみよう。中央に大きく書かれた「ONE」という文字の上に「IN GOD WE TRUST」（神の加護を信じる）と印刷されている。この言葉は、１８６４年に最初にドル

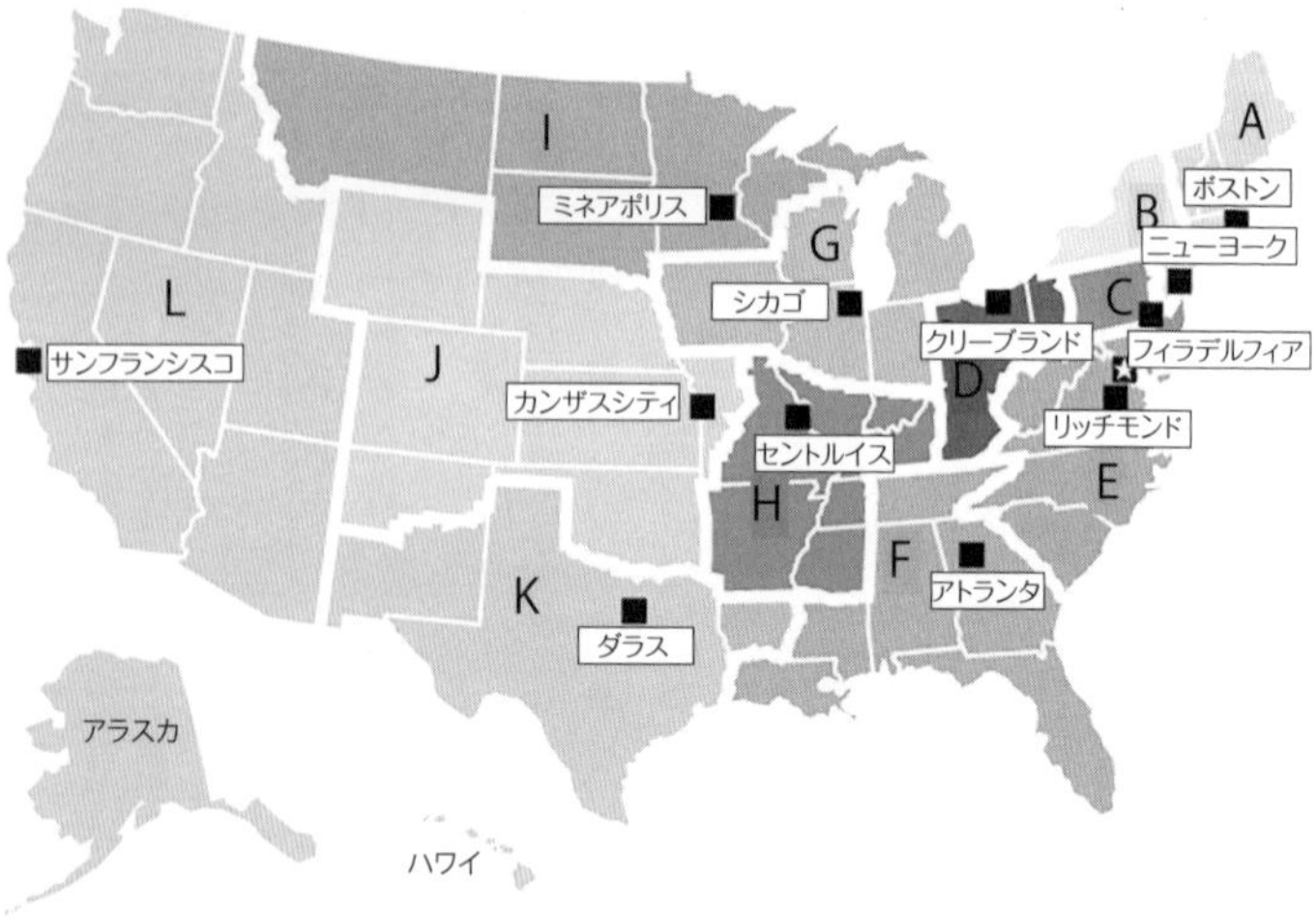

図６　12の連邦準備銀行の所在地

A	ボストン連邦準備銀行	マサチューセッツ州ボストン
B	ニューヨーク連邦準備銀行	ニューヨーク州 ニューヨーク
C	フィラデルフィア連邦準備銀行	ペンシルベニア州フィラデルフィア
D	クリーブランド連邦準備銀行	オハイオ州クリーブランド
E	リッチモンド連邦準備銀行	バージニア州リッチモンド
F	アトランタ連邦準備銀行	ジョージア州アトランタ
G	シカゴ連邦準備銀行	イリノイ州シカゴ
H	セントルイス連邦準備銀行	ミズーリ州セントルイス
I	ミネアポリス連邦準備銀行	ミネソタ州ミネアポリス
J	カンザスシティ連邦準備銀行	ミズーリ州カンザスシティ
K	ダラス連邦準備銀行	テキサス州 ダラス
L	サンフランシスコ連邦準備銀行	カリフォルニア州サンフランシスコ

図７　12の連邦準備銀行

１ドル紙幣（裏面）

の硬貨に印字され、1956年にアメリカ合衆国の公式の標語となり、1957年以降、ドル紙幣に印刷されている。

ここで使われている「GOD」は、キリスト教の神を意味している。アメリカでは建国以来、キリスト教徒が多数派を占め、現在でも約4分の3がキリスト教徒である。しかし、アメリカ合衆国憲法修正第1条では、「国としての宗教の樹立」を禁止している。したがって、これを憲法違反だとして批判する声もある。

合衆国最高裁判所は「IN GOD WE TRUST」は宗教的な意味を持つものではないとして、公式の標語として容認したという経緯がある。なお、日本では「八百万神《やおよろずのかみ》」と言われるように、「GOD」は必ずしもキリスト教だけを意味するわけではない。

一方で信教の自由を謳《うた》うと同時に、「IN GOD WE

「TRUST」を国の公式の標語としている。大統領の就任式でも、また議会でも議員になるときは聖書に手を置いて宣誓式をする。最高裁判事になるときも同じである。ふだん見慣れていて当たり前の日常になっているさまざまな事柄の中に、民主主義の実験場としてのアメリカの歴史や文化の一端を垣間見ることができる。

1ドル紙幣の裏面……国璽

1ドル紙幣の裏面はすべて独立にちなんだ図柄となっていて、興味深い教訓やモットーが印刷されている。

「ONE」という文字の左右に描かれている2つの図柄は、アメリカの「国璽《こくじ》」の表と裏である。「国璽」とは国の印章すなわち「国章」のことである。イギリスの国璽同様、アメリカ合衆国の国璽は、平らな円盤状で裏面にも図柄が彫られている。1ドル札の裏面の右側の図柄が国璽の表、左が裏である。

まず、右に描かれている鳥は、アメリカの国鳥の「白頭鷲《はくとうわし》」である。アメリカに渡ってきたイギリス人移民がこの鳥を「白頭鷲」と名づけたという。

白頭鷲の胸の盾には13本の縦縞が描かれ、右脚で実のついたオリーブの枝、左脚で13本の矢をつかんでいる。オリーブは平和の象徴である。平和を守るためには戦うことも辞さないという決意を示しているとされる。嘴《くちばし》でくわえている細長い布に書かれているラテン語（E PLURIBUS UNUM）は「One out of many」（多くのものから1つに）というアメリカ合衆国統一の標語（モットー）である。白頭鷲の頭の上には13個の星が描かれている。いずれも、独立当時の13邦（州）にちなんだものであり、50州に増えた現在でも「13」のままである。

次に、左側に移ろう。ピラミッドは、強さと永続性を象徴している。ピラミッドは先端が欠けていて未完成なのは、常に成長し、改良し、完璧になることを求めて、たゆまぬ努力をする姿勢を象徴している。

そのピラミッド先端部分に描かれている目は、「万物を見通す目」（All-Seeing Eye）と呼ばれる永遠の神の目を象徴し、アメリカの大義を支える神の導きを暗示している。ちなみに、この目は、フリーメーソンの象徴としても使われている。フリーメーソンとは、18世紀初頭に起源をもち1717年にロンドンで結成された組織である。現在では、陰謀を企てる「闇の世界政府」などと言われたりもするが、それ自体が陰謀説の一種であるという指摘もある。

目の上に記されたラテン語の文字「ANNUIT COEPTIS」は、「神は我々の取り組みを支持する」と訳すことができる。13の邦（州）の独立は正しかったということである。ピラミッドの基礎にある暗号のような文字「MDCCLXXVI」はローマ数字で「1776」である。その下のラテン語（NOVUS ORDO SECLORUM）は「時代の新しい秩序」という意味であり、この

2つを合わせると、1776年の新しいアメリカの時代の始まりを象徴していることがわかる。

アメリカは西に向けて広がった

独立時の13州から、アメリカは西海岸に向けて国土を拡大していった（図8）。1790年には、コロンビア連邦地区が設置され、1800年に首都が移転して、どの州にも属していないアメリカ合衆国連邦政府の直轄地であるワシントンが成立した。

図8　独立前の13植民地（1775年頃のアメリカ）

南北戦争までには、ケンタッキー、テネシー、イリノイ、ミシガン、フロリダ、テキサス、カリフォルニアなど20の州が加わった。南北戦争中にはカンサスやネバダなど4州が加わっている。その後もアメリカ合衆国の州は増え続け、コロラド、ワシントン、ニューメキシコ、アリゾナなどが加わった。さらに第2次世界大戦後の1959年にアラスカとハワイが加わって50州となり、現在のアメリカ合衆国が出来上がっ

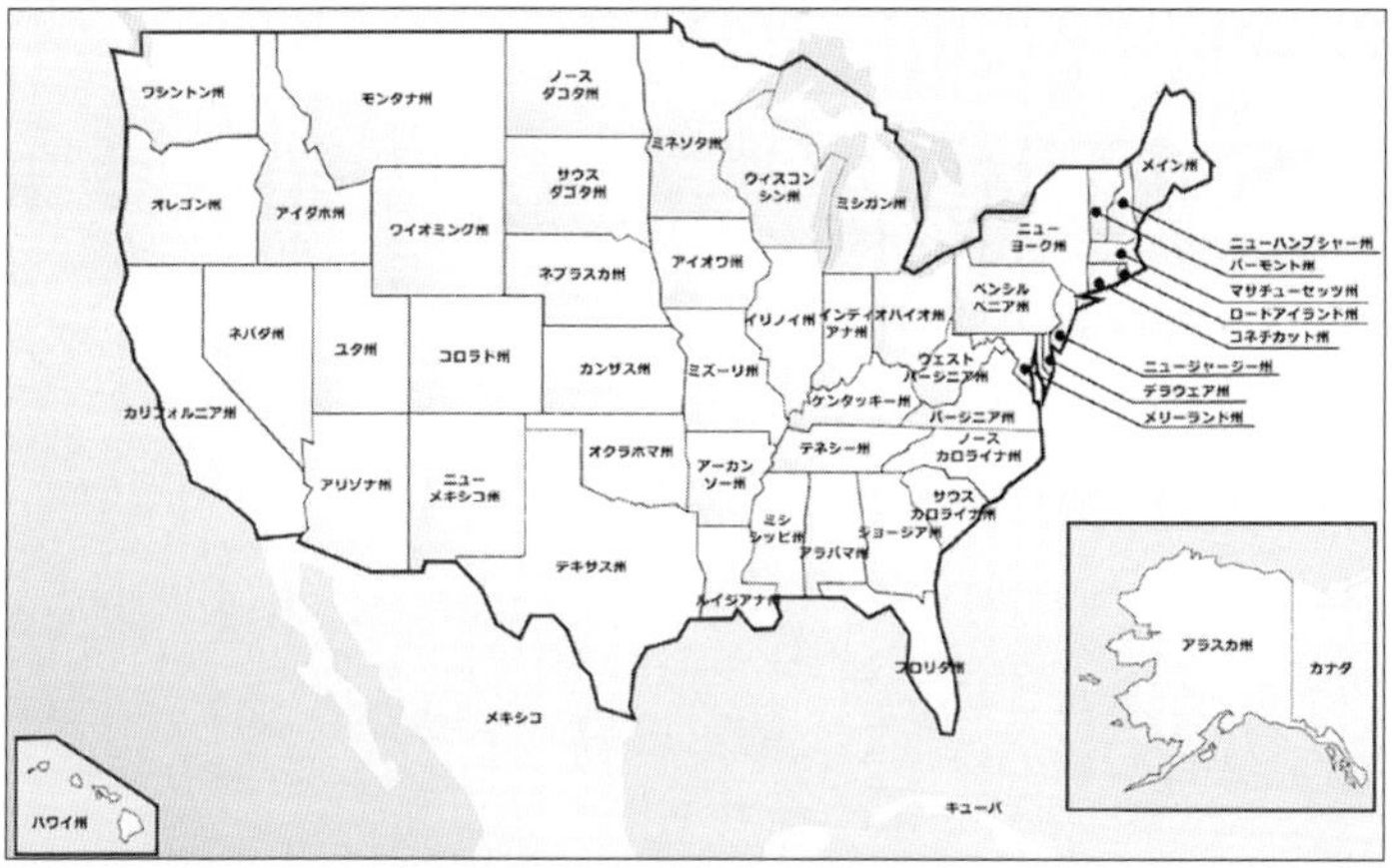

図９　現在のアメリカ合衆国

た（図9）。

最初の13州が連邦政府を形成する際には各州による憲法批准が必要だったが、その後は新しい州がアメリカ合衆国に加入するには、州の住民が州憲法を制定し、連邦加入を申請する手続きをする。その後、連邦議会が新しい州を認める法律（州昇格法）を制定する。その法律が上院と下院の単純多数で可決され、大統領が署名すれば、加入が認められることになる。

連合国家と政府間関係

1788年にアメリカ合衆国憲法が発効して以来、アメリカは「合衆国」として連邦制国家を確立した。独立戦争当時の「アメリカ諸邦連合」からは移行し、強い中央政府を持つ国家となったが、「アメリカ諸邦連合」を起源としており、今も連合国家の特徴を強く残している。連合国家的な特性を持つ国は他にも、ドイツ連邦共和国やスイス連邦などの連邦制国家が例として挙げられる。なお、イギリスの正式国名は「グレートブリテン及び北アイルランド連合王国」である。

連合国家ではない国は「単一国家」と呼ばれる。連合国家と単一国家にはそれぞれ利点と課題がある。連邦制国家では、国の主権の一部が州や邦などの地方に分権されるため、地方の自治が尊重されるが、場合によっては国全体としての一体性が損なわれることもある。その一例が旧ソ連であり、形式上は連邦制を採用していたが、1991年までに加盟共和国が次々と独立を宣言して解体に至った。一方、日本のような単一国家では、国全体としてのまとまりは確保されやすいが、中央集権化が進み、地方自治の柔軟性が制限される課題がある。

ところで、私たちは日々の生活の中で、自治体とさまざまなかかわりを持つ。日本では、自治体は「市区町村」と呼ばれる。市区町村は県単位に統合され、それぞれの自治体の住民生活を支えるための役所がある。それは町（村）役場、市役所、県庁であって、町（村）政府、市政府、県政府と呼ぶことはない。日本では、それぞれの自治体が、あたかも国の行政組織の末端機関であるかのようになっているからである。

連邦制国家であるアメリカには、連邦政府、州政府、地方政府の3層の政府が存在する。中央政府（セントラルガバメント）である連邦政府は「Federal Government」と呼ばれ、州政府（State Governments）と地方政府（Local Governments）はそれぞれ異なる役割を持つ。アメリカは主に「連邦政府」と「州政府」によって成り立ち、地方政府は州政府の管轄下にある。それぞれの政府間の関係は「政府間関係」（Intergovernmental Relations）と呼ばれ、憲法や法律に基づいて調整されている。

州は国家のような存在

アメリカ合衆国憲法第10条では、州に対して、条約の締結、貨幣の鋳造、輸出入品への課税、戦争行為などの行為を禁じている。しかし、修正第10条で「この憲法が合衆国に委任していない権限または州に対して禁止していない権限は、各々の州または国民に留保される」と明記されている。

アメリカでは、州は大きな権限を持っている。州は主権こそ持たないが、いわば国家のような存在である。日常生活の基本ルール（例えば、刑法、契約法、家族法、労働法など）

の決定は州の権限とされている。例えば、州法は州が制定する。したがって、法制度は州ごとに異なる。刑法で言えば、死刑制度がある州とない州がある。人工の妊娠中絶を認める州もあればこれを禁じている州もある。ビジネスをするときの商法も州ごとに異なるといった具合である。

また、日本では国家資格とされている弁護士や医師、薬剤師の資格も、アメリカでは州ごとに与えられる。

ニューヨーク州で弁護士活動を行うためにはニューヨーク州の弁護士資格が必要であり、カリフォルニアで弁護士をするためにはカリフォルニアの弁護士資格が必要である。日本には「日本の弁護士」が存在する。しかし、アメリカには「アメリカ合衆国の弁護士」は存在しないということである。

さらに言えば、アメリカでは、運転免許証も州ごとに発行され、その申請方法や受験資格は各州で大きく異なる。私が住んでいたワシントンでは、日本の国際免許証を驚くほど簡単にワシントンの運転免許証に書き換えることができた。必要とされたのは、居住を証明する書類（例えば電気代や家賃の請求書など）が2種類以上と、簡単な筆記試験のみであった。この手続きは非常に簡便で、形式的な手順をこなすだけで運転免許証が手に入るように感じられた。

しかし、このような手続きの簡素さは、すべての州で共通するわけではない。一部の州では、運転免許証の取得や書き換えにおいて、より厳格な基準が設けられている。例えば、カリフォルニア州では、交通規則への理解に加え、実際の運転技術を厳密に評価する実地テストが義務付けられている。同様に、ニューヨーク州やテキサス州などでも、居住者の運転能力を確認する厳格な試験が行われる場合がある。この違いは、各州が独自に交通安全の基準を設定する権限を持つという、アメリカ特有の連邦制によるものである。

アメリカでの生活を始める際、州ごとのこうした違いはしばしば戸惑いを招くが、その多様性はアメリカ社会の本質を理解する上で欠かせない特徴である。州ごとの運転免許制度は、単なる法的手続きにとどまらず、各州が有する行政の特性や価値観を映し出す象徴的な制度と言える。

公選職員で運営される郡（カウンティ）

アメリカの州は、郡や市などの自治体（municipality）で構成されており、これらは「地方政府」(local government)と呼ばれる。それぞれの州は州憲法で地方政府の設置を定め、地方政府の権能と権利は州議会によって与えられる。この点で、地方自治体が国の法律に基づいて直接権限を持つ日本とは大きく異なる。

地方政府には、州憲法や州法に抵触しない範囲で大幅な自治権が認められている。特に、ホームルールが適用される自治体では、州政府から独立した高度な自治が可能である。

郡(county)は多くの州で基本的な行政区画となっており、公選職員によって運営される。例えば、カリフォルニア州南部のオレンジカウンティ(Orange County)は、人口318万6989人(2020年)を擁し、ディズニーランドの所在地としても知られる。

郡政府の役割は多岐にわたり、記録管理(出生、死亡、土地所有権移転など)、選挙管理(有権者登録を含む)、地域や農村部の道路の建設・維持などが挙げられる。これらの業務は管理委員会(board of supervisors)や郡委員会(county commission)が政策を定め、実行する。また、保安官、査定官(assessor)、検視官、検察官などの職務も公選職員によって担われる場合が多い。

アメリカ国務省によれば、「アメリカには50万人を超す公選職員がいるが、このうち、国レベルと州レベルの職員は8500人にも満たない。残りは地方政府の職員、すなわち市議会議員、教育委員会の委員、市長、郡保安官、その他さまざまな職務を務める多数の職員である。アメリカの地方自治は非常に細分化されており、小規模な自治体でも公選職員が存在するため、公選職員の総数が多いのが特徴である。地方政府の公選職員の役割や数は州ごとに異なる。例えば、教育委員会や保安官の選挙制度も州によって異なる場合がある。

警察や検察組織を持つ自治体

郡内や郡から独立した自治体として市町村がある。住民が100人にも満たない小さな町もあれば、ニューヨーク市のように複数の郡にまたがる大都市もある。市町村政府は、市街道路の整備、廃水処理、ごみ処理、消防・救助活動、公共交通機関などの基本的サービスを担っているが、警察組織や検察組織を持つ自治体もある。

例えば、ニューヨーク、シカゴ、ロサンゼルス、サンフランシスコなどの大都市では、市の警察がある。アメリカのドラマなどに出てくるニューヨーク市警（ＮＹＰＤ）は、警察官と職員合わせて5万人規模を擁する大組織である。一方、テロやスパイ、政府の汚職、複数の州にまたがる広域凶悪事件などの捜査は連邦捜査局（ＦＢＩ：Federal Bureau of Investigation）が行う。FBIは司法省に属する警察機関である。例えば、誘拐事件では、未解決のまま通報から24時間を経過すると、広域事件として自治体警察からFBIに捜査主体が移される。検察組織を持つ自治体では、地元の裁判所に告訴することができ、有罪判決を受けた被告は、市立あるいは州立の刑務所に収監される。

州が課税権を持つ

州政府には課税権が与えられている。州は自らの財源を自らの工夫で獲得するのである。課税権を国家が独占的に持つ国は多いのに対して、アメリカの50の州は国家と同等の権限を持って、課税対象や税率を独自に決定することができるのである。その結果として、課税対象や税率が州によって異なることになる。

所得税

アメリカの所得税には「連邦所得税」と「州所得税」があり、連邦所得税は全国一律で所得に応じた累進課税が適用される。一方、州所得税は州ごとに異なり、税率や課税方式に大きな差がある。例えば、カリフォルニア州では最低税率1・0%から最高税率12・3%、ハワイ州では1・4%から11・0%、ニューヨーク州では4・0%から10・9%である。一方で、アラスカ、フロリダ、ネバダ、サウスダコタ、テキサス、テネシー、ワシントン、ワイオミングなど、州所得税を課していない州も存在する。
このような制度の違いは、アメリカ特有の連邦制によるものであり、各州が独自の財政運営を行うための基盤となっている。

売上税

各州による税であり、税率や課税対象は州が自由に決めている。売上税（Sales Tax）とは、商品が売買される際に購入者に課せられる税で、日本の消費税に相当する。日本の消費税率は軽減税率も含めて全国内一律である。しかし、アメリカのアラスカ州、デラウェア州、モンタナ州、ニューハンプシャー州、オレゴン州では売上税がない。一方、ニューヨーク州の売上税は4％、ワシントンは6％であり、カリフォルニア州の税率は最も高く7・25％である（2023年1月）。

財産税

税率は州ごとに異なる。財産税（Property Tax）は、日本の固定資産税に近い税で、不動産や動産、無体財産に課税される。動産とは車や飛行機、機械、家具など物理的に存在する個人財産を指し、無体財産とは株式、債券、特許など形のない財産を指す。ただし、無体財産への課税はアメリカのほとんどの州で廃止されており、主に歴史的な事例として議論される。

不動産に対する財産税は、すべての州で課税されるが、その税率は州や地方政府によって大きく異なる。税率は通常、地方政府（郡や市）が設定し、教育や公共サービスのための主要な財源となっている。

一方、動産への課税は州によって規定が異なる。事業用の機械や装置、線路などに課税する州もあれば、個人の動産や公益施設には課税しない州もある。このような違いは、アメリカの州ごとの自治権と政策の多様性を反映している。

州間で企業誘致競争

企業に課税される法人税も州ごとに異なっている。企業を誘致すれば、雇用は増え、法人税収入を見込むことができる。企業にとっても低い法人税率のほうが有利である。企業誘致に成功すれば、州も住民も豊かになる。したがって、州政府は他よりも低い法人税率にして、企業誘致を図ろうとする。

アメリカのＩＴ企業大手のグーグル（Google、現アルファベット傘下）、やアップル（Apple）、メタ（META、旧フェイスブック）の本社はカリフォルニア州にあるが、アマゾン（Amazon.com）とマイクロソフト（Microsoft）はワシントン州シアトルやその近郊に本社がある。電気自動車メーカーのテスラ（TESLA）は、２０２１年にカリフォルニア州からテキサス州に本社を移転している。

また、1957年にカリフォルニア州に北米本社を設立した日本の自動車メーカーのトヨタ自動車は、その後ニューヨーク州、ケンタッキー州とカリフォルニア州に関連会社を設立したが、2014年から「北米ワントヨタ」を掲げて、本社をテキサス州に移転した。トヨタによれば、移転に際して、「カリフォルニア州及びケンタッキー州の地域団体に対し、既存の寄付に加え、2017年より5年間で総額1000万ドルの寄付」を行っている。

課税や福祉面での州間競争

州に与えられているのは課税権だけではない。免許証の更新や住民サービスに対する各種料金や社会保障関係支出に関しても州が独自に決めている。各州は十分な税収を確保して、州を発展させるために、さまざまな税についての最適な税率を決め、一方で社会福祉関係の支出についても勘案する。

どの州に住むかは人々の選択に任されている。例えば、ニューヨークには大金持ちが集まっている。物価や不動産価格は高いけれども、ニューヨークに住みたいという人はたくさんいる。また、ニューヨークには多くの企業が集まっているので、そこで働く人はニューヨークに住まなければならない。もちろん、仕事はどうでもいいので税金の安い州に住みたいという人もいる。それは一人ひとりが決めることである。しかし、州としては、人口が減れば、税収は減る。

逆に、アメリカは移民の国であり、これまでに受け入れた移民の数は累計で５０００万人を超える。現在も年間70万人近くの合法的移民がアメリカに新たに住む権利を得ている。この移民の多くは比較的発展途上国から来ているが、高度なスキルを持つ専門職の移民も増加している。移民が選ぶ州には、社会福祉が充実している州が含まれることもあるが、それだけでなく、仕事の機会や既存の移民コミュニティの存在も重要な要因である。

カリフォルニア州やニューヨーク州など社会福祉が手厚い州は、移民を引き付ける傾向がある。しかし、移民が多く集まることで州の財政に負担がかかる可能性も指摘されている。一方で、移民は労働力として経済に貢献する側面もあり、その影響は短期的なコストだけでは判断できない。移民政策と州の財政のバランスは、アメリカ社会において重要な議論の対象である。

高収入で高額の納税者は、手厚い福祉に対しては不満の声を上げる。税に見合うサービスを求めるのは当たり前のことだが、税金を払っていない人も手厚いサービスを受けるのは、その分をその他の納税者が負担していることになると考えるからである。したがって、福祉面では各州ともさほど充実しないという傾向になる。

州の競争が起きている

二大政党の国と言われているアメリカでは、大雑把《おおざっぱ》に言って、それぞれの州は民主党支持と共和党支持に分かれている。州知事選挙、大統領選挙や連邦議会議員選挙では、民主党は青、共和党は赤をシンボルカラーとして選挙戦を戦う。民主党と共和党の候補者が選挙ごとに入れ替わる州もあるが、伝統的に共和党・民主党のいずれかが強い州もある。

共和党の基本的な考え方は、個人や法人の税負担は軽いほうが良いというものである。テキサス州は「赤」、すなわち共和党が強い州である。この法人税の違いが、テキサス州が北米トヨタやテスラの本社を誘致できた1つの要因だろう。

アメリカは、納税者の声が政治に強く反映する。重税を課されれば、人々の不満は高まる。したがって、州は常に納税者に配慮した課税を考える必要がある。しかし一方で、住環境や社会福祉面にも目を配らなければならない。それぞれの州は、税という「負担」と社会福祉や住環境などの「受益」を勘案して、最適な制度設計をすることになる。

人々や企業は、自らにとって最も好ましいと考える「受益」と「負担」のバランスを考えて行動する。州による制度の違いは、人々や企業の移動という形で具体的に表れる。その結果、州間の競争はさらに促進される。人や企業の移動は選挙結果にも大きな影響を及ぼす。州知事や州議会議員は選挙で選出されるからである。

アメリカの50州は、それぞれが他の49州と競争している。連邦政府が意図的に州同士を競争させているわけではなく、各州が自らの判断で、自分たちの州にとって最善だと考える行動を取る結果として競争が生まれるのである。この過程は、経済学で言われる「見えざる手」が働いているようなものであり、一定の均衡をもたらす。

ただし、ここで言う均衡とは、すべての州が等しく豊かになるという意味ではない。豊かな州もあれば、さほど豊かではない州も存在する。しかし、この競争の中で、豊かな州がさらに発展すれば、その影響が周囲にも波及し、貧しい州も次第に恩恵を受ける。これは、水が高い所から低い所へ滴り落ちるように、豊かな州が生み出す富や活力が貧しい州にも流れ込み、結果としてアメリカ全体の繁栄につながる、という考え方である。アレクサンダー・ハミルトンやジェームズ・マディソンなどの建国者たちも、連邦制の枠組みの中で、州が自治権を持つことで活発な競争と多様性が促進されると考えていた。

第2章

アメリカの司法と政治

1 アメリカの裁判所制度

連邦制と三権分立のアメリカ

国をつくり上げるためには大変な作業を必要とする。一定の領土とそこに住む人たちが1つにまとまって「国」になるためには、共通の「理念」が不可欠だからである。その共通の理念は、合衆国憲法に明示されている。

合衆国憲法の基本原理は、「連邦制」と「三権分立」であることはすでに紹介した。アメリカが司法・立法・行政の三権分立を掲げたのは、中央政府が横暴を極めて、一般市民の声を聞かなくなり、抑圧することを危惧したからである。

実は、アメリカ合衆国憲法の基本原理としてもう1つ加える必要がある。それは、司法・立法・行政のそれぞれが、他の2つに対して持つ「権限」が明示されていることである。

ワシントン特別区は、ポトマック川北岸に位置し、バージニア州とメリーランド州に接している。市内には司法をつかさどる連邦最高裁判所と立法をつかさどる連邦議会が並んで立っており、少し離れて行政をつかさどるホワイトハウスがある。

今から四半世紀前の2000年のアメリカ合衆国大統領選挙では、共和党のジョージ・W・ブッシュ氏と民主党の現職副大統領アル・ゴア氏の間で争われた。結果はブッシュ氏が当選を果たしたが、両者の獲得票数が僅差であったため、選挙結果について最高裁判所で争われた（＊1）。大統領選挙という「行政」に関する事柄に関して、「司法」の判断が求められたのである。

当時、アメリカ議会で連邦公務員として勤務していた私は、最高裁判所のすぐ裏手に住んでいた。連邦議会や連邦裁判所周辺の建物には約40メートルの高さ制限規制が設けられている。美しい街並みの景観を見渡せる一角にある建物の一室が私の住まいだった。

最高裁判所の決定がなされる日は、特に寒さが身に染みる日だった。多くのジャーナリストたちが最高裁判所の決定の瞬間を見届けるために、朝早くから長蛇の列をつくっていた。私は窓からそれを眺め、彼らの列の横を通って通勤したことを今でも鮮明に覚えている。

＊1【ブッシュ対ゴア事件】アメリカ合衆国最高裁判所（連邦最高裁）が2000年12月12日に判決を下した訴訟事件。この判決により、2000年アメリカ合衆国大統領選挙が、ジョージ・W・ブッシュ氏の勝利に終わることとなった。フロリダ州の票の数え直しが訴訟のきっかけであった。

三権分立と「抑制と均衡」

日本国憲法は、国会、内閣、裁判所の3つの独立した機関が相互に抑制し合い、バランスを保つことにより、権力の乱用を防ぎ、国民の権利と自由を保障する「三権分立」の原則を定めている。司法・立法・行政のそれぞれが持つ権力についてチェックする機能を持っているということである。

日本国憲法で三権分立が謳《うた》われている背景には、第2次世界大戦後の占領下で憲法制定が進められたという事実がある。この「抑制と均衡」（チェック・アンド・バランス）の考え方はアメリカ合衆国憲法に起源をもつのである。そこで、アメリカ合衆国憲法では、司法・立法・行政の三権に対してどのような抑制を課しているのかを見てみよう。

まず、裁判所と連邦議会の関係である。

裁判所は連邦議会を通過した法律に対して提訴があれば違憲判断をする権限を持つ。連邦議会で審議され可決された法律が、合衆国憲法に照らして妥当であるかをチェックし、違反している場合には、これを認めないという判断をすることができるのである。連邦議会に対する大きな権限である。

一方、連邦最高裁判所が違憲判決を出した場合には、連邦議会は、憲法の修正案を提議

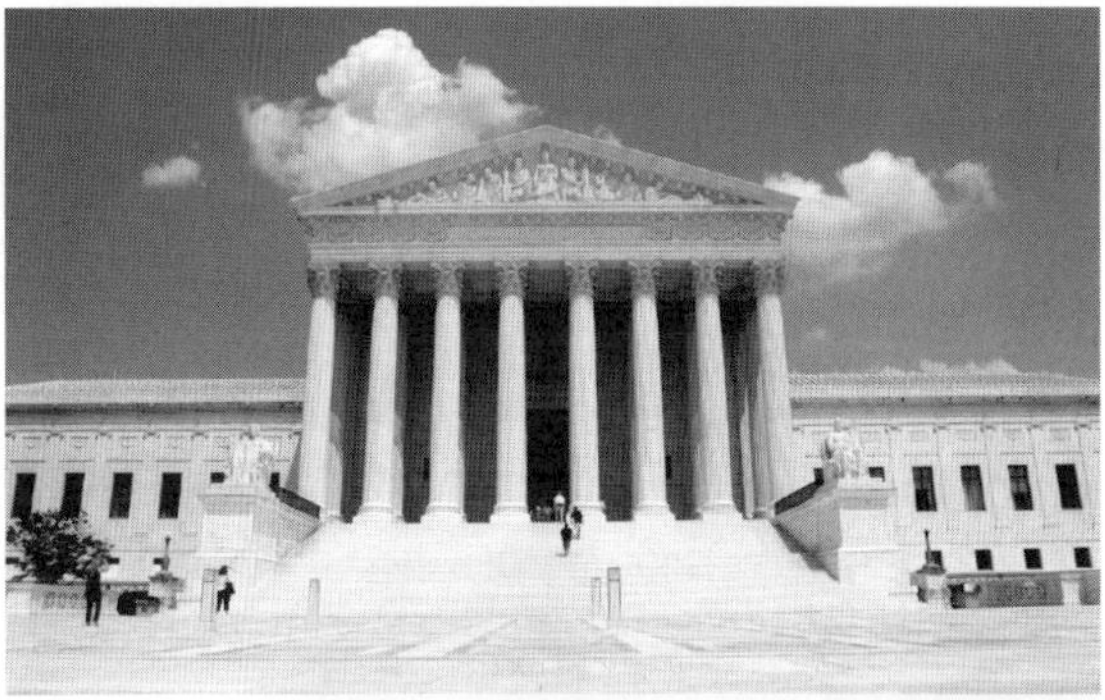

最高裁判所
（連邦裁判所）

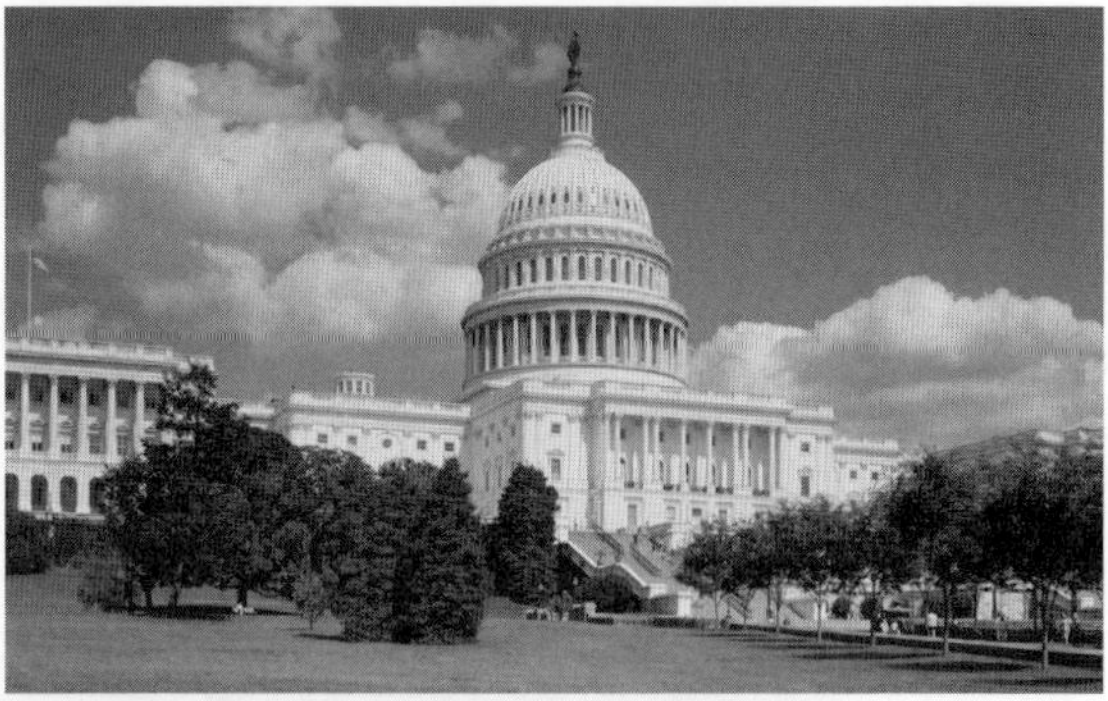

国会議事堂
（連邦議会）

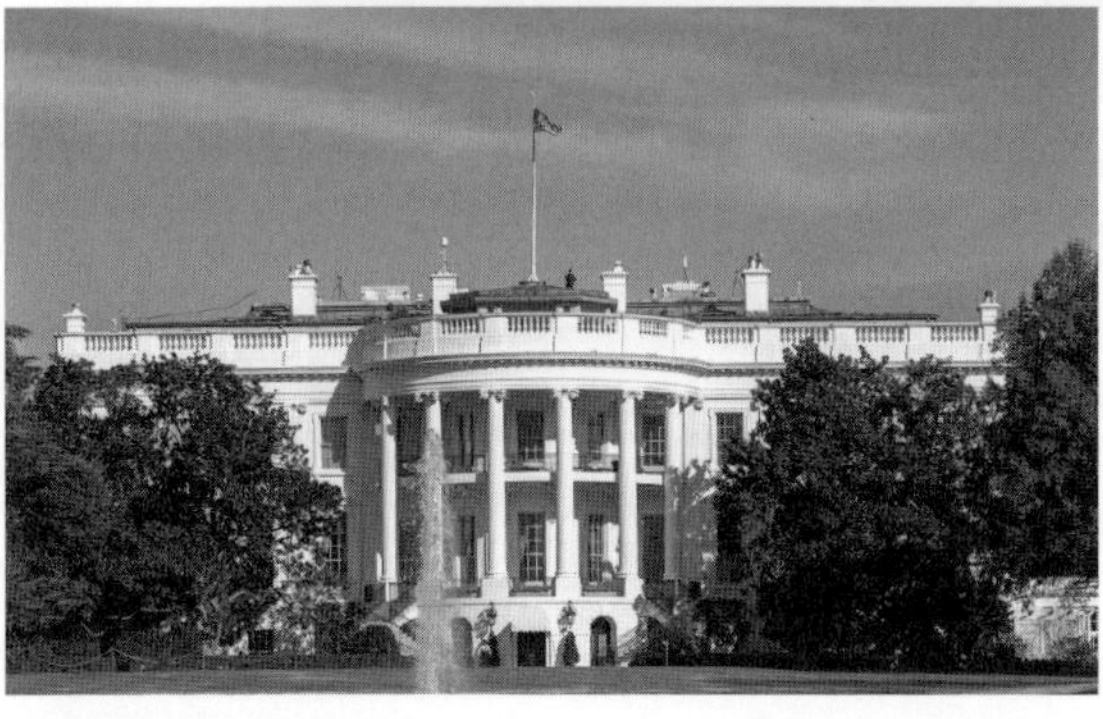

ホワイトハウス

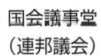

することで、これに対抗することができる。また、連邦議会は、連邦最高裁判所制度そのものを改変する権限を持っている。連邦最高裁判所の管轄や裁判官の員数を変更することができるのである。さらに、連邦議会は連邦裁判所の人事にかかわる2つの大きな権限を持っている。1つは、大統領が指名した裁判官を上院の過半数決議で否認できることである。もう1つは、連邦裁判所の裁判官を弾劾する権限である。弾劾とは、その地位にふさわしくない行為をした裁判官を罷免する手続きのことである。

連邦裁判所と大統領の関係

連邦裁判所と大統領の関係はどうなっているのだろうか。

まず、連邦最高裁判所は、大統領の行政行為に対して裁判で違憲判断する権限を持つ。また、連邦議会が提起した大統領に対する弾劾裁判では連邦最高裁判所の首席判事が議長を務める。一方、大統領は最高裁判所に対して、連邦裁判所の裁判官を指名する権限、連邦裁判所で有罪の判決を受けた者を恩赦する権限を持つ。ただし、大統領は連邦裁判所の判決を執行しない選択をする権限は憲法上認められておらず、そのような行動は例外的な歴史的事例に限定される。例えば、1832年の「ウスター対ジョージア州事件（Worcester

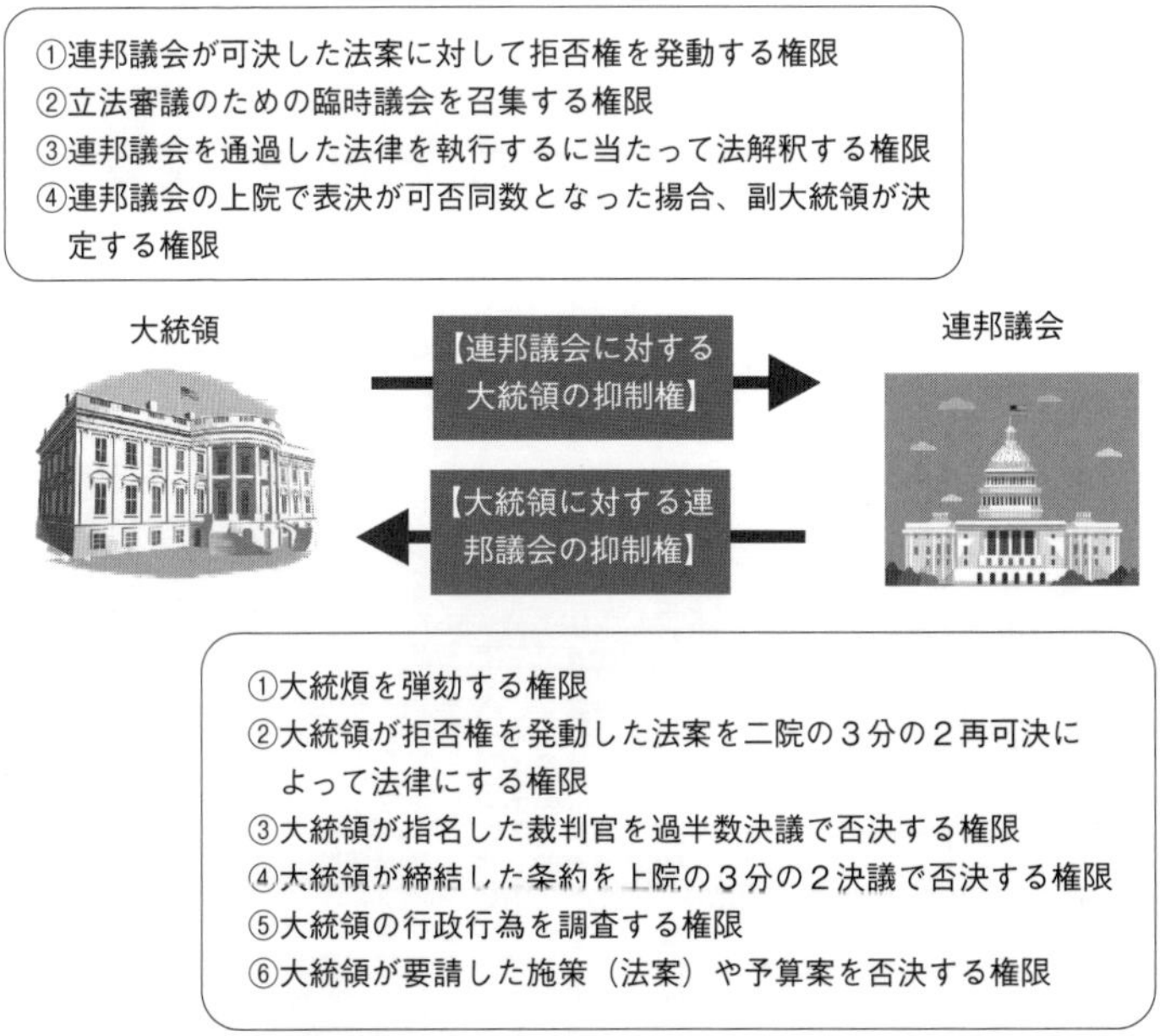
①連邦議会が可決した法案に対して拒否権を発動する権限
②立法審議のための臨時議会を召集する権限
③連邦議会を通過した法律を執行するに当たって法解釈する権限
④連邦議会の上院で表決が可否同数となった揚合、副大統領が決定する権限
大統領
【連邦議会に対する大統領の抑制権】
連邦議会
【大統領に対する連邦議会の抑制権】
①大統煩を弾劾する権限
②大統領が拒否権を発動した法案を二院の３分の２再可決によって法律にする権限
③大統領が指名した裁判官を過半数決議で否決する権限
④大統領が締結した条約を上院の３分の２決議で否決する権限
⑤大統領の行政行為を調査する権限
⑥大統領が要請した施策（法案）や予算案を否決する権限

図１　大統領と連邦議会の関係

v. Georgia)」では、アンドリュー・ジャクソン大統領が最高裁の判決を積極的に実行しない姿勢を示した。しかし、これは例外的な事例であり、通常、大統領は裁判所の判決を尊重し、執行する義務を負っている。

連邦議会と大統領の関係については、後に詳しく説明するが、簡単にまとめると図1のようになる。

以上を見ると、三権分立とは言いながら、大統領や連邦裁判所に対して連邦議会がより大きな権限を与えられていることがわかる。それには、アメリカ建国の歴史が大きく反映している。強大な政府が出来上がり、建国時の13の邦（州）が抑圧されることを恐れて、自らの邦（州）の代表を送り込む連邦議会により多くの権限を与えて、自らの邦（州）の主張を実現しようとしたということである。

日米の裁判制度の違い

さて日本国憲法では、「すべて司法権は、最高裁判所及び法律の定めるところにより設置する下級裁判所に属する」（第76条第1項）とされ、単一的な裁判制度である。下級裁判所（地方裁判所、家庭裁判所および簡易裁判所）、高等裁判所、そして最高裁判所で反復審理を受けることができる。

家庭裁判所と地方裁判所は全国に50（各都道府県1と北海道4）あり、そのほかに203の支部などが設けられている。簡易裁判所は、全国に438ある。高等裁判所は8大都市（東京、大阪、名古屋、広島、福岡、仙台、札幌、高松）とその他6つの都市に支部が設けられている。最高裁判所は、長官と14人の最高裁判所判事で構成されている。最高裁判所長官は、内閣の指名に基づいて天皇が任命し、14人の最高裁判所判事は、内閣によって任命され、天皇の認証を受ける。

一方、アメリカの司法制度は、連邦裁判所と州裁判所の2本立てになっている。合衆国憲法第3章「司法部」第1条（連邦司法権）で、連邦裁判所の存在を定めている。また、裁判官の任期は特に定められていない。

「合衆国の司法権は、1つの最高裁判所、および連邦議会が随時制定し設立する下位裁判所に属する。最高裁判所および下位裁判所の裁判官はいずれも、非行なき限り、その職を保持することができる。これらの裁判官は、その職務に対して定期に報酬を受ける。その額は、在職中減額されない」（合衆国憲法第3章第1条）

また、同第2条と第3条で連邦裁判所の管轄事項が定められ、合衆国に関する事案や州をまたぐ事案のみを取り扱うこととされている。

1791年に成立した合衆国修正第10条（州と国民に留保された権限）では、「この憲法が合衆国に委任していない権限または州に対して禁止していない権限は、各々の州または国民に留保される」とされている。裁判制度は州に留保された権限である。下級裁判所で事実審を行い、その判断に対して誤りがないかを中間控訴裁判所が審査し、最終判断を州最高裁が下すという基本的構造をもとに、それぞれの州は独自に裁判制度を構築している。

州ごとに裁判制度の細部は異なっている。そのため、アメリカでビジネスを展開する外国企業や外国人居住者あるいは州をまたいで移住してきた人々にとっては、きわめてわかりにくいことも否めない。アメリカ合衆国には51（連邦プラス50州）の裁判制度が存在しているといっても過言ではないかもしれない。

州裁判所はきわめて身近な存在

州によって大きく異なるアメリカの裁判制度と単一の体系を持つ日本の裁判制度の大きな違いの1つは、アメリカでは州裁判所が市民にとって身近な存在だということである。例えば、日本では、隣人が理不尽なことを言うからといって裁判所に訴えることはほとんどない。そんなことをすると人間関係が最悪になってしまうと恐れるからである。しかし、アメリカでは隣人や知人を訴えることはさほど珍しいことではない。

アメリカの裁判所で扱われる事案の9割方は交通違反や遺言の問題、軽犯罪などの州法違反であり、限定的所轄権のある裁判所で取り扱われる。裁判所はいわば地元の苦情処理施設のような側面を持っている。

私事になるが、西海岸のワシントン州に住んでいたときのことである。大学院在学中にゼミの先生の自宅で開かれたパーティーに車で向かっていた私は、速度制限の標識に気づかなかった。すぐにパトカーが来て、警察官から「チケット」を渡された。日本では「反則切符」と呼ばれるが、「チケット」とは「裁判所への招待券」である。

そこで、後日、地区裁判所に行ったところ、すぐに「罰金95ドル」を言い渡された。当時の為替レートで換算すると約1万3000円。学生にとっては痛い金額である。そこで何とかしたいと思い、当時の状況を思い出し、「木が茂っていて、制限速度の看板が隠れてよく見えなかった」と裁判官に言ってみた。日本であれば、「そうかもしれないが、規則は守らなくてはいけない」などと一蹴されるに違いない。しかし、その裁判官は違った。「仕方がないね。それじゃあ半額にしてあげよう」と、罰金は半額になったのである。

これは一個人が体験した些細な1つの事例に過ぎないかもしれない。しかし、アメリカの州裁判所は、必ずしも杓子定規な判断を下すわけではないことは確かである。1ドル札に未完成のピラミッドが描かれているように、アメリカは未完成な社会である。だからこそ、いろいろなことをフレキシブルに考えながら、より良い社会をつくり上げていこうとしている。その意味で、アメリカは民主主義の実験場と言える。

図2 アメリカの主な州の人口
（出典：アメリカ国政調査局）

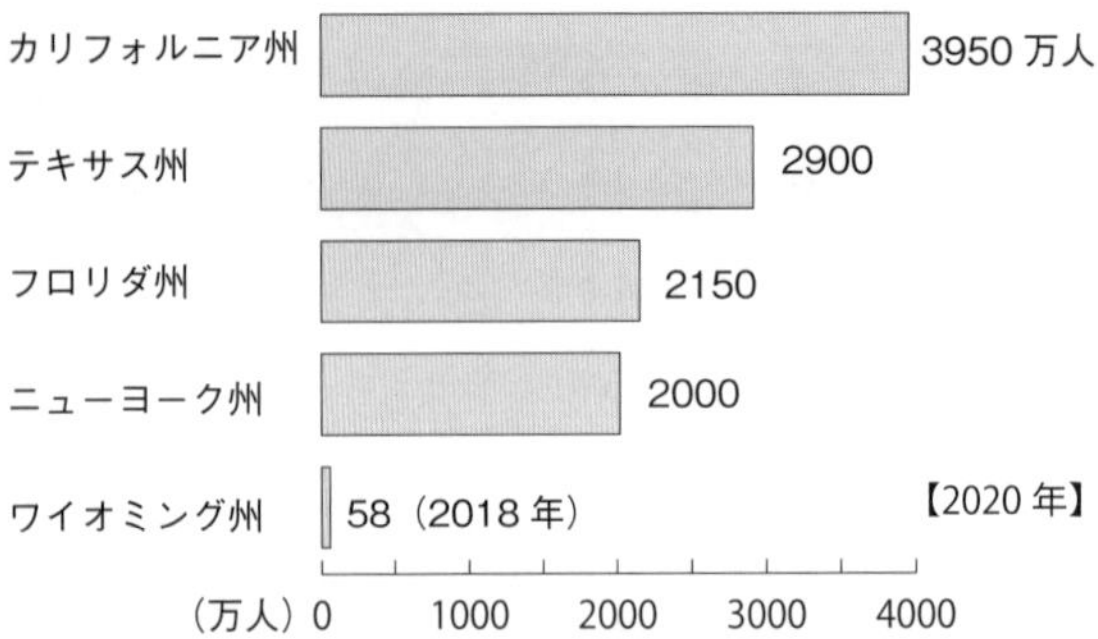

アメリカの州裁判制度

さて、人口3億4180万人（2024年）のアメリカには、約3万人（2010年）の州裁判官がいる。一方、日本の人口は1億2260万人（2024年）で、裁判官は約3000人（2024年、簡易裁判所除く）である。アメリカの裁判官の数が多いことは明らかである。アメリカの裁判官の数が多い要因としては、すでに指摘したように、アメリカでは裁判所が地元の苦情処理施設のような存在になっていることが挙げられる。

アメリカで最も人口が多いのはカリフォルニア州で約3950万人（2020年）、次いでテキサス州、フロリダ州、ニューヨーク州と続く（図2）。人口1000万人以上の州は10州（2020年）を数える一方で、人口下位5州のワイオミング、バーモント、アラスカ、ノースダコタ、サウスダコタの人口は合計362万人で、総人口の1・0%である。ちなみに、首都ワシントンの人口は約70万人である（2023年推計）。当然のことながら、人口の多い州は裁判官も多い。アメリカ最大の人口を誇るカリフォルニア州には約1600人以上の裁判官がいる。

アメリカでは、州裁判官の任用は州によって異なっている。例えばバージニア州などのように議会が任命する州もあれば、マサチューセッツ州などのように州知事あるいは委員会による指名で任用される州もある。また、選挙によって裁判官を選出する州も多い。イリノイ州やフロリダ州など全州の6割（32州）がこの方式で州裁判官を任用している。立候補の際には、弁護士資格や裁判所での10年以上の実務経験や州在住などの条件はある。裁判官を選挙で選ぶことはアメリカの州裁判制度の大きな特徴と言える。

地方裁判所と政治

多くの州で州裁判所の裁判官が選挙で選ばれるということは、司法の政治からの独立という観点から考えると、必ずしも好ましいとは言えない面も出てくる。政治的な党派性が前面に出るということである。例えば、フロリダ州やジョージア州では、所属政党を明らかにしない方式をとっているのに対して、イリノイ州やミシシッピ州では、候補者が自らの所属政党を明らかにしたうえで選挙が行われる。知事による任命を行っている州では、知事と同じ政党の候補者が有利になる。

また、政党は集票組織を持っているため、立候補者は政党と連携することにメリットを持つ。中立ではなくどちらかというと保守的な理念を持つ人が、共和党の集票組織と歩調を合わせて選挙を戦うということはよくある。逆に、民主党的な考えを持つ人が民主党の集票組織に頼るということもある。

しかし、アメリカではそれが当たり前だと思われている。裁判といえども、市民感覚やニーズあるいは時代の変化や思いを反映するのが当然と考えている。市民感覚からかけ離れた人は裁判官としてふさわしくないと判断されるということである。

メリーランド州の裁判制度

アメリカの州裁判制度は州ごとに異なっていて、そのすべてを紹介することは本書の守備範囲を大きく超えている。そこで、1つの事例として、メリーランド州の裁判制度について簡単に紹介しよう。

ワシントンに隣接するメリーランド州の面積は3万2000平方キロメートル、人口は

618万人（2020年）である。アメリカでは比較的小さな州だが、日本の関東圏（東京・神奈川・埼玉・千葉・茨城・群馬・栃木）とほぼ同じ面積であり、人口は千葉県や兵庫県とほぼ同様である。

メリーランド州には4種類の裁判所があり、裁判官は約350人で構成されている。州最高裁判所（Maryland Supreme Court）は1か所、裁判官7人で構成されており、中間控訴裁判所（Maryland Appellate Court）は1か所、裁判官15人で構成されている。下級裁判所での判決に不服がある場合には、中間控訴裁判所、州最高裁判所の順に控訴することができる。

巡回裁判所（Circuit Court）は、州内24か所に設置され、裁判官は155人。訴訟額3万ドル以上の民事事件や重大な刑事事件などを扱う一般的な裁判所である。一方、交通違反や小規模な民事事件を扱う地区裁判所（District Court）は州内34か所にあり、裁判官は約110人で構成されている。

家庭問題や遺言、不動産登記、未成年者の後見人問題については、巡回裁判所内の家庭部門（Family Division）が担当している。

連邦裁判所（最高裁・控訴裁・地方裁）

連邦裁判所は、合衆国に関する事案や州をまたぐ事案を取り扱い、最高裁判所と控訴裁判所、地方裁判所で構成される。

連邦最高裁判所（Supreme Court of the Unite States）

連邦裁判所における最上級裁判所であり、連邦控訴裁判所と州裁判所から上訴された事案を取り扱う。連邦最高裁の裁判官は9人で構成される。合衆国憲法には定数が明記されていないため、増員すべきだという議論もあるが、とりあえずは建国当時のままの、長官（首席判事、Chief Justice）と8名の陪席判事（Associate Justice）で構成されている。

次に、最高裁の下級裁判所としての連邦控訴裁判所（United States Court of Appeals）と連邦地方裁判所（United States District Court）は、連邦議会の権限で設置される。連邦地方裁判所は通常の事件を取り扱い、控訴裁判所は連邦地方裁判所からの控訴事件を取り扱う。各裁判所には首席裁判官（Chief Judge）が置かれる。首席裁判官は、事件の審理を担当するとともに、裁判所の運営についての行政的責任を負う。

連邦控訴裁判所（United States Courts of Appeals）

1891年に巡回控訴裁判所（Circuit Court of Appeals）として設立されたことから、サーキット・コート（Circuit Court）とも呼ばれる。1948年に現在の名称に改められた。アメリカ全土はワシントンを含めて12の巡回区に分けられ、各巡回区に1つの控訴裁判所が

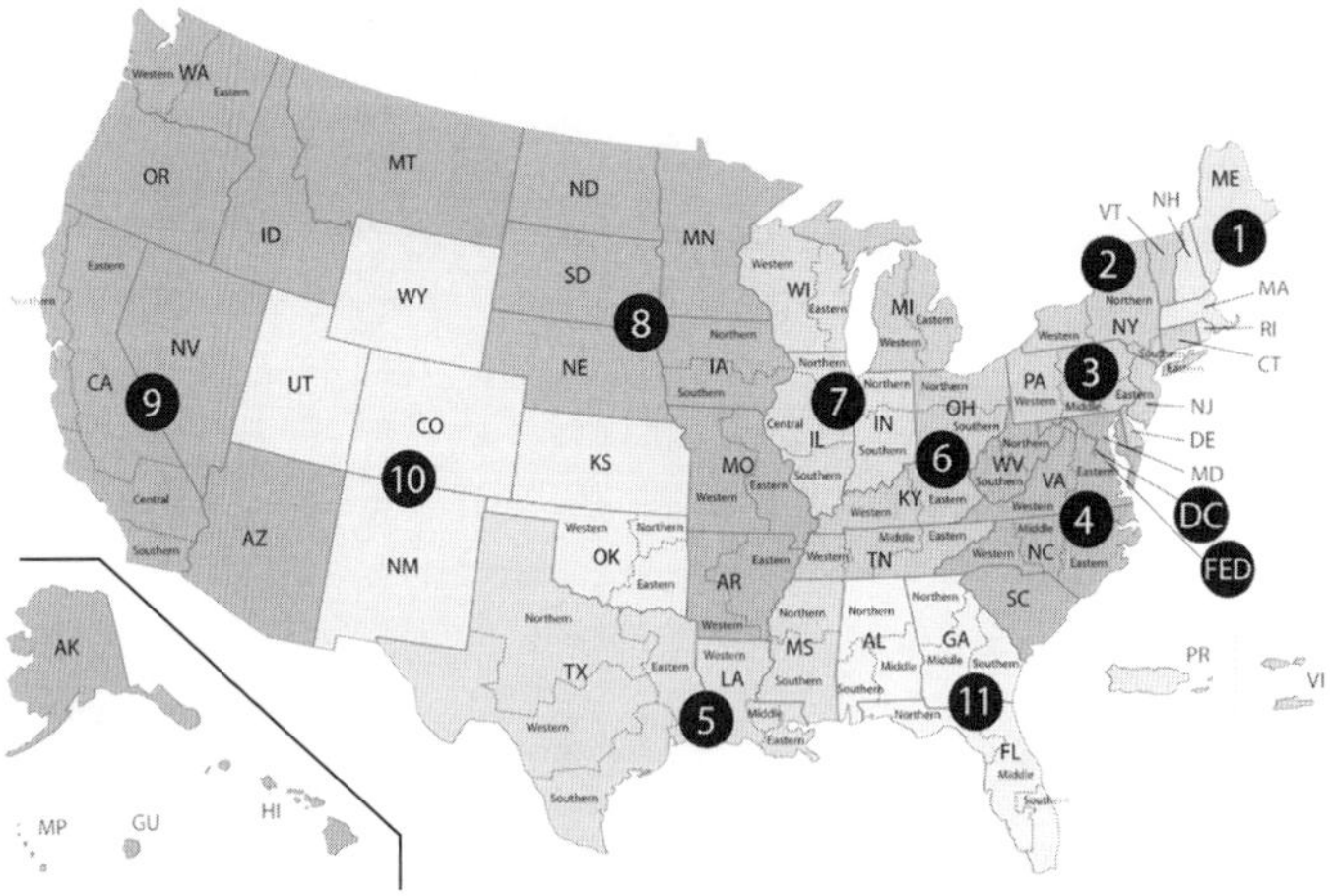

図３　連邦控訴裁判所の所在地　連邦巡回区控訴裁判所は、知的財産権や国際貿易の控訴事件など特定の法分野の控訴裁判所となる。United Sates Court of Appeals for the Federal Circuit（CAFC：連邦巡回区）。

設置されている。さらに、ワシントンには、全国を管轄区域とする「連邦巡回区（Federal Circuit）」が設けられている。合計13（図3）の控訴裁判所には、179人（2024年現在）裁判官が任命されており、それぞれの裁判所で3人の裁判官による合議体で事件を審理するのが一般的である。

連邦地方裁判所
(United States District Court)

各州の「地区」ごとに設置されている。1州で1地区を構成する州と、人口や面積の規模に応じて複数の地区に分かれている州があるため、アメリカ全土には89の「地区」がある。また、ワシントンとプエルトリコはそれぞれ1地区を持つ。

さらに、海外領土（グアム、バージン諸島、合衆国北マリアナ諸島）も「地区」とされ、合計94の地方裁判所が設置され、約680人の裁判官で構成されている（海外領土の地方裁判所は、合衆国憲法第3条に基づいて連邦議会が設置するもので、憲法第3条に基づいて設置される合衆国地方裁判所とは異なる組織である）。

連邦裁判所の裁判官は大統領による任命

連邦裁判所には約885人の裁判官が在籍しており、これはアメリカ全体の司法制度の中で州裁判所裁判官に比べると少数である。連邦裁判官の数が少ないのは、合衆国憲法の設計に基づき、州裁判所と連邦裁判所で役割を分担し、連邦裁判所の権限を特定の問題に限定しているためである。

合衆国憲法第3条により、連邦裁判官は終身制とされており、「良き行為の間」その職に留《とど》まることができる。ただし、「反逆罪、収賄罪、その他の重罪および軽罪」による弾劾手続きが連邦議会で成立し、有罪判決が下された場合には免職される。また、裁判官の報酬は「在職中に減額されない」と規定されており、司法の独立が保障されている。

裁判官の空席が生じた場合、新規任命が行われる。この任命手続きは、大統領による指名、上院司法委員会での審議、上院全体での承認投票という厳格な手続きが必要であり、非常に慎重に行われる。

まず、連邦裁判官の候補者選定はその州の上院議員からの推薦に始まる。推薦を受けた人物はホワイトハウスから候補者として指名される。その後、司法省やアメリカ法律家協会（ＡＢＡ）の調査と面談を受け、裁判官としての資質と能力について評価される。さらに、適任と認められた候補者については、アメリカ連邦捜査局（ＦＢＩ）が素行や経歴の詳細な調査を行うのが通常のプロセスである。これらの調査結果を基に、司法長官が大統領に推薦するかどうかを決定する。

推薦された候補者は、大統領から正式に指名を受ける。その後、上院司法委員会による承認のための審査が行われ、最終的に上院本会議で過半数の賛成を得て承認される。こうして上院の承認を受けた後、大統領が正式に任命することで連邦裁判官となる。

連邦最高裁判所による違憲審査

連邦裁判所には違憲立法審査権（Judicial review）が与えられており、特に連邦最高裁判所が連邦議会に対して持つ権限は非常に大きい。連邦議会で成立した法律が合衆国憲法に違反しているかどうかを判断する権限を持ち、その判断により法律の一部または全部が無効とされることがある。違憲立法審査権は、１８０３年の「マーベリー対マディソン事件」によって確立された。

例えば、1996年に連邦議会で成立した「通信品位法」(Communications Decency Act)は、有害なオンラインコンテンツから未成年者を保護することを目的とした法律だった。この法律には、不快あるいはみだらな表現を制限する条項が含まれていた。そのため、ネットワーク関連企業や市民グループが、この法律を「表現の自由」を侵害するものとしてアメリカ政府に対して訴訟を起こした。

アメリカ合衆国憲法修正第1条には、連邦議会が言論の自由を制限する法律を制定することを禁じている。そのため、1997年の「レノ対アメリカ自由人権協会事件(Reno v. ACLU)」において、連邦最高裁判所は「通信品位法」の一部条項が憲法に違反するとして違憲判断を下した。この判決により、通信品位法の主要部分は無効化された。

また、1998年には「大統領個別項目拒否権」(Line Item Veto)法が違憲とされている。1997年1月1日に発効したこの法律は、連邦議会が可決した歳出予算(支出権限法)について、その全体を拒否するのではなく部分的に却下する権限を大統領に与えるものである。ところが、その翌日(1月2日)に、この「個別項目拒否権法」は合衆国憲法に違反するとして、6人の議員(共和党1人、民主党5人)がコロンビア特別区連邦裁判所に提訴した。合衆国憲法では、大統領は連邦議会が提出した法案に対して、署名するか、拒否するか、あるいは署名することなく法律として発効させるという3つの選択肢しか認めていない。したがって、個別項目拒否は大統領の権限としては認められないというのが提訴理由である。

コロンビア特別区最高裁判所は、4月10日に、「個別項目拒否権法」は、連邦議会が法的に移譲することができない権限を大統領に渡すことになるために明らかな違憲であるという判断を下し、1998年には連邦裁判所でも同じ判断が下された。2期目のクリントン大統領は当初、喜んで「個別項目拒否権法」に署名したが、違憲と判断されてこれが法律としての効力を失ってしまった。ぬか喜びに終わったのである。

2 裁判と政治

司法の場は政治運動の第一歩

これまで見てきたように、アメリカでは司法は国民に近い存在であると同時に政治と密接に絡んでいる。そのため、業界団体、労働組合、ＮＧＯなどの利益団体や圧力団体は、司法にも圧力をかけることによって、さまざまな公共政策に影響を与えようとする。

アメリカでは、政治運動は、訴訟という司法の場を借りて第一歩を踏み出す。訴訟は、相手や関係者への威嚇につながる。そして、下級審で勝訴判決を勝ち取ることができれば、自らの主張に一定の正当性を獲得することができる。それが次に世論形成へと発展していく。仮に敗訴しても世論の高まりを期待できる。そこから政治へとつながっていく。

例えば、ブラウン対トピカ教育委員会裁判（Brown v. Board of Education of Topeka）が公民権法成立につながっていったことはよく知られている。アメリカの裁判では、法廷で争う原告と被告の名前をつけることが慣例となっているが、この裁判はブラウンという人とトピカ教育委員会との裁判だった。

ブラウン対トピカ教育委員会裁判

1868年にアメリカ合衆国憲法修正第14条（市民権、法の適正な過程、平等権）が成立して、「いかなる州も、その管轄内にある者に対し法の平等な保護を否定してはならない」とされている。

しかし、その後も人種差別は根強く残っていた。ルイジアナ州では、鉄道車両は黒人と白人に明確に分けられ、1890年に成立したルイジアナ州法では、「黒人の血が一滴でもあれば非白人」とみなされていた。8分の7が欧州系で8分の1がアフリカ系だったホーマー・プレッシーは、1892年に白人専用車両に乗り込み、移動を拒んだところ、逮捕されて有罪になった。ここで争われた「プレッシー対ファーガソン裁判」では、連邦最高裁判所は1896年に、分離した施設が「平等」であれば白人専用等の黒人分離は修正第14条に違反しないという判断を下していた。「分離すれども平等」という考え方である。

ブラウン対トピカ教育委員会裁判での原告の代表は、全米黒人地位向上協会（NAACP：National Association for the Advancement of Colored People）のトピカ支部が指名したオリヴァー・L・ブラウンである。工場に勤める溶接工である彼は、小学3年生の娘の父親であり、アフリカ系アメリカ人だった。当時、カンザス州トピカでは、黒人学校と白人学校は分けられていて、ブラウンの娘は家から遠く離れた黒人学校に通っていた。

新学期が始まる前の1951年秋、ブラウンをはじめとする13名のトピカの両親たちは、20人の子どもたちを最も近い白人学校に登録することを試みたが拒否された。そこで、1951年、カンザス州トピカの教育委員会に対する集団訴訟が、カンザス州地方裁判所で争われた。黒人と白人の生徒を分離した公立学校の設立を定めたカンザス州法が憲法に違反しているか否かが、この裁判の争点だった。

ブラウン判決から公民権運動へ

カンザス州地方裁判所は、合衆国最高裁判所のプレッシー対ファーガソン裁判の判例を参照にして、教育委員会を支持した。公的教育における人種分離は黒人の子どもたちに有害な影響を持っていることは認めた。しかし、トピカの黒人学校と白人学校は、カリキュラムや教師の教育資格において実質的に平等であるとしたのである。

この裁判はその後、サウスカロライナ州、バージニア州、デラウェア州、ワシントン特別区での同様のケースと合わせて連邦最高裁判所で争われた。訴訟費用はすべてNAACPが提供した。1954年には連邦最高裁判所の判決が下った。それは、黒人（および有色人種）の子どもの平等な教育の機会を否定しているとの判断だった。このブラウン判決によって、法律上の人種差別は、アメリカ合衆国憲法修正第14条（法の下における平等保護条項）に違反するとの判例が確立された。「分離すれども平等」の原則は覆され、法律上の人種差別を否定する重要な判例が確立されたのである。

しかし、その後も南部ではほとんどの公立学校では人種分離がなされたままだった。それでもブラウン判決は公民権運動の巨大な前進であった。その後、NAACPなどの運動団体が中心になり、南部における人種隔離制度や差別慣行を打ち破るために、非暴力・直接抗議行動が繰り広げられた。公民権に関して世論は沸騰した。

1963年8月28日、「ワシントン大行進」のために25万人近い人々がワシントンに集結した。この日最後の演説者として登壇したマーティン・ルーサー・キング・ジュニア牧師の演説「私には夢がある」（I Have a Dream）で公民権運動は最高潮に達した。

公民権運動の高まりを受けて、1963年にはケネディ大統領の働きかけで「公民権法」（Civil Rights Act）が連邦議会に提出された。ケネディ大統領はその年の11月に暗殺され、副大統領だったリンドン・B・ジョンソン氏が第36代大統領に就任した。「公民権法案」は1964年に上下両院で、ともに圧倒的多数で可決され、ジョンソン大統領は、この法案の大統領署名に先立ち1964年7月2日に、公民権法について米国民に向けた声明を発表している。公民権法は、公共の場での人種分離を禁止し、公立学校・施設での人種統合を規定し、人種や民族に基づく雇用を違法としている広範囲に及ぶ人権法である。ちなみに、マーティン・ルーサー・キング・ジュニア牧師は1964年にノーベル平和賞を受賞し、1968年に暗殺された。

三権分立の司法と政治

ここで、司法の独立性についてもう一度確認しておきたい。

まず、合衆国憲法によって三権分立が保障されている。司法府は法律をつくることはないが、つくられた法律が憲法に合致しているかどうか、そして憲法に合致している法律が守られているかを判断する役割を担っている。

一方で、連邦裁判官は上院議員の推薦を受け、大統領から指名され、上院の承認を受けるというプロセスを経て任命される。したがって、自分を推薦・指名してくれた議員や大統領に忖度《そんたく》しなければならないような状況に置かれかねない。そこで、連邦裁判官は終身の身分保障と優れた年金制度が与えられている。上院議員や大統領から独立して、正しいと思った判断を自らの頭と自らの心に聞いて、自らのプロフェッショナルな知識をフル回転させて、国民にとって最も良いと考えて、法律が求めていることに忠実に従った正しい判断ができるようにするためである。

ただし、このような連邦裁判官任命プロセスであっても、必ずしも完全に三権分立が守られるわけではない。上院の承認が必要であっても、大統領は往々にして自らの思想や政治的な思惑に合致した人を任命しようとする。自分が大統領を辞めた後も未来永劫、その裁判官がずっと自分と同じような価値基準で連邦裁判所裁判官であり続けることを期待してのことである。もっとも、そのような大統領の思惑に反した行動をとる裁判官がいることはまた事実である。

次に、2022年6月に立て続けに起きた3つの連邦裁判所判決について考えてみたい。

(1) 銃規制と憲法修正第2条

1つは、本書の冒頭でも紹介した銃規制に関する判決である。

アメリカ各地で銃乱射事件が多発している最中の2022年6月23日、連邦最高裁は「ニューヨーク州ライフル&ピストル協会対ブレン判事事件」（New York State Rifle & Pistol Association v. Bruen）において、ニューヨーク州の銃規制法に対して憲法違反という判断を下した。アメリカでは銃に関する規制は州ごとに異なっており、ニューヨーク州は最も厳しい銃規制のある州の1つである。問題となったのは、銃の携行許可を得るために「特別な正当理由」（proper cause）を示す必要があるという要件で、この要件が憲法修正第2条（武器保有権）を侵害していると判断された。

憲法修正第2条は、「規律ある民兵団は、自由な国家の安全にとって必要であるから、国民が武器を保有し携行する権利は、侵してはならない」と規定しており、これは1791年に批准された権利章典の一部である。連邦最高裁の判決は、銃を保有し携行する権利をより広く解釈するものであり、この決定によって、メリーランド、カリフォルニア、ニュージャージー、ハワイ、マサチューセッツなどの州が持つ類似の規制も法的に争われる可能性が生じた。

この判決に対抗するため、ニューヨーク州は3か月後の9月に新しい州法を施行した。この法律では、タイムズスクエアや学校、病院、政府機関など市民が密集する場所を「銃禁止区域」として明示し、銃の持ち込みを禁止した。また、携行許可申請者に対して16時間の安全講習と2時間の実技演習を義務付けるなど、規制をさらに厳格化した。

同じ日に、連邦議会の上院では銃器へのアクセスを厳しくする新たな法案「銃暴力防止法案」（Bipartisan Safer Communities Act）が可決され、アメリカ国内では銃に関する権利をめぐる激しい議論が巻き起こっている。

(2) 人工妊娠中絶をめぐる判断

２つめは、２０２２年６月24日に、人工妊娠中絶の権利をそれなりに保障してきた「ロー対ウェード判決」が覆されたことである。

テキサスに住んでいたジェーン・ロー（当時の仮名）が、妊娠がわかったため中絶手術を受けようとしたところ、テキサス州では妊娠した人の命に危険が及んでいない限り中絶できないと知り、テキサス州ダラス郡のヘンリー・ウェイド地方検事に対して訴訟を起こした。弁護団は、ローが州外に移動して中絶を受けることができないこと、テキサス州の法律の文言が曖昧で、合衆国憲法で定められる原告の人権を侵害していることを主張した。当時は、アメリカのほとんどの州で人工妊娠中絶が禁止あるいは規制されていた（図4）。

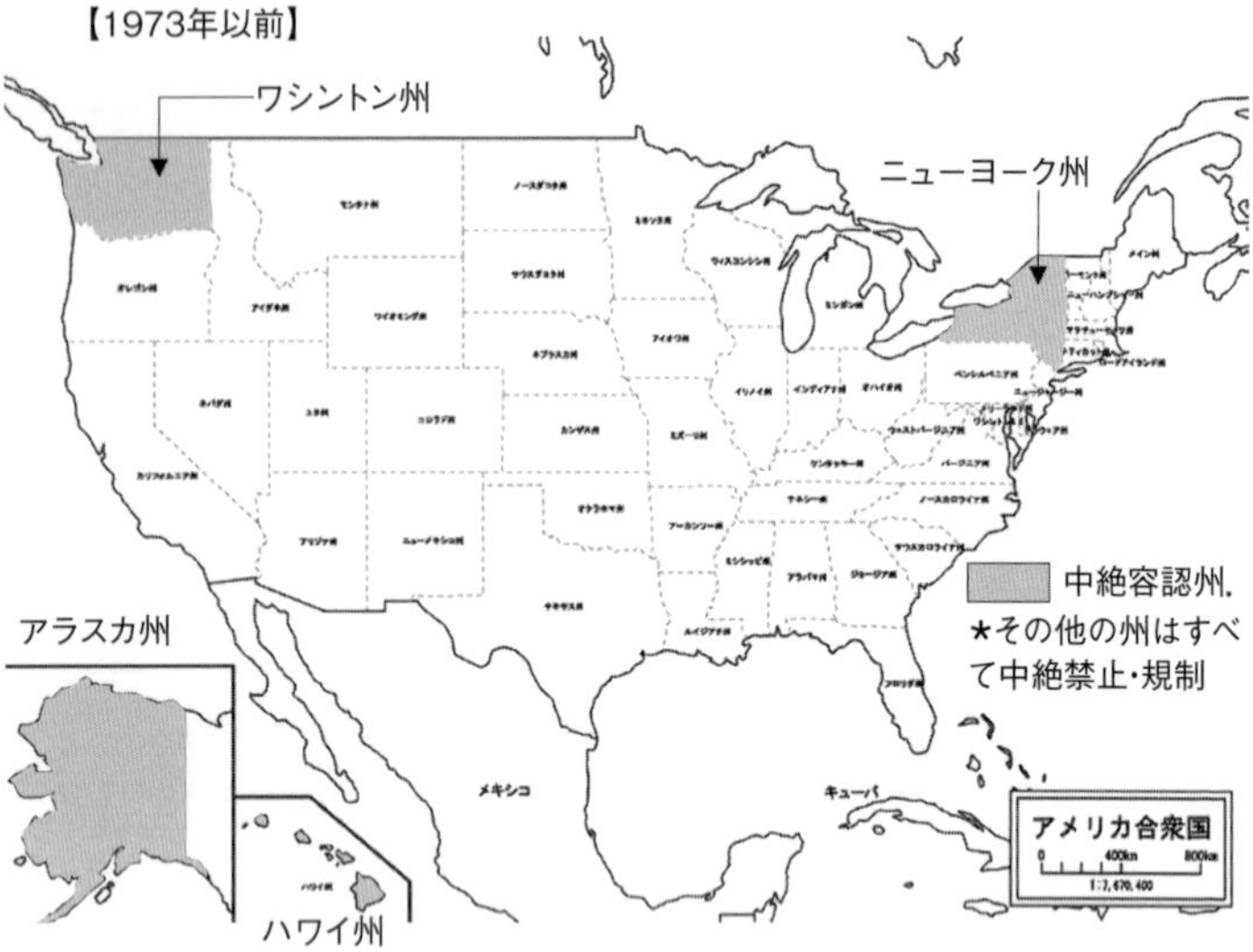

図４　人工妊娠中絶に対する各州の対応　1973 年の「ロー対ウェード判決」以降、人工妊娠中絶は、憲法で認められた権利として受容されるようになった。

１９７３年に最高裁判所はローの主張を認めた「ロー対ウェード判決」を下した。この判決によって、アメリカ全州で妊娠初期の28週間までの人工妊娠中絶が合法化された。妊娠している女性が中絶を選ぶ自由と女性の健康を優先する権利が守られるようになったのである。

人工妊娠中絶について、アメリカの世論は「プロ・ライフ」と「プロ・チョイス」に二分されている。「プロ・ライフ」とは、生命を守るために中絶に反対する保守派の立場であり、「プロ・チョイス」

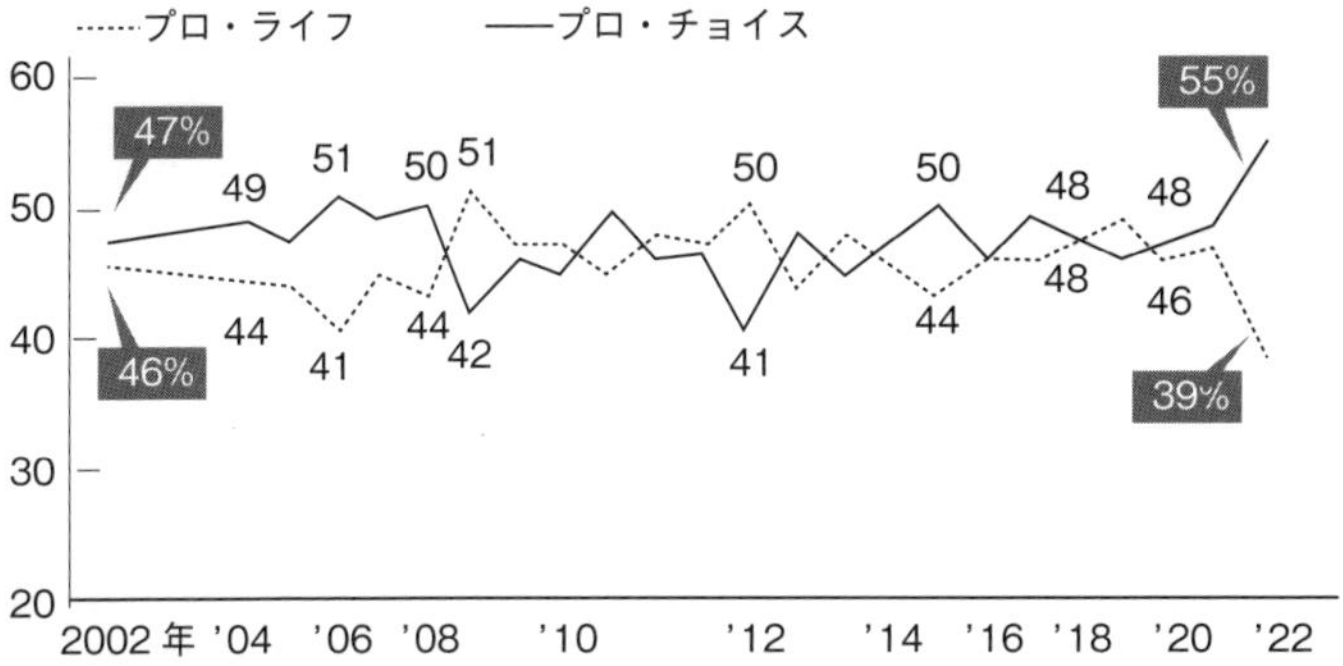

図5　プロ・ライフとプロ・チョイスの比率の推移（出典：キニピアック大学世論調査）

とは、女性の選択の自由や貧困問題に着目して中絶に賛成するリベラル派の立場のことである。図5に見るように、2002年以降、「プロ・ライフ」と「プロ・チョイス」はほぼ拮抗していたが、ここ数年では「プロ・チョイス」が増えている。また、キニピアック大学の世論調査によれば、「ロー対ウェード判決」について約6割が支持し、約4割が反対している。

保守派の力が強いミシシッピ州では「妊娠期間法」が制定されていた。「妊娠期間法」とは、妊娠15週以上の場合、医療上の緊急事態または重度の胎児異常を除いて、中絶を試みてはならないという州法で、強姦や近親相姦に関する例外規定はなかった。同州内の中絶施設と医師が同法の差し止め命令を要求する訴訟を提起し、連邦地方裁判所と連邦控訴審裁判所は同法を違憲とした。

連邦議会が中絶権を保護する法律を制定することも理論的には可能であるが、上院でのフィリバスターを回避するために必要な60票を確保するのが難しく、現状ではその成立は困難である。2022年6月24日、連邦最高裁判所は「ドブス対ジャクソン女性健康機構事件（Dobbs v. Jackson Women's Health Organization）」において、ミシシッピ州の「妊娠15週以降の中絶を禁止する法律」を合憲と判断した。同時に、「ロー対ウェード判決（1973年）」および「プランド・ペアレントフッド対ケイシー判決（1992年）」について、「合衆国憲法には中絶の権利が明記されていない」として破棄した。最高裁は、「ロー判決は最初から著しく間違っていた」と述べている。

これにより、アメリカ全州で適用されていた中絶権が49年を経て覆され、中絶の規制権限は各州の立法府に戻されることになった。2024年現在、保守派の力が強いテキサス州を含む15州で中絶を厳しく制限する法律が成立している。一方、リベラル派の州では中絶権が保護されており、州ごとの格差が拡大している。

(3) 地球温暖化とEPA規制

3つめは、地球温暖化対策に関する連邦最高裁判所の判断である。2022年6月30日に連邦最高裁判所は、既存の発電所から排出される二酸化炭素（CO_2）排出量を全般的に規制する環境保護局（EPA：Environmental Protection Agency）の権限を制限する判断を下したのである。

いま、世界の各地で異常気象が発生している。ここ数年、日本の夏は危険なほどの暑さを記録している。集中豪雨による被害が各地で起きている。ヨーロッパでも異常気象が続き、世界各地で山火事が頻発《ひんぱつ》している。この気候変動が地球温暖化によって起きているのかどうか議論の余地は残っているが、産業革命以来、CO_2をはじめとする温室効果ガスが増え続けていることは確かである。

その原因の1つとして取り上げられるのが石炭火力発電所からのCO_2の排出である。そこでアメリカでは、バイデン政権になって以降、石炭火力発電所からのCO_2排出量を全般的に規制する権限を政府の省庁の1つであるEPAに与えたのである。クリーンエネルギーの開発とCO_2削減による地球温暖化阻止はバイデン政権の重要な政策の1つだからである。

これに対して連邦最高裁判所は、違憲判決を下した。法律をつくる権限は連邦議会にあり、連邦政府の一部局である環境保護局には法的規制を行う権限はないというのが判決理由である。バイデン大統領にとっては痛手となった連邦最高裁判所判決である。

保守的な最高裁判事を任命

連邦裁判所のトップである連邦最高裁判所の判事は、ほとんどの場合、地方の裁判所の判事などの経験を積んでいる。したがって、指名された判事が過去にどのような判例を出したのか、どのような意見を持ち、どのような判断を下したかは事前に明らかになる。保守的なのかリベラルなのかははっきりしている。そういうなかで大統領が、政治的な意味合いも加味して任命することが往々にしてある。

例えば、ブッシュ（父）大統領が任命したクラレンス・トーマス判事は保守派の黒人男性である。ブッシュ大統領には、共和党は白人ばかりが幅を利かせているのではないかという疑念を払拭したいという気持ちがあったと言われる。また、バイデン大統領は、黒人女性の最高裁判事を任命した。選挙で黒人票を多数取り、初めて黒人女性を副大統領に選んで当選したバイデン大統領は、黒人に寄り添うリベラルな大統領であることを国民にアピールしたいという政治的な意図も当然ある。

つまり、先に紹介した3つの事例の背景には、司法と政治の関係が深くかかわっているということである。2017年1月にトランプ政権が発足して以降、トランプ大統領は3人の保守的な連邦裁判所判事を任命した。

当時、共和党のレーガン大統領が指名した保守派のアントニン・スカリア判事は2016年2月に死亡していたため、連邦最高裁判所は8人の判事によって構成されていた。8人の判事のうち4人は共和党大統領による任命である。

レーガン大統領が任命したアンソニー・ケネディ判事は中道保守派であり、ブッシュ大統領が指名したジョン・ロバーツ判事（首席判事）とサミュエル・アリート判事、父ブッシュが任命したクラレンス・トーマス判事は保守派である。

一方、民主党のクリントン大統領が任命したルース・ギンズバーグ判事とスティーブン・ブライヤー判事、オバマ大統領が任命したエレナ・ケーガン判事とソニア・ソトマイヨール判事はリベラルである。

トランプ大統領による最初の任命はニール・ゴーサッチ判事である。アントニン・スカリア判事が死去した2016年はオバマ政権下だった。したがって、リベラルな立場をとる判事が任命されるはずだったが、「選挙の年の後任判事任命は控えるべき」として、上

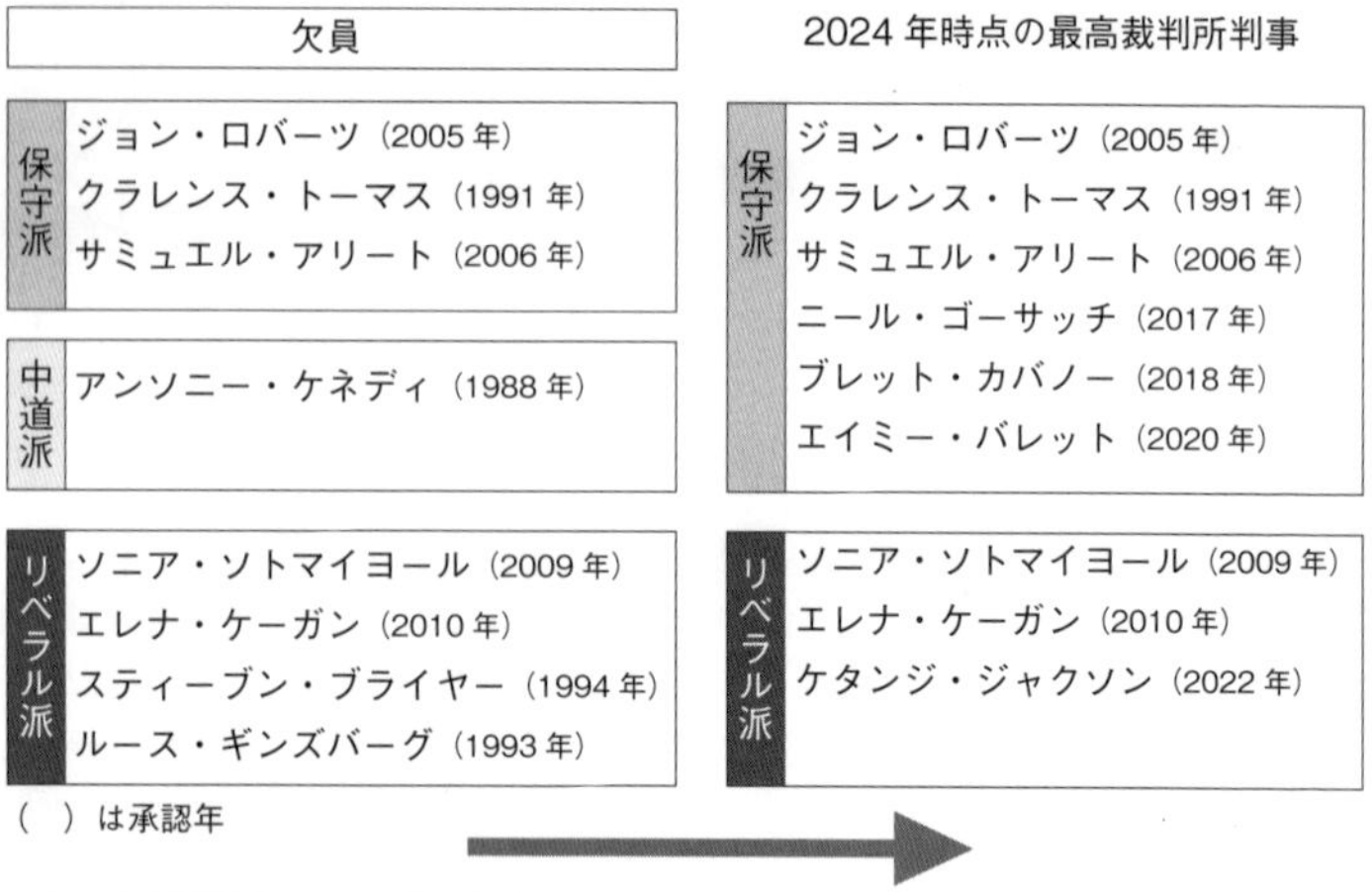

欠員	2024 年時点の最高裁判所判事
保守派 ジョン・ロバーツ（2005 年） クラレンス・トーマス（1991 年） サミュエル・アリート（2006 年）	**保守派** ジョン・ロバーツ（2005 年） クラレンス・トーマス（1991 年） サミュエル・アリート（2006 年） ニール・ゴーサッチ（2017 年） ブレット・カバノー（2018 年） エイミー・バレット（2020 年）
中道派 アンソニー・ケネディ（1988 年）	
リベラル派 ソニア・ソトマイヨール（2009 年） エレナ・ケーガン（2010 年） スティーブン・ブライヤー（1994 年） ルース・ギンズバーグ（1993 年）	**リベラル派** ソニア・ソトマイヨール（2009 年） エレナ・ケーガン（2010 年） ケタンジ・ジャクソン（2022 年）

図６　最高裁判所判事の保守派とリベラル派

院による承認が引き延ばされていた。新たに就任したトランプ大統領は保守派で49歳のニール・ゴーサッチ氏を連邦最高裁判所判事に任命したのである。ちなみに、ゴーサッチ判事とオバマ大統領はハーバード・ロースクール時代の同級生である。

　次いで、米連邦最高裁判事に任命されたのはブレット・カバノー判事である。最高裁判事のうち2番目に高齢だったアンソニー・ケネディ判事が２０１８年7月に引退したことに伴っての任命だった。さらに、２０２０年9月に死去したリベラル派のルース・ギンズバーグ判事の後任として、保守派のエイミー・コニー・バレット判事が任命された。敬虔《けいけん》なカトリック教徒で保守的な価値観を持つバレット判事は、ホワイトハウスで行われた就任の宣誓式の後、「判事は、議会や大統領だけではなく、自らの私的信条からも独立していなければならない」と宣言して話題を呼んだ。

以上の結果、連邦最高裁判所はリベラル派の判事3人、保守派の判事6人というバランスの悪い構成になってしまった。2022年4月には、スティーブン・ブライヤー判事の引退に伴って、バイデン大統領がケタンジ・ブラウン・ジャクソン判事を任命した。黒人女性として初の最高裁判事の誕生であり、リベラル派の3人の判事はすべて女性になった。しかし、保守6対リベラル3という構図は変わらない（図6）。

連邦最高裁判所への信頼度は低下傾向

興味深いことに、トランプ政権になるまでは連邦最高裁判所に対するアメリカ国民の信頼度は一貫して高かった。ギャラップ社の調査によれば、1985年から90年頃にかけて約60%のアメリカ国民が連邦最高裁判所を信頼していると答えているのである。共和党のレーガン大統領と父ブッシュ大統領の時代である。1975年以降、平均的には約40%の人が連邦最高裁判所に信頼を置いている。バイデン大統領の支持率は33%（2024年1

図7 アメリカ連邦議会の支持率の推移（出典：米ギャラップ社）

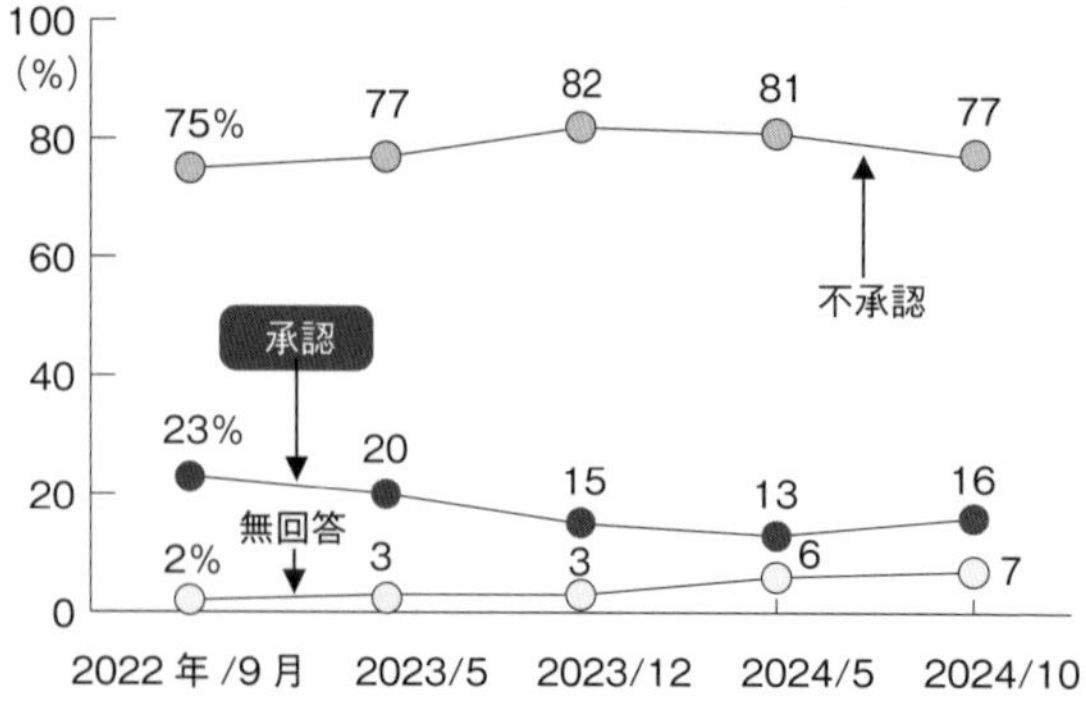

月、ABC調査）、連邦議会への支持率は10%〜20%（図7）に過ぎない。したがって、これは必ずしも低い数字とは言えない。憲法で「分立」を定められた「三権」のうちの行政府（大統領）や立法府（連邦議会）と比較すると、司法府（連邦最高裁判所）への信頼度はかなり高かったということである。

ところが、2005年頃から連邦最高裁判所への支持率は徐々に低下している。そして、2020年にトランプ大統領が3人目の最高裁判事を指名して以降、連邦最高裁判所に対する信頼度は25%にまで低下してしまった（図8）。その背景には、「保守6対リベラル3」という構図がある。例えば、『ワシントンポスト』に掲載された記事（*2）では、保守派判事6名の支持率は、リベラル派3名の判事よりも相対的に低いことを指摘している。

連邦最高裁判所の判事は、大統領が指名し、上院の過半数の承認を得て就任する。上院は、選挙で選ばれた各州2名ずつの議員で構成されており、人口が異なる州ごとに1票の価値が異なる。このため、上院の承認プロセスでは、人口の少ない州が相対的に大きな影響力を持つことがある。これにより、保守派判事の承認に影響を与えることもある。

司法は三権分立の国アメリカのチェック・アンド・バランス（監視と抑制）の上で重要な役割を果たしている。しかし、最高裁判所の判事の指名・承認プロセスは大統領と議会による影響を受けるため、政治的な要素が関与することがある。一方で、判事の

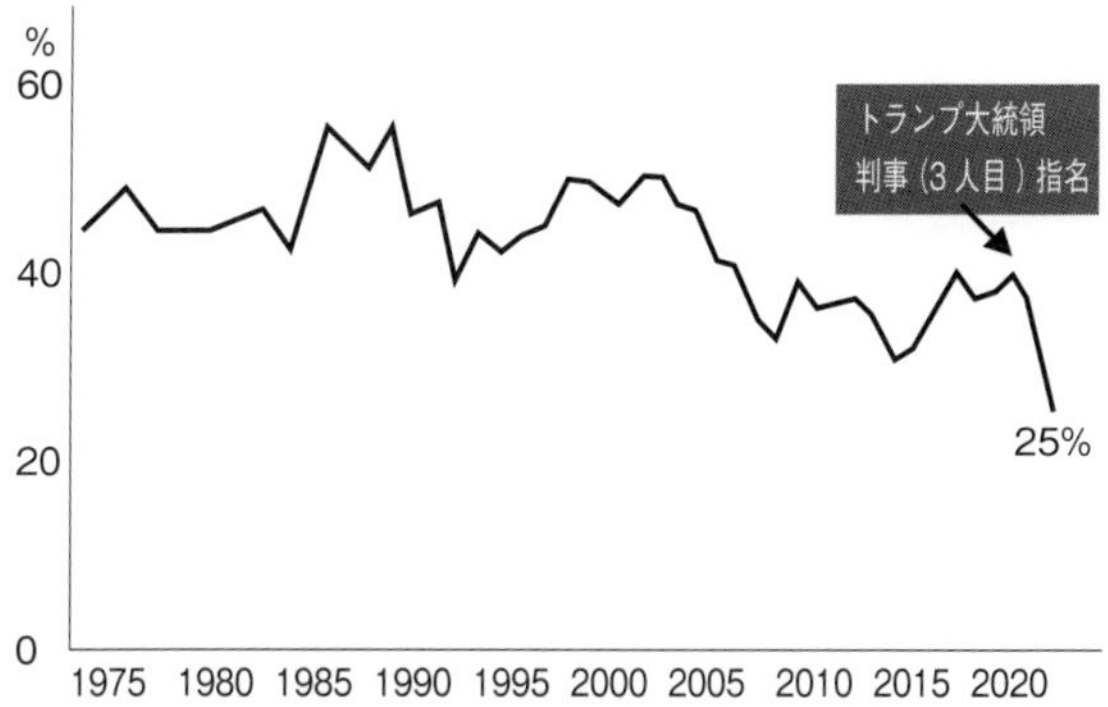

図８　アメリカ連邦裁判所への信頼度の推移（出典：米ギャラップ社）

＊2【ワシントンポスト掲載記事】Dan Balz and Clara Ence Morse, "American democracy is cracking. These forces help explain why." Washington Post, August 18, 2023, <https://www.washingtonpost.com/politics/2023/08/18/american-democracy-political-system-failures/>, accessed on October 11, 2023.

終身制は司法の独立を保障しており、これがアメリカの民主主義における重要な制度の一部となっていることも確かである。

第3章

連邦議会と二大政党

1 連邦議会の制度

停止した政府機能

アメリカの政府機能が一部停止したことがある。政府機能の一部停止はガバメント・シャットダウンと呼ばれる。私が連邦議会勤務中に最初に経験したのは今から約30年前の出来事で、民主党のクリントン政権の時代だった。このときクリントン大統領のＡＰＥＣ（アジア太平洋経済協力）大阪会議出席も中止となった。

当時、アメリカの財政赤字は、まさに危機的な状態にあった。累積赤字は４・９兆ドルに設定された法律上の上限を超えるところまで来ていた。１９９５年11月15日には、２５０億ドルの米国債の利払いに窮した財務省が、デフォルト（債務不履行）を避けるため、連邦政府職員の退職基金から資金を借りるという緊急措置をとっていた。

上下両院とも共和党が多数派を占めていた議会は、一刻も早く予算を成立させようとしていた。共和党らしい財政均衡案を盛り込んだ予算案だった。一方、「大きな政府」を志向する民主党のクリントン大統領は、この予算案に対して拒否権を連発した。妥協点が見つからないまま、暫定（つなぎ）予算が期限を迎え、政府機能の一部が停止したのである。

当時、アメリカ上院予算委員会の補佐官として働いていた私のデスクには、間違い電話が頻繁にかかってくるようになった。共和党のニュート・ギングリッチ下院議長と私のデスクの電話番号が、上院と下院を区別する番号が1つ違うだけで、まったく同じだったからである。

下院議長室にかけたつもりが上院予算委員会の一室にかかったとわかると、電話の相手は「ちょうどよかった。アメリカ財政救済のために大統領に負けないでがんばってくれ」と励まされるケースが多かった。しかし、「両党の対立にうんざりした。党員である前にアメリカ人だということを忘れたおまえたちをワシントンから追い出すしかない。次の選挙を見てるがいい」と怒りをぶちまけられたときもあった。暫定予算と財政均衡法の双方に向き合い、長時間労働は続いた。深夜のオフィスでは、今度こそ大統領側と妥協できる案が決まりそうだ、という噂が駆けめぐっては消えていった。

世論調査では、約60％が大統領を支持しているという結果が出ていた。多くのアメリカ国民が、共和党議会の強硬な態度が今回のガバメント・シャットダウンを招いたと感じているということだった。クリントン大統領はただただ「共和党はひどすぎる」というだけだった。

しかし共和党の立場から見れば、非は明らかにクリントン大統領にあった。老齢医療保険や貧困者医療保険、教育予算などをどのくらいカットしなければならないかを具体的に提示しているのに、何の具体策も出さなかったからである。

アメリカでは、連邦議会（立法府）と大統領（行政府）が対立して行政機能が麻痺《まひ》するようなことは時々起きる。なぜだろうか。実は、その原因は、アメリカの三権分立制度そのものにある。司法についてはすでにふれた。残るは立法と行政である。まずは、立法つまりアメリカの連邦議会制度について見てみよう。

アメリカ国旗に象徴される連邦制

アメリカ合衆国憲法の第1章「立法府」の第1条（連邦議会）では、「この憲法によって付与されるすべての立法権は、上院と下院で構成される合衆国連邦議会に属する」と定めている。立法権とは、国を治めるルールをつくる権利ということである。州や地方自治体の議会では、市民の代表者である議員がさまざまなルールを決める。一方、連邦議会は

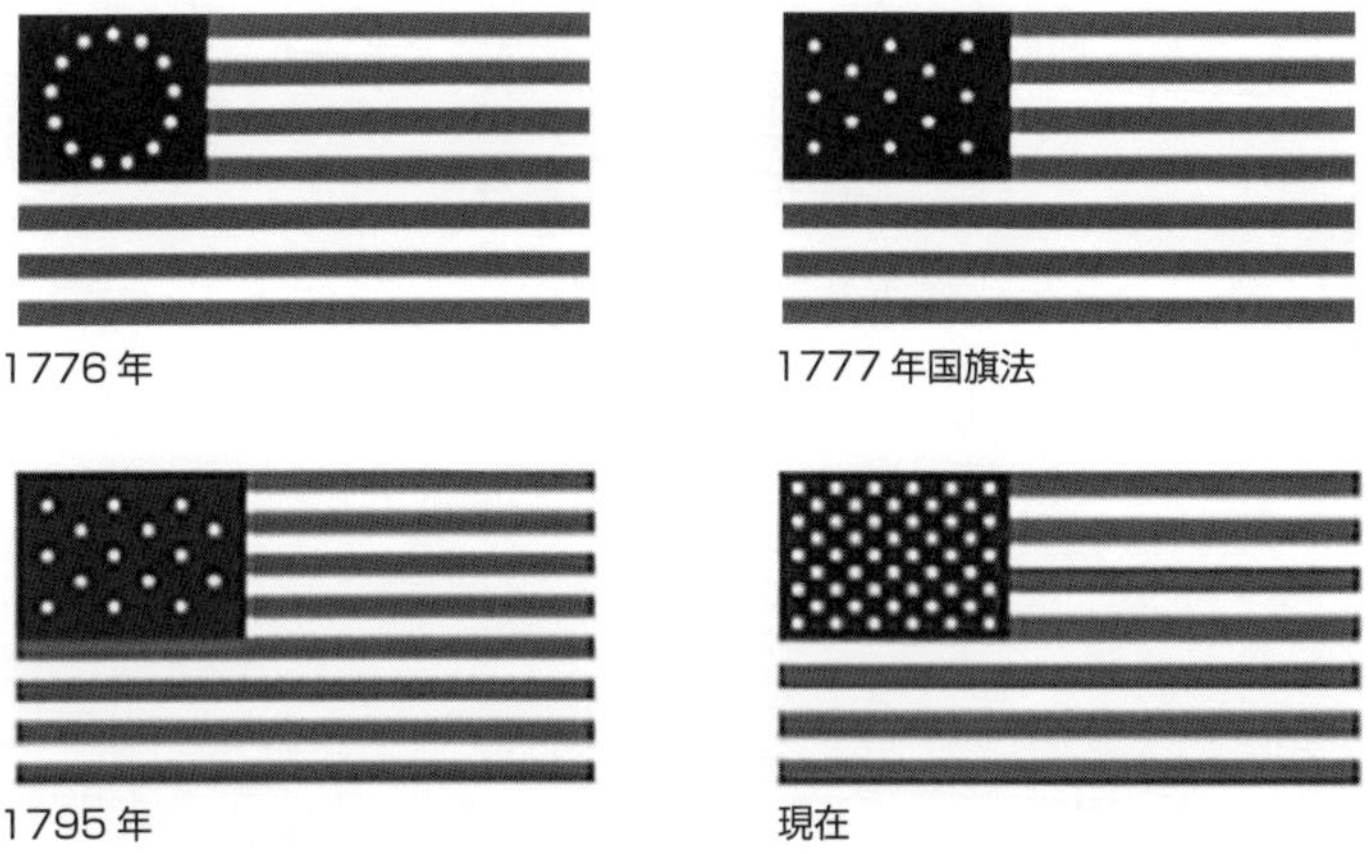

図1　アメリカ国旗の変遷

アメリカという国全体にかかわるルールをつくる。連邦議会はその意味で、アメリカの政治または統治機構のなかで最も重要な役割を果たしている。

　連邦議会に立法権が与えられている背景には、アメリカ合衆国憲法成立のプロセスがある。図1に見るように、建国時には国旗の左上には13の星が掲げられていた。紆《う》余《よ》曲折を経ながら13の州が一緒になり、妥協に妥協を重ねて、ようやく合衆国憲法の下で1つの国アメリカができたのである。その後、新たな「邦《くに》」が「州」としてアメリカ合衆国に加わるごとに、その次の年の独立記念日（7月4日）に星を1つ加えるという形で、星が増えていき、50州になっている現在、国旗の左上にある星の数は50個になっている。

アメリカ国旗を象徴する赤と白のストライプは13本である。1ドル札に描かれた鷲《わし》が左脚につかんでいた矢も13本である。50州に増えたとはいえ、アメリカ建国を成し遂げた13の州の重要さは変わらないということである。

連邦議会は上院・下院の二院制

合衆国憲法の起草者たちは、アメリカ合衆国という連邦国家の行政府に巨大な力を与えようとはしなかった。当時のヨーロッパの王侯貴族のように専制政治を行い、庶民が苦しめられることを危惧したためである。そこで、庶民の代表者を送る議会に力を持たせることにした。13の州の代表者が連邦国家の中央に赴き、いろいろな意見を出して合議で決める連邦議会に大きな権限を与えたのである。

建国を目指した当時のアメリカには、人口の多い邦と少ない邦があった。憲法草案策定時には、人口の多寡が原因で、さまざまな対立を生んだ。そこで、妥協案として、連邦議会は下院と上院の二院制になった。

合衆国憲法は第2条で、「下院は、各州の州民が2年ごとに選出する議員でこれを組織する」とし、下院議員は「連邦に加わる各州の人口に比例して各州間に配分される」と定めている。また、人口の算定は、10年ごとに、議会が法律で定める方法（国勢調査の結果）に従って行い、「下院議員の定数は、人口3万人に対し1人の割合を超えてはならない」としている。人口の多い州では多くの下院議員を連邦議会に送り出せるが、人口の少ない州からは少ない下院議員しか連邦議会に送り出すことができない。英語では下院を「House of Representatives」と複数で、各州から代表者が集うことを強調している。

一方、合衆国憲法第3条で、「上院は、各州から2名ずつ選出される上院議員でこれを組織する」とし、「上院議員は、それぞれ1票の投票権を有する」と定めている。また、当初は、上院議員は州議会が選定することとされていたが、1913年の修正憲法第17条で、「上院議員は、各州の州民によって、6年を任期として選出されるものとする」と改められている。人口の多寡とは無関係に、各州は対等の立場であり、2名ずつ上院議員を選出できる。人口数によって生ずる下院の州間不公平を、上院で補うことで妥協がなされたのである。英語では上院は「Senate」であり、上院議員は「Senator」と呼ばれる。

異なる選出基盤からの選出で権力分散を図る制度

実は、三権分立の国アメリカでは、大統領や連邦裁判官の選出方法もそれぞれ異なっている。上で紹介したように、連邦議会議員は国民の直接投票によって選出される。司法府の連邦裁判官の選出は、上院の指名した人を大統領が任命するという形で行われることはすでに紹介した。一方で、行政府の長である大統領の選出については、合衆国憲法は次のように定めている。

「各々の州は、その立法部が定める方法により、その州から連邦議会に選出することのできる上院議員および下院議員の総数と同数の選挙人を任命する。但し、上院議員、下院議員および合衆国から報酬または信任を受けて官職にあるいかなる者も、選挙人に選任されることはできない」（合衆国憲法第2章第1条）

大統領は国民の直接選挙によって選出されることが望ましい。しかし、当時は、国民の識字率は必ずしも高くはなかった。そこで、それぞれの地域で読み書きができ信頼できる知識人を選出して、その人が大統領を選出するような制度にしたのである。良識ある人が大統領を正しく選出してくれることを期待してのことである。多少は間接的ではあるものの、大統領は国民による選出ということになっている。

アメリカでは行政と立法が完全に独立している

ここで、アメリカの三権分立について重要なことを指摘しておく必要がある。それは、法権限を持つ連邦議会の議員は行政府の職には就けない、つまり閣僚との兼任ができないということである。

日本では、行政府のトップである総理大臣は、同時に国会議員でもある。日本の国会の本会議場には、国会議員としての総理の椅子と机がある。また、日本の多くの大臣は国会議員である。つまり、議院内閣制の日本では、行政府と立法府が独立していない。したがって、厳密に言えば日本の政治制度は三権分立にはなっていないということである。

アメリカでは閣僚になると議員を辞職しなければならない。例えば、オバマ大統領から閣僚に入ることを要請されたヒラリー・クリントン氏は、ニューヨーク州選出の上院議員の職を辞して国務長官に就任した。また、トランプ政権のマイク・ペンス副大統領は下院議員の職を辞して就任した。バイデン政権のカマラ・ハリス副大統領も、上院議員を辞して就任している。

アメリカでは大統領が、行政府の閣僚やホワイトハウスの補佐官などを上院議員や下院議員から招致するケースが多い。彼らはすべて、議員を辞職して行政府の高官として大統領の下で仕事をする。それは、権力の分散を図り、三権分立を確固たるものにするための仕組みである。

合衆国憲法の「一丁目一番地」は連邦議会

もう1つ重要なことがある。合衆国憲法の第1章が「立法府」つまり連邦議会に充てられていることである。日本国憲法は、第1章「天皇」、第2章「戦争放棄」、第3章「国民の権利及び義務」に続く第4章「国会」で、次のように定められている。

「国会は、国権の最高機関であつて、国の唯一の立法機関である」(日本国憲法第4章第41条)

として、「国会は、衆議院及び参議院の両議院でこれを構成する」(同第42条)

憲法は一国がよって立つ基盤である。そして、憲法の第1章は、いわば「一丁目一番地」と言っていい。第1章にどのような項目が充てられるかは、その国の基本的な姿勢を示している。日本では、それが「天皇」と「主権在民」である。つまり、「天皇は、日本国の象徴であり日本国民統合の象徴であって、この地位は、主権の存する日本国民の総意に基《もとづ》く」ということである。

一方、合衆国憲法の「一丁目一番地」は「立法府」つまり「連邦議会」である。合衆国憲法第1章第1条（図2）は、「この憲法によって付与されるすべての立法権は、上院と下院で構成される合衆国連邦議会に属する」で始まる。アメリカ合衆国憲法によって与えられたいっさいの立法権は、上院および下院で構成されるアメリカ合衆国連邦議会に与えられるということである。これがアメリカ合衆国憲法の最も肝の部分である。

合衆国憲法制定当時のアメリカでは、13の州がそれぞれ「邦」として機能し、緩やかな連合を形成していた。しかし、イギリスと戦うためにはアメリカが一致団結しなければならない。そこで、合衆国憲法の制定が目指されたという経緯がある。合衆国憲法制定に際して最ももめたことは、「連邦議会」についてだった。そこで、各州の代表者が連邦議会を構成すると

アメリカ合衆国憲法第1章第1条は、英語では次のように書かれている。
All legislative Powers herein granted shall be vested in a Congress of the United States, which shall consist of a Senate and House of Representatives.
【日本語訳】この憲法によって付与されるすべての立法権は、上院と下院で構成される合衆国連邦議会に属する。

図2　アメリカ合衆国憲法第1章第1条

いうことを決め、連邦議会にすべての立法権を「渋々」与えることにしたのである。

日本の国会での立法過程

ところで、日本では、行政府（内閣と官僚）がさまざまな法律案を考えて国会に提出する。

①法律案作成　多くの場合、与党の中で法律案について議論を重ね、十分な「根回し」をする。ある程度成長した樹木を移植するためには、不要な根を切り落としたり、根を菰《こも》（イネ科の多年草マコモを粗く編んだむしろ）などでくるんだりする作業を事前に行う必要がある。これを「根回し」という。転じて、政治やビジネスの世界では、「物事を進める前に関係者の了承を得ておくこと」を「根回し」と呼ぶ。

②閣議決定　十分な根回しをした後には「閣議決定」が行われる。「閣議」とは、内閣総理大臣と他の国務大臣が組織する合議体である内閣の会議のことである。この閣議で内閣の権限事項を決定することを「閣議決定」という。法律案などの決定は例外なく閣議決定を行うことになる。閣議決定を経た法律案は国会に提出される。

日本では国会の議席数の多い党が内閣を構成する。内閣を構成し、行政を担当する政党を「与党」と呼ぶ。それに対して、内閣を構成することなく行政を担わない政党を「野党」と呼ぶ。政府から離れた「在野の政党」という意味である。国会に提出されるまで、その法律案について野党は多くの場合ほとんど何も知らされることはない。

③多数決による決定　日本の国会では多くの法律案は多数決によって採否が決まる。当然のことながら、与党のほうが議席数は多い。また、日本では党議拘束がかけられる場合が多い。「党議拘束」とは、国会で採決される案件に対し、党全体の意思としてあらかじめ賛成するか反対するかを決めておき、所属議員の表決行動を拘束することを意味する。つまり、議員の自由意思で賛否を表明することは基本的に容認されない。したがって、国会に提出した法律案の多くが「賛成多数」で可決されて「法律」になる。

アメリカの保守とリベラル

アメリカの立法過程は日本とは大きく異なっている。

まず、アメリカではいっさいの立法権限は上院と下院で構成される連邦議会に与えられている。行政府である大統領には立法権限はない。また、アメリカは二大政党制の国家である。2つの主要な政党が選挙で大きな得票を獲得し、議席数を保っているような政治体制を「二大政党制」と呼ぶ。ちなみに、日本のように自由民主党をはじめとする複数の政党が存在する政治体制を「多党制」と呼ぶ。

アメリカでは民主党と共和党の力がほぼ拮抗している。したがって、民主党と共和党は連邦議会選挙では熾烈《しれつ》な争いを展開する。そして、選挙のたび頻繁に連邦議会の多数派が入れ替わる。それはとりもなおさず、共和党も民主党も立法に当たって力を注ぐチャンスが常にあることを意味する。いわば政党間で競争原理が働いているのである。

アメリカでは共和党は「保守」、民主党は「リベラル」の傾向があると言われる。ざっくり言うと、従来のやり方を変えずにいこうという姿勢を「保守」と呼ぶ。一方、環境は常に変化するので、人間はそれに伴って進化しなければいけないという考え方を「リベラル」と呼ぶ。昔ながらの風習や伝統・文化などに高い価値があると考える傾向の強い人が「保守」であり、個人の自由を尊重し、新しい社会に向かってチャレンジして社会を変えていこうという人は「リベラル」である。

実は、建国当初のアメリカにおいて、現在の「共和党」と「民主党」は存在していなかった。

初期の主要政党は「連邦党」と「民主共和党」であり、その後、「民主共和党」が分裂し、1828年にアンドリュー・ジャクソンを中心として「民主党」が成立した。一方、現在の「共和党」は1854年に奴隷制廃止を掲げる「自由土地党」や「反奴隷制ホイッグ党」のメンバーによって結成された政党である。

19世紀半ばの共和党は奴隷制廃止を主張する進歩的な政党であり、特に北部を支持基盤としていた。エイブラハム・リンカーン（共和党）は1861年に大統領に就任し、南北戦争を経て奴隷解放を推進したことで知られている。一方、当時の民主党は南部の農業経済を基盤とし、奴隷制維持に賛成する保守的な立場を取っていた。しかし、時代が進むにつれて両政党の立場は大きく変化した。

当時は、共和党の地盤は北部の工業地帯であり、民主党の地盤は南部の農業地域だった。ところが1960年代には、民主党が黒人の公民権を認める方向に転換した。その結果、民主党は黒人票を獲得するようになった。

20世紀に入った頃から、共和党は経済的保守主義や小さな政府を支持する立場を徐々に強め、一方の民主党はフランクリン・ルーズベルトの「ニューディール政策」やリンドン・ジョンソンの「公民権法」などを通じて、進歩的な社会政策を重視するようになっていった。そして、1960年代を境に、19世紀にリベラルだった共和党と保守的だった民主党が大きく入れ替わったのである。それは特に、ジョン・F・ケネディ大統領の頃であり、この時期から大きく共和党と民主党の勢力地図が逆転する。多くの政治家が、まるでオセロゲームのように、民主党から共和党へ、逆に共和党から民主党へと鞍《くら》替えした。

例えば、新自由主義的な経済政策（レーガノミクス）を展開したレーガン元大統領は、1960年代初め頃までは、民主党の支持者として知られていた。フランクリン・ルーズベルトのニューディール政策を支持していたのである。しかし、その後、共和党に転じた。1967年には共和党からカリフォルニア州知事選に出馬して当選している。当時、カリフォルニア州は共和党の地盤だった。現在では考えられないことだが、アメリカ南北戦争のときに南軍に属したバージニア州はもともと共和党の地盤だったものが、現在は民主党が強くなっている。南北戦争当時、ニューヨーク州は工業地帯であり、共和党のリンカーン大統領の支援基盤だったが、現在は民主党の牙城になっている。

このように、アメリカの政党史は単純ではなく、時代ごとの対立や分断そして混乱を経ながら変化してきた。その変化は、今もなお続いており、時代の転換を告げる予兆が見え始めているとも言える。

2 上院と下院

連邦議会の構成……上院と下院

アメリカ連邦議会は、上院と下院で構成される二院制である。一般に二院制を採用している国では、第二院の存在意義が問題になることがある。例えば、二院制の日本では、両院の議決が異なる場合には、衆議院に「優越権」が認められている。任期が短く解散があることなどで国民の意向を反映しやすいからである。

一方、アメリカでは第二院の存在意義が問題視されることはない。それは、上院は州の代表者、下院は国民の代表者の集まりであるという連邦議会の構成だからである。

上院と下院は平等の権限を持っている。ただし、まったくの平等かといえば、必ずしもそうとは言えない。例えば、下院には「歳入の徴収を伴うすべての法律案は、さきに下院に提出しなければならない」（第1章第7条第1項）という「下院先議」が与えられている。一方で、それに続く但し書きで、「上院は、他の法律案の場合と同じく、これに対し修正案を発議し、または修正を付して同意することができる」としている。なお、近年ではこうした決まりごとは形式上のものとなり、上下両院で同時並行して審議することも多い。

また、下院は弾劾の訴追権限を持ち、「すべての弾劾を裁判する権限は、上院に専属する」(第1章第3条第6項)というように、どちらかと言えば、上院により強い権限を与えている。合衆国憲法の起草者たちは、連邦議会でより多くの議員数を占める下院をチェックする機能を上院に与えたということである。

「良識の府」「民衆の府」と連邦議会選挙

さて、上院は50州から各州2人ずつ計100人の議員で構成されている。任期は6年で、2年ごとに選挙が行われ、3分の1が改選される。合衆国憲法では、当初、「各州の立法部によって」選出されるとしていたが、1913年に成立した憲法修正第17条でその文言が削除され、それ以降は直接選挙で選出されるようになった。上院議員の被選挙権は30歳以上で、9年以上アメリカ国民であり、その州に住んでいる人に与えられることが合衆国憲法第3条第3項に定められている。上院は「良識の府」と呼ばれる。任期が6年と長いため、選挙で選挙民のさまざまな意見を聞いて右往左往することなく、上院議員が自らの

アメリカ連邦議会　平等な二院制の特徴

上院
・人事承認権（大統領の政治任用官僚、全権大使、最高裁判所判事などの承認）

・条約承認権（条約締結に助言と同意を与える権限）

下院
・歳入法案先議権（先例では歳出法案も同様）
　しかし、近年では同時に審議していることが多い
・選挙区は小選挙区制で解散はない
・人口比の区割りは10年ごとに行われる国勢調査で決定

	上院（良識の府）	下院（民衆の府）
定数	100議席 各州2人	435議席 人口比例で各州に配分
任期	6年	2年
選挙権	2年ごとに3分の1改選 18歳以上の米国民 有権者登録が必要	全員が同時改選 18歳以上の米国民 有権者登録が必要
被選挙権	30歳以上、9年以上米国民 選出州の住民	25歳以上、7年以上米国民 選出州の住民

図3　アメリカ合衆国憲法で定められた連邦議会

良識で審議をすることができるという意味である。

一方、「民衆の府」と呼ばれる下院の任期は2年である。人口に比例して各州から下院議員が選出される小選挙区制である。合衆国憲法では、人口調査は10年ごとに行い、「下院議員の定数は、人口3万人に対し1人の割合を超えてはならない」（第1章第2条第3項）と定めている。現在の定員は435人である。被選挙権は25歳以上、7年以上アメリカ国民であり、選出州に住んでいる人に与えられる（図3）。

下院では11月の本選に先立って、共和・民主両党内で「予備選挙」が行われる。下院議員になるためには、まずは「予備選挙」に勝利しなければならない。2023年10月にハマスによるイスラエルへの越境攻撃をきっかけに始まったイスラエル軍によるガザ侵攻は、2024年の下院予備選挙にも大きな影を落とした。イスラエルに批判的な現職議員が、予備選挙で落選するということが起こったのである。

さて、日本では、民意を考慮して、与党が勝ちやすいタイミングで解散を打つということが行われるが、アメリカ連邦議会には解散はない。下院435人全員と上院3分の1の連邦議会選挙が2年に1回、11月に行われる。上下両院議員535人のうち468人は2年ごとに選挙しなければならない。何とも忙しい話ではある。さらに、4年に一度のオリンピックの年には大統領選挙がある。大統領選挙と重ならない年の連邦議会選挙は「中間選挙」と呼ばれる。

上院の「条約承認権」と「人事承認権」

合衆国憲法の冒頭には、「この憲法によって付与されるすべての立法権は、上院と下院で構成される合衆国連邦議会に属する」（第1章第1条）と記されている。そこで、連邦議会は、合衆国憲法（第1章第8条）に記されたさまざまな権限に基づいて法律を策定する。さらに、下院および上院を通過したすべての法律案は、法律となるに先立って、合衆国大統領に送付されることになる（同第7条第2項）。

上院には、条約承認権、人事承認権などが与えられている。

条約承認権　大統領の権限について記されている合衆国憲法第2章第2条第2項では、「大統領は、上院の助言と承認を得て、条約を締結する権限を有する」と規定している。大統領は条約を締結する権限を持っているが、そのためには上院の出席議員の3分の2の賛成を得なければならないのである。合衆国憲法は外交に関する強い権限を上院に与えているということになる。

人事承認権　合衆国憲法第2章第2条第2項では、大統領に人事承認権を与えている。「大統領は、大使その他の外交使節および領事、最高裁判所の裁判官、ならびに、この憲法にその任命に関して特段の規定のない官吏であって、法律によって設置される他のすべての合衆国官吏を指名」する権限があり、「上院の助言と承認を得て、これを任命する」と規定している。政府の閣僚や各省の局長などの政治任用した高級官僚や連邦裁判所判事、あるいは諸外国に派遣する全権大使などは大統領が任命するが、その前に上院での承認を受けなければならないということである。「良識の府」たる所以《ゆえん》である。

アメリカの選挙権の歴史

合衆国憲法には「選挙権」に関する明確な文言は存在しなかった。そこで、１８６８年の修正憲法第14条で、大統領・副大統領の選挙人や下院議員などの議員選挙に際して、「年齢21歳に達し、かつ、合衆国市民である州の男子住民」に選挙権が与えられると明記している。

さらに、１８７０年の修正憲法第15条第1項で、「合衆国またはいかなる州も、人種、肌の色、または前に隷属状態にあったことを理由として、合衆国市民の投票権を奪い、または制限してはならない」として、黒人の選挙権拡大への道を開いた。しかし、必ずしもすべての州がそれを歓迎したわけではない。快く思わない州は、例えば「人頭税」（＊1）を創設して、黒人の選挙権を剥奪しようとした。

１９２０年には修正憲法第19条（女性参政権）が成立した。「合衆国またはいかなる州も、性を理由として合衆国市民の投票権を奪い、または制限してはならない」と規定したのである。合衆国憲法成立後１３３年にして、ようやく女性参政権が認められるようになった。

さらに、それから44年後の１９６４年に、修正憲法第24条で選挙権にかかわる「人頭税」が禁止され、ようやくすべてのアメリカ市民が選挙権を持つことができるようになったのである。

有権者登録が必要なアメリカの選挙権

現在、選挙権は18歳以上のアメリカ国民に与えられている。日本でも、2016年（平成28年）に選挙権年齢が満20歳から引き下げられて、満18歳以上の日本国民に選挙権が与えられている。しかし、選挙権は日米で大きな違いがある。それは、日本では満18歳になると、住民票に基づいて自動的に投票用紙が送られてくるのに対して、アメリカでは「選挙人登録」を行う必要がある。居住している州の選挙管理委員会に申請して、選挙人名簿登録を行って初めて有権者になることができるのである。

実は、民主党を支持する人のうち有権者登録をする人が少なかった。そこで、クリントン政権下の1993年、「モーターボーター法」という法律が成立し、運転免許を申請・更新するときに有権者登録ができるようになった。その結果、有権者登録をする人が増大した。アメリカは自動車社会であり、ほとんどの人が運転免許を持っているからである。

＊1【人頭税】納税能力に関係なく、全ての国民1人につき一定額を課す税金。憲法修正第15条で付与された黒人の選挙権を奪う手段として南部の11州で法制化された。

有権者登録を行うときには、民主党か、共和党か、他党か無党派かなどをチェックする。それによって、自分の支持政党を自覚することになる。なかには、どこにもチェックを入れない人もいる。有権者登録をすると、党員集会や予備選挙のときなどに案内が送られてくる。

上院の議長は副大統領

さて、連邦議会下院の議長（House Speaker）は、多数派を占める党から選出される。2020年の選挙では民主党が多数派を占めたため、民主党の重鎮であるナンシー・ペロシ（カリフォルニア州選出）が議長を務めた。しかし、2022年の中間選挙では共和党が多数派を占めたため、議長は共和党のケビン・マッカーシー（カリフォルニア州選出）に引き継がれた。

一方、合衆国憲法第1章第3条第4項で定められているように、上院の議長（President of the Senate）は合衆国副大統領が務めることになっている。バイデン政権下では、カリフォルニア州選出の上院議員だったこともあるカマラ・ハリス副大統領が議長を務めた。

実は、上院議長は本会議にはほとんど出席しない。原則として表決には加わらないからである。いわば、形式上の議長である。そこで、同じ政党の年長者が議長代行を務めることになるが、これも形上の役割にすぎない。

ただし、上院議長には1つ大きな役割がある。それは、合衆国憲法の同じ条文の中で、上院議長は「可否同数のときを除き、表決には加わらない」と定められていることである。逆に言えば、上院議員100人の投票結果が50対50という状況が起きた場合には、上院議長が1票を投じることになる。

このような状況は、時として起きる。2021年2月、上院はバイデン大統領が提案した1・9兆ドル規模の新型コロナウイルス救済策に関する予算決議案を審議した。この際、賛否が50対50に分かれ、ハリス副大統領が決定票を投じて可決された。また2022年8月、上院は税制、エネルギー、気候変動対策を含む法案を審議した。この審議でも賛否が50対50となり、ハリス副大統領が決定票を投じて可決された。さらに、獲得議席が同数の場合には、上院議長が委員会の構成に大きく影響する。実は、2020年の大統領選挙では民主党のバイデン大統領が勝利したが、上院は共和党と民主党の勢力が50対50で拮抗したのである。しかし、カマラ・ハリス副大統領が上院議長になったことで、民主党はすべての委員会の委員長を総取りできることになったのである。

ちなみに、議長は議長席に座ってガベル（木づち）でトントン叩《たた》いて議事を進行すると思われがちだが、実は議長がそれをするケースはあまりない。とりわけ上院では、議長が議長席に座っていることはほとんどない。審議中は、多数党の若い議員が勉強を兼ねて議長席に座っている。下院でも別の議員が議長席に座っていることが多い。日本の国会とは議場の風景が異なっているのである。

議会で多数の議席を占める「多数党」であることが重要

なぜ、アメリカ議会で多数党であることが重要なのだろうか。例えば、日本のような議院内閣制では多数党であることはきわめて重要である。総理大臣を選出し、官僚たちを従えて、行政府を牛耳ることができるからである。アメリカは徹底した三権分立の国である。したがって、行政への影響という意味では、多数党であることにさほどこだわらなくてもいいような気がする。ところが、アメリカの連邦議会でも多数党であることは重要である。1議席でも多いか少ないかで、天と地の差が出るのである。

連邦議会はアメリカ合衆国憲法の「一丁目一番地」であることはすでに指摘した。つまり、アメリカでは立法府である議会がきわめて大きな力を持っているのである。日本では、霞が関の官僚たちが国民の民意や行政の現場状況を吸い上げて多くの法律案を作成するのに対して、アメリカでは連邦議会の委員会が法律のたたき台（法案）を作成する場合が多く、議員が個人で提出するものより遥《はる》かに本会議まで進む確率が高い。予算等はほぼ確実に委員会が法案を作成する。委員会は委員長が運営する。委員長は1議席でも多い政党が総取りする。したがって、上院では50対50の議席になった場合は、大統領が民主党か共和党かが重要になるのである。

一方、下院議員は定数が多い（435人）ため、勢力が極端に拮抗することはかつてはほとんどなかったが、最近は下院も僅差で多数党が決まることが増えてきた。ただし、上院のように同議席という事態までは発生していない。2020年の選挙では民主党議員が多数派を占めていたが、2022年中間選挙で共和党222人、民主党212人（欠員1人）と逆転して共和党が多数派を占めていた。そして2024年の選挙では、共和党219人、民主党215人、空席1人と、その差はさらに縮まった。

院内総務と院内幹事

上下両院とも、院内総務がそれぞれの党を代表してリーダー的役割を果たしている。下院では、多数党のトップが議長として大きな役割を果たすため、その補佐をすることになる。院内総務を補佐する役割を果たすのが院内幹事である。上院の院内幹事をSenate Majority Whipと呼び、下院の院内幹事をHouse Majority Whipと呼ぶ。

ちなみに、英語でwhipとは「鞭《むち》」という意味である。家畜などの動物を小屋に追い込むときに使う鞭を持つ人もwhipである。つまり、重要な法案の採決時に、自党の連邦議員を登院させ、取り仕切る役割を持つのがMajority Whip（院内幹事）であり、それが転じて党内議員の投票行動を正確に把握する役割を果たす。

移民または移民2世の連邦議会議員

ところで、現在のアメリカ連邦議会には、移民または移民2世の議員が少なくない。アメリカの調査会社ピュー・リサーチ・センターによれば、２０２１年2月のデータが最新だが、79人の議員が移民あるいは移民2世である。

ヨーロッパ出身者が最も多く25人、次いでラテンアメリカ出身者が16人、カリブ海諸国とアジア出身者はそれぞれ14人である。国別に見ると最も多いのはメキシコ出身者で15人（移民3

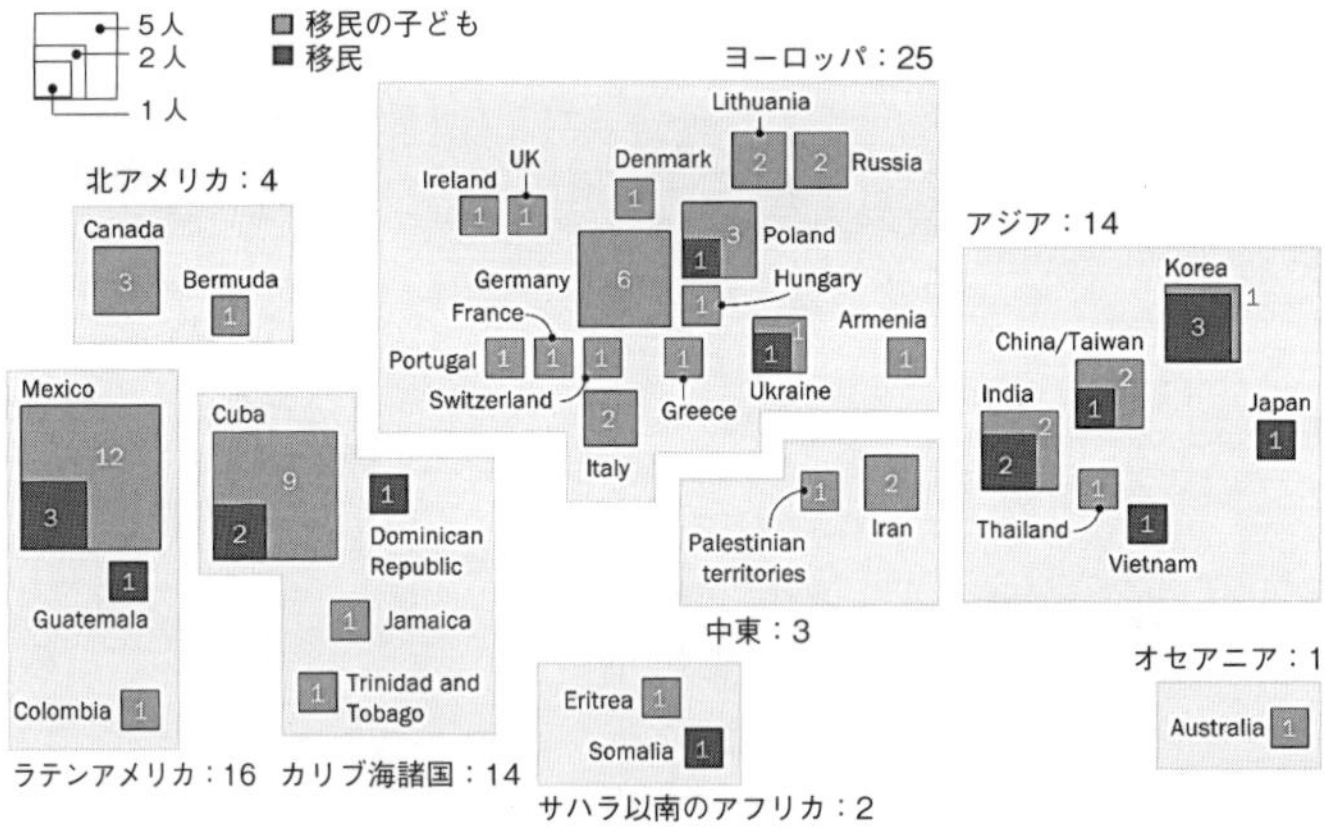

図4　移民または移民２世の連邦議会議員（出典：ピュー・リサーチ・センター 2021年2月）

人、移民2世12人）、次いでキューバ11人（移民2人、移民2世9人）、ドイツ6人（移民2世）となっている。アジアでは、インド4人、韓国4人、中国・台湾3人、日本1人、ベトナム1人となっている（図4）。

79人の連邦議会議員は、諸外国にルーツを持ったアメリカ人である。アメリカはこれまでに合計5000万人を超える移民を受け入れている。現在でも年間約70万人の移民を受け入れている。アメリカ国民の歴史は、まさに移民と多様性の歴史でもある。2024年の民主党大統領候補だったカマラ・ハリス副大統領はジャマイカとインドにルーツを持っている。アメリカ市民の多様化を反映して、連邦議会の人種構成もアメリカ社会の多様性

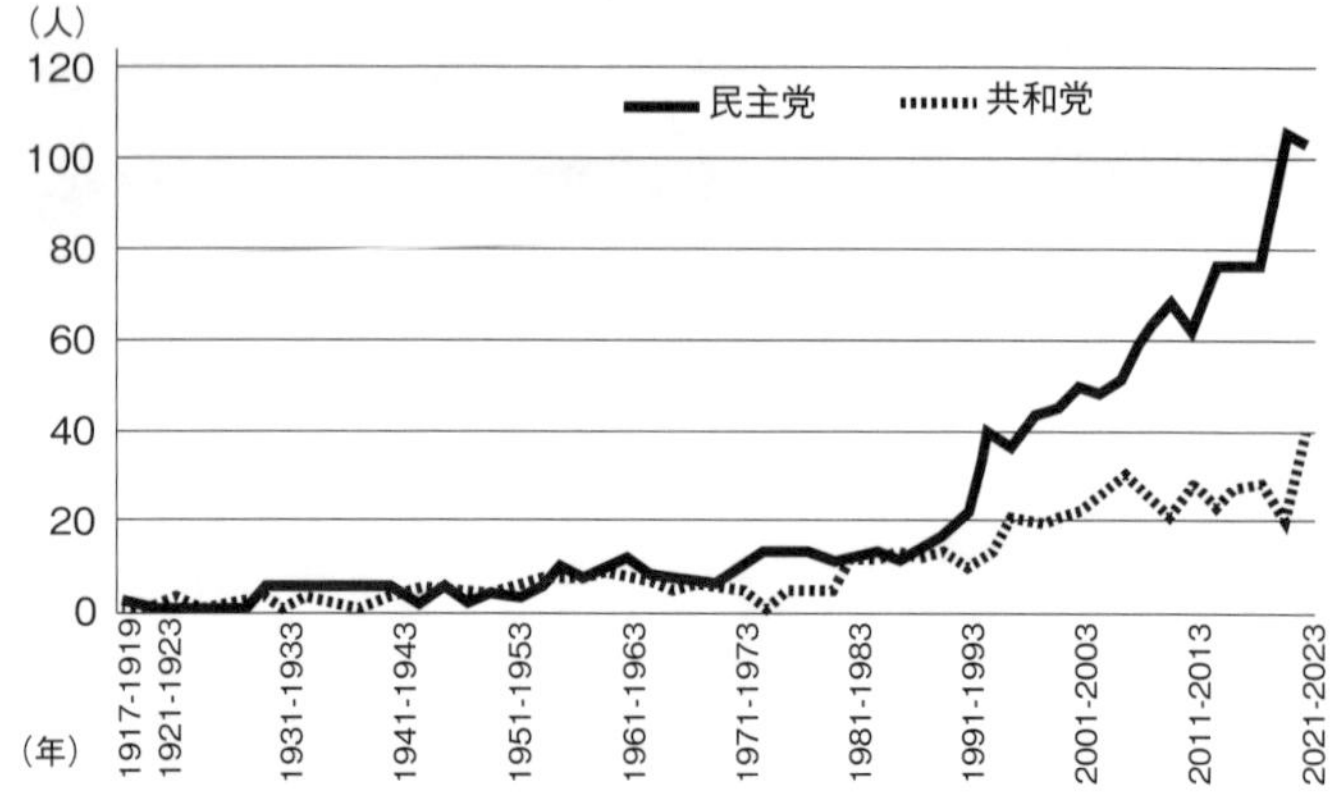

★下院の議席数には、コロンビア特別区、アメリカ領サモア、プエルトリコ、アメリカ領ヴァージン諸島及びグアムより選出される、投票権のない代表（Delagate）を含まない。
★2022 年の選挙結果により、アメリカ連邦議会における女性議員数は以下のように変化。
上院（定数 100）: 民主党 : 16 人、共和党 : 9 人
下院（定数 435）: 民主党 : 91 人、共和党 : 42 人
これにより、連邦議会全体での女性議員数は 158 人となり、過去最多を更新した。

図5　アメリカ連邦議会女性議員数・民主党と共和党　1917 年から 2023 年。“History of Women in the U.S.Congress”,Center for American Women and Politics をもとに著者中林美恵子作成。

（ダイバーシティー）を反映している。連邦議会議員は、社会の多様性を吸収し、それを連邦議会に伝えていくという役割を担っているのである。

急増する連邦議会女性議員

もう1つ興味深いデータを紹介しよう。図5は、1917年以降の連邦議会女性議員数の推移を示したものである。

合衆国憲法（修正第19条）で女性参政権が認められたのは1920年のことだった。その後、半世紀にわたって女性議員

数はほとんど増えない時期が続いたが、民主党・共和党ともに1970年頃から女性議員が徐々に増えはじめた。そして、1990年代初頭から民主党の女性議員が急増する。共和党の女性議員も増えてはいるが、民主党ほどではない。その後も、民主党と共和党の女性議員数の差は開くばかりである。

図5を見ると、その差がワニの口のように開いていることがわかる。多様性という点では、民主党のほうに分がありそうである。実際、先に紹介した中国・台湾・インド・韓国・日本にルーツを持つ議員のほとんどは民主党に所属している。

共和党女性候補が抱えるジレンマ

民主党に比べて共和党の女性議員が少ないのはなぜだろうか。その背景の1つには、1960年代から活発になったフェミニズムがある。フェミニズムとは、性差別による不当な扱いや不利益を解消しようとする思想や運動のことである。

アメリカのフェミニズムは、とりわけ政治や選挙での男女平等に優先順位を置いている。アメリカの女性運動にとって、妊娠中絶問題はとりわけ重要なイシューである。妊娠中絶に賛成の立場を「プロ・チョイス」と呼び、これに反対する立場を「プロ・ライフ」と呼ぶことはすでに説明した。ざっくり分ければ、民主党は「プロ・チョイス」であり、共和党は「プロ・ライフ」である。

当然のことながら、女性団体の多くは「プロ・チョイス」を支持している。したがって、民主党の女性候補者のほうが有利になっている。一方、伝統的な家庭観をもつ共和党は、妊娠中絶や同性間結婚といったリベラルな志向に反対するグループと協調することが多い。選挙では、「プロ・ライフ」の考え方を前面に出して、票の獲得に結びつけている。

もちろん、すべての共和党活動家や献金者が「プロ・ライフ」というわけではない。共和党支持者のなかには、妊娠中絶問題に中立的であったり、関心をもたなかったりする人々もいる。しかし、共和党にとって票固めと資金集めに欠かせない有力団体には、「プロ・ライフ」が多いことは事実である。

また、仮に共和党の女性候補者がフェミニストでありプロ・チョイスだったとしても、女性団体から支援を受けることには大きなリスクが伴う。共和党の多くの有権者の考え方はプロ・ライフであるため、共和党内の予備選挙で負けるかもしれないからである。そこに、共和党から出馬する女性候補者のジレンマが存在する。そうした女性の権利に関するジレンマが、両党の女性議員数の差となって表面化している可能性がある。

3 連邦議会議員の仕事

連邦議会では議員はほとんど議場にいない

日本の国会では、ヤジが頻繁に聞かれる。ヤジとは、他人の発言中に非難や冷やかしの言葉を浴びせかける行為である。国会でのヤジは議長の許可を得ない私語であり、議長は不規則発言として制止するものとされている。国会審議中に安倍晋三総理（当時）が閣僚席から何度もヤジを飛ばして問題となったこともある。他方、「ヤジは議会の華」とも言われる。「良いヤジ」は議会政治の活性化に寄与する一面もあると言われる。しかし実際には、「華」と呼べるほど美しいヤジはあまり聞かれない。

翻って、アメリカの連邦議会ではどうだろうか。実は、ヤジを飛ばす議員を見かけることはほんどない。なぜか。1つには、連邦議会では、マナーが著しく悪い議員に対して問責決議が行われる場合があるからである。議員にとって、問責は特別に不名誉なこととされている。問責された議員の再選はほとんど不可能であるとさえ言われてきた。

もう1つは、本会議場に座り続けている議員の数が少ないからである。議員は基本的に委員会での公聴会、法案修正、投票作業が非常に忙しく、本会議場で座っていることはほとんどない。議員は座って他の議員の演説を聞く必要がない。代わりに院内テレビの画面を通して演説を聞く。個々の補佐官のデスクには例外なくテレビが備えつけられている。担当者はそれを注意深くモニターしながら仕事をしている。

多くの議員が席にいるのは、本会議での投票のときか、「クォラム・コール」（Quorum Call）と呼ばれる手続きがなされるとき、あるいは大統領の弾劾裁判が行われるときだけといっていい。合衆国憲法では本会議の定足数は両院とも過半数とすることが定められている。過半数に達しているかを確認するための作業を「クォラム・コール」と呼ぶ。実は、これを行うことにより審議がストップするため、その間に多数党と少数党の院内総務が議事運営などについて協議する時間稼ぎとして活用されることが多い。

フロア・マネジャーと少数の議員だけ

では、議場にいる議員はどのような人なのだろうか。

まず、議論を仕切る役割のフロア・マネジャーがいる。フロア・マネジャーは、委員会に付託された法案についての議論や修正案を仕切る役割を担う。通常は、法案を所管する委員会の委員長および少数党ランキング・メンバー（委員会少数党の筆頭議員）がフロア・マネジャーを務める。これまで、アメリカは共和党と民主党の二大政党の国だとしてきたが、ほんの少数だが、二大政党に属さない議員もいるということをここでつけ加えておきたい。ただし、どちらかの政党と会派を組むことによって委員会で委員を務める等の便宜を得ている。したがって、どちらの政党寄りかは明白になっている。

そのほか、修正案などに関して演説を行う議員、次の順番を待つ議員、議長席に交替で座って仮議長を務めている多数党の議員などが本会議場に入る。合計しても、ほんの数名である。議員はほとんどの場合、演説が終われば議場を退出する。委員会の公聴会などでも、委員長ら中核メンバーを除いて、多くの議員が自分の役割を終えると席を立ってしまう。連邦議会では、議員が勢ぞろいして椅子に座っている光景のほうが珍しいのである。

実は、四半世紀前のことだが、上院議員全員が本会議場に座っているのを生で見たことがある。１９９９年1月7日に、上院の本会議場で、当時のクリントン大統領に対する弾劾裁判が行われたときのことだった。議場の雰囲気は厳粛そのもので、ヤジを飛ばす議員など1人もいなかった。

議員1人でも法案を提出できる

先に、「議員は委員会での公聴会、法案修正、投票作業が忙しい」と指摘した。では、なぜ議員はそれほど忙しいのだろうか。1つには、連邦議会に提出される法案の数が多いことである。通常、連邦議会の会期2年当たり1万本以上の法案が提出される。そのすべてが審議の対象となるわけではなく、8～9割は審議されることなく「棚ざらし」にされる。それでも議員は500本近くの法案を審議しなければならない。もう1つは、法案が法律になるまでのプロセスがきわめて煩雑なことである。

まず、法案の提出について、アメリカ連邦議会は日本とは大きく異なる。日本では、議員立法は国会法第56条第1項で制限が設けられている。衆議院では20名以上、参議院では10名以上、予算を伴う場合はそれぞれ50名、20名以上の賛成議員が集まらなければ法案提出ができない。一方、アメリカでは議員1人でも法案を提出することができる。議員は提出した法案を、自らの主張を有権者に証拠として示すことができる。提出手続きも簡単で、本会議場で提出する旨を述べたり、提出用の箱に入れたりするだけですむ。

また、アメリカで法案を提出することができるのは議員のみであるが、その起草は誰が行ってもよい。多くの場合、委員長の意向を受けた委員会補佐官が起草作業を担う。法案審査・修正を所管する委員会には、共和党と民主党に分かれた専門性の高い補佐官が雇用され、政党ごとにチームで仕事をしている。また、ロビイスト事務所や圧力団体から法案のドラフトが舞い込む場合もある。ロビイスト事務所は、委員会補佐官の再就職先である。もちろん有権者が議員事務所に持ち込んでもよい。

実は、審議対象になるかどうかは委員長次第で決まる。審議される確率が圧倒的に高いのは委員会で作成した法案である。また、大統領および行政府から法案内容が提案されることもある。それは政権の重要法案である。したがって、所管委員会の委員長および政党指導部の議員が形式的な提出者となるケースが多い。

徹底した委員会中心主義

ここで、連邦議会について重要な2つのポイントを紹介しよう。

1つは、連邦議会は徹底した委員会中心主義になっていることである。常任委員会、特別委員会、両院合同委員会、臨時委員会、両院協議会などのほか、非公式な組織として議員連盟、タスクフォースなどがある。常任委員会（Standing Committee）は、各所管分野の立法過程に権限をもっている委員会で、２０２２年現在、上院には16、下院には20の委

図6　アメリカ連邦議会の常任委員会

下院	上院
1　農業	1　農業・栄養・林業
2　歳出	2　歳出
3　軍事	3　軍事
4　予算	4　銀行・住宅・都市問題
5　教育・労働	5　予算
6　エネルギー・商業	6　商業・科学・交通
7　倫理	7　エネルギー・天然資源
8　金融	8　環境・公共事業
9　国際	9　財政
10　国土安全保障	10　外交
11　議事運営	11　保健・教育・労働・年金
12　司法	12　国土安全保障・政府問題
13　天然資源	13　司法
14　監視・説明責任	14　議事規則議院運営
15　規則	15　中小企業・企業家
16　科学・宇宙・技術	16　退役軍人問題
17　中小企業	
18　運輸・インフラ	
19　退役軍人	
20　歳入	

員会が設置されている。ちなみに、上院と下院の常任委員会のうち、とりわけ重要な委員会は予算にかかわる「歳出」と「予算」である。

実は、日本の国会でも衆議院と参議院にそれぞれ同じ名称の17の常任委員会が設置されている。一方、図6を見れば明らかなように、連邦議会では、上院と下院で、常任委員会の数も名称も異なっている。それは上院と下院はそれぞれが自治権を持っているからである。同じ名称がつけられている委員会は、「歳出（Appropriations）」「予算（Budget）」のほか「軍事（Armed Services）」「司法（Judiciary）」「退役軍人（Veteran's Affairs）」にすぎない。また、それぞれの委員会が扱う対象も、微妙に異なっている。例えば、下院では「農業（Agriculture）」であるのに対して、上院では「農業・栄養・林業（Agriculture, Nutrition, and Forestry）」というように、「健康」に関する分野が含まれる。また、下院では「エネルギー・商業（Energy and Commerce）」であるのに対して、上院では「エネルギー・天然資源（Energy and Natural Resources）」である。また、下院では「倫理（Ethics）」に関する委員会が設けられているが、上院にはこれに該当する委員会は「上院倫理委員会」（Senate Select Committee on Ethics）となる。ただし特別委員会として分類される。それは、法案審査を主目的とする常任委員会とは異なり、議員の倫理規範に関する監視と規制を専門にしているためである。

委員会には大きな権限が与えられている

連邦議会に提出された議案は、複数の常任委員会や特別委員会に付託される。複数の委員会で、同時期に審査されることも珍しくはない。小委員会（Subcommittee）を設置している委員会では、委員会全体での審査に先立ち、小委員会で公聴会および法案審査などを実施している。小委員会の審査結果は委員会で大幅な修正を受けることなく了承されることが多い。特定の問題に関する調査を行う場合などに、期間を限定して設置される委員会を特別委員会（Select Committee または Special Committee）と呼ぶ。長期間設置されている特別委員会もある。

連邦議会の委員会には大きな権限が与えられている。例えば、議院規則に規定されている事項であっても、各委員会で形成されたルールが優先する。また、連邦議会の委員会には理事会はない。日本の国会では、委員会の審議の日程や方法などを協議し決定するために理事会が設置されている。理事会の有無は、議会運営における日米の大きな相違の1つとなっている。

理事会がない連邦議会では、委員長が絶大な権限を持つことになる。委員会の開会日時、法案の取り扱い全般、法案の小委員会への付託、公聴会の日程や人選、法案起草の指示、法案に対する修正案の取捨選択、委員会報告書作成の指示、委員会予算の運用、委員会補佐官の選定と管理などがすべて委員長に委ねられているのである。

補佐官が議会活動を補佐

指導部スタッフ、委員会スタッフ、そして議員スタッフを合わせて「議会スタッフ」(Congressional Staff）と呼ぶ。日本大使館やシンクタンクではCongressional Staff の訳語として「補佐官」という言葉をあてている。スタッフと呼ばれるには、連邦公務員として正規採用される必要があるからである。

日本の国会スタッフは、ボランティアやインターン、アルバイトも含む。汎用性の高い単語ではあるが、かえってアメリカの議会制度を理解しづらくしてしまうため、「補佐官」と訳すのが妥当であろう。

日本語では、「スタッフ」と言えば、映画や演劇などで裏方として仕事を支えるというイメージが強い。しかし、連邦議会のスタッフはそのイメージとは大きく異なっている。連邦議会のスタッフは必ず連邦公務員でなければならないため、日本で言う国家公務員に相当する。ちなみに行政府の政治指名職も連邦公務員に含まれる。

連邦議会の大きな特徴は、議会活動を補佐する補佐官の充実である。指導部補佐官、委員会補佐官、議員補佐官、議会予算局（Congressional Budget Office：ＣＢＯ）、議会調査局、会計検査院などの補佐官が議会活動を支えている。議会全体の補佐官数は2万人近くであり、2020年時点での下院補佐官は約6900人、上院補佐官は約4000人である。これらの補佐官を支える予算は増加傾向にあり、2023年度には約54億ドルが計上された。

議会補佐官は党派性を持つ

連邦議会のほとんどの補佐官は明確な党派性を持っている。政策補佐官には、政治・政策の専門技術だけでなく党派性が必須条件になるということである。もちろん例外もある。例えば、事務局で総務を担当する補佐官、受付係あるいはIT整備を担当する補佐官は、党派性を明確にすることなく、両党に対して仕事をすることが許されている。

付属機関の補佐官は立法作業を政治家とともに行わないため、不偏不党の立場である。例えば、予算編成時に予算委員会をサポートする議会予算局は、立法府の両党に対して客観的立場から予算法案の審議に必要な経済見通し、財政収支見通し等を提供するための補佐機関である。約250人が働いており、そのほとんどがエコノミストの専門家集団で、主に予算委員会（共和党側と民主党側）から出される指示にしたがって仕事をする。彼らは、議員とともに立法作業に携わることはない。

コラム

事務的な補佐の必要性から始まった補佐官制度

連邦議会では、事務的な補佐として職員を雇ったことが補佐官制度の始まりとされる。19世紀後半には、委員長が任名した補佐官が委員会業務を補佐するようになり、委員長の選挙区でも働くようになった。1919年には、上院での委員長の議員補佐官を、当該委員会補佐官にすることが認められた。1929年の立法府給与法では、上院の議員補佐官が、職務上委員会補佐官を兼務することが認められた。20世紀半ばまでは、委員会補佐官と議員補佐官の区別は曖昧なままであった。

第2次世界大戦後、議員補佐官の充実が図られた。その背景には、1929年の世界大恐慌や世界大戦などに起因するさまざまな課題が増えたこと、増え続ける選挙民の陳情への対応、ニューディール政策に伴う社会問題と法整備などで、連邦議会は多くの人手を必要とするようになったという事情がある。

その後も、委員会補佐官の拡充や予算権限を履行する基盤の強化のために議会補佐官の拡充は進んだ。アメリカ社会を大きく疲弊させたベトナム戦争や、ニクソン大統領が弾劾されたウォーターゲート事件などへの反省もあって、行政府の権限拡大に対抗するためにも補佐官の拡充は必要だった。１９７０年代から１９８０年代前半にかけて議会補佐官の数は増加し続け、現在に至っている。

議会補佐官の選挙活動

アメリカの連邦議会議員は、議会の事務スペースや設備、補佐官の就業時間などを、自らの選挙活動で使用することが制限されている。それは議会補佐官も同様である。国家公務員は、勤務時間中に選挙活動に従事するわけにはいかないのである。また、議員補佐官は、議会での勤務条件として選挙活動を行うことを要求されてはならないことになっている。国庫（上院または下院）から支給される給与は、純粋に議会における職務の対価だと考えているからである。

しかし実際には、演説原稿の作成、陳情の処理、スケジュール調整などの公的な業務と、選挙のための活動を厳密に分けることは難しい。そこで、判断に迷う事態に直面した場合は、逐一倫理委員会に相談するように推奨されている。上院予算委員会補佐官だった当時、私も他の補佐官たちとともに倫理委員会の補佐官から毎年のように教育を受けた。

しかし、特定の条件下では例外もある。議会事務所という場所で選挙活動をしないこと、議会の資源を使わないこと、また勤務時間と重ならないこと、本来の仕事を放棄しないことなどのルールのもとで事前に登録を行い、各オフィス1人か2人という人数制限を守った上で、例外的にではあるが、選挙に携わる道が残されている。多くの場合首席補佐官がこれにあたる。

ただし、誰もが基本的人権として政治参加の自由を持っている。そこで公務員であっても、休日や有給休暇を取った上で個人の身分として選挙活動に参加することが可能である。明確なことは、議会で公務に携わる時間を、選挙活動に充ててはならないということである。

法案の作成と最終チェック

さて、提出された法案は、立法顧問局（Office of the Legislative Counsel）によって最終チェックを受ける。立法顧問局は上院と下院のそれぞれに設置されている。日本では、内閣や衆参両院に法制局があり、現行法との整合性なども含めて厳しい審査を加えている。

一方、アメリカの立法顧問局は、用語統一など技術的な補佐を行うだけで、内容の合憲性や既存の法体系との整合性の審査などには関与しない。不偏不党のこの部署は、法案の条文精査や内容的な整合性には踏み込まないのである。

そこで、日本の国会ではあり得ないようなこともアメリカでは起こりうる。例えば、法案が成立した後になって、ミスが発覚したりする。そのような場合は、現在進行形で審議されている法案に修正案を加えて、急ごしらえの訂正を行う。

例えば、かつて上院予算委員会補佐官として奉職していた1995年のことである。夜中の作業で全員が疲労困憊《こんぱい》していた。分厚い最終法案の束をコピーしていたときに、コピー機が紙詰まりを起こした。紙詰まりはすぐに解決したが、ページが1枚欠損していたことに誰も気づかなかった。法案はそのまま議会に提出され、法律は成立した。翌朝の新聞でこの誤りが大々的に報じられた。そこで初めて間違いに気づいた委員会補佐官は、即座に対応策を講じた。本会議にかかっていた別の法案に、この法律の間違いを正す修正案を提出して採決を行ったのである。無事に一件落着した。この一件で処分を受けた補佐官は1人もいなかった。

法案を審査対象にするかどうかは委員長が決める

次に、立法顧問局のチェックを受けた法案は委員会で審議されることになる。委員会がどのような法案を取り上げるかは、公聴会が開かれることによって世の中に告知される。公聴会では法案の問題点を整理する。

すでに指摘したように、委員会や小委員会では委員長が絶大な権限を持っている。どのような法案を審査対象に選ぶかは、委員会の委員長あるいは小委員会の委員長の権限で決まるのである。つまり、議会で多数派であることの意味がここで発揮されることになる。委員長や小委員長によって取り上げられなかった法案は委員会の段階で握りつぶされたことになる。

行政府の意向の有無にかかわらず、委員長が提出する法案は、優先的に公聴会が開かれ、マークアップの対象となる。マークアップとは、日本語では「逐条審査および修正案の検討」を意味する。委員長が提出する法案の作成は、主に委員会補佐官が担う。委員会補佐官は政党別に雇われているので、党派の立場を明確にして作業にあたる。トランプ政権あるいは中間選挙までのバイデン政権のように、大統領と議会多数派が同一の場合には、委員長と大統領が事前調整する可能性が高い。また、議員補佐官も各議員の指示で立法作業にかかわる。ちなみに、アメリカでは委員会補佐官も議員補佐官も全員が国家公務員である。

逐条審査および修正案の検討

審査対象となった法案については、委員会でマークアップの作業を行うことになる。マークアップでは、条文が1条ずつ読み上げられて審査され、1条ごとに修正案が提出され、討議される。それは、誰が起草した法案であっても同じことで、大統領が誰であっても、行政府の意向が忠実に反映されるとは限らないのである。すべての法案は、審議の過程で大幅な修正が加わると考えてよい。

委員会補佐官は、法案の作成段階から、議員や行政府補佐官およびロビイストたちとも調整を図るようにしている。そのため、委員会補佐官は法案の内容やその背景となる政策について最も詳しい存在になる。政党が同じであれば、委員会内の別の議員の修正案の起草にも助け舟を出すことができる。例えば、大統領が委員会審議に入った法案に影響を与えたいと考えた場合には、与党側の指導的立場にある議員あるいは議員補佐官か委員会補佐官を通じて、大統領の意向を反映させた修正案を誰かが出すように働きかけることになる。

なお、大規模な法案の場合は、法案を複数の委員会に一括または分割して付託したり、議案審査のための特別委員会を設置したりするなど、柔軟に対処できるようになっている。

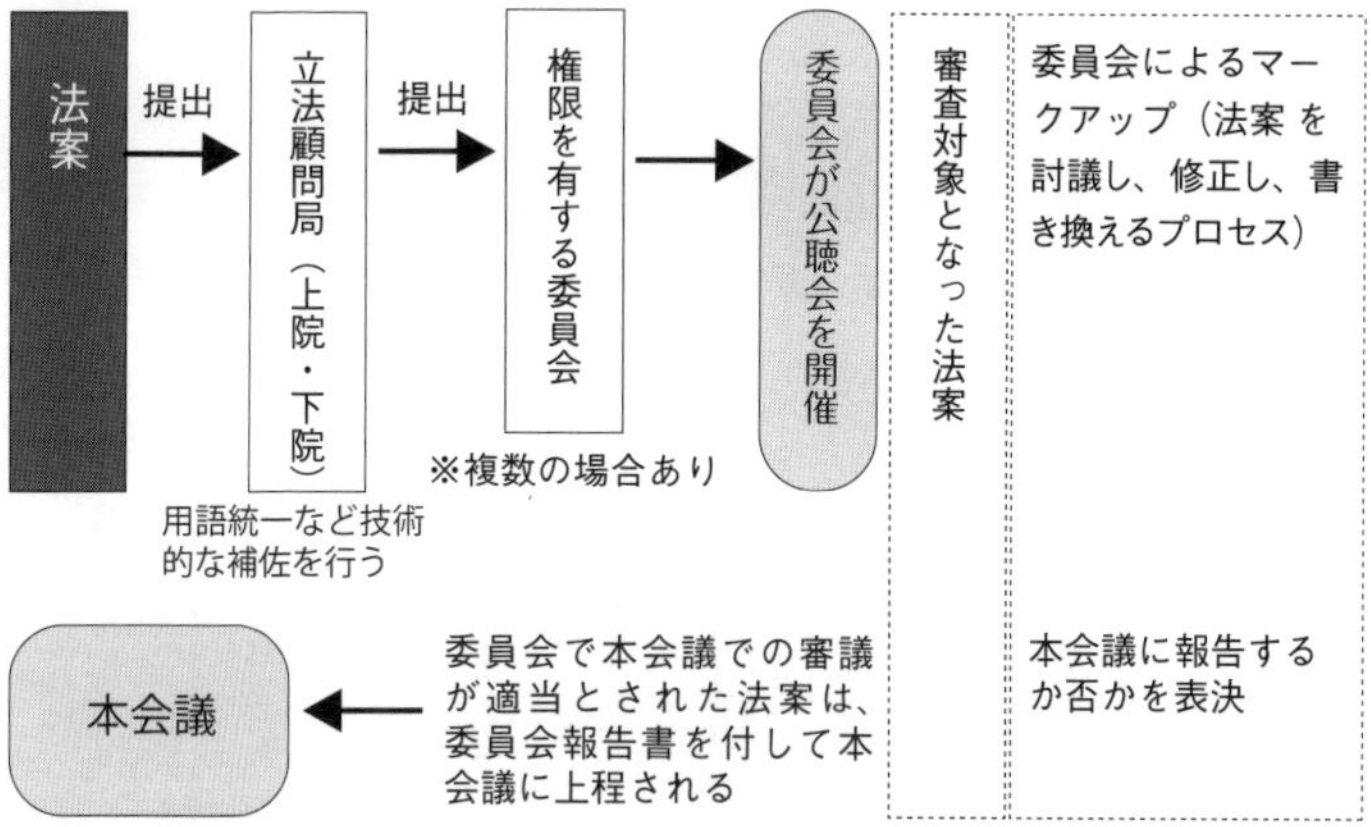

図7　法案の本会議上程までの流れ

委員会の報告書

マークアップを終えた法案について、委員会は本会議に報告するか否かを表決する。その結果、本会議で法案の通過を求める賛成の勧告を付した報告書、あるいは通過を求めない反対の勧告を付した報告書が作成される。

非常に稀《まれ》だが、委員会の勧告を付さずに報告することもある。賛成の勧告を付す場合は、①原案のまま、②修正案を付す、③法案を全面的に書き換える修正案を付す、という3種類の報告書が作成される（図7）。

委員会報告書には、法案の目的や逐条解説、委員会での審査経過、法案に対する関係省庁の見解、委員会の多数意見と少数意見、法案を施行するにあたってのコスト見積もり、インフレへの影響分析などが盛り込まれる。

委員会で点呼投票が行われた場合は、その結果も記載されることになる。「点呼投票」とは、議長（実際にはクラークと呼ばれる補佐官）が定められた順番にしたがって議員の名を1人ずつ呼び、これに応じて議員が賛否ないしは棄権を口頭で表明する表決の方法である。

委員会審査で本会議への送付が適当とされた法案は、委員会報告書を付されて本会議に上程される。本会議に上程することを、英語ではReport outという。法案は最終段階を迎えることになる。

下院では全院委員会から本会議へ

本会議では、審議日程を決める作業が必要となる。下院では、下院議長をはじめとする多数党の議会指導部によってこれが決定される。法案は非重要法案と重要法案に分けられる。特定の地域や団体だけに適用される法案などの私法案（Private Bill）などは非重要法案で、定例日に割り振られる。一方、与野党の意見が対立する重要法案については、規則委員会（Committee of Rules）で議事進行規則を審議し、制定する。規則委員会は日本の議院運営委員会に相当する。規則委員会が議事進行規則を制定しない場合、その法案が本会議で審議されない可能性が高まる。

　議事進行規則が制定されると、全院委員会（The Committee of the Whole House on the State of the Union）へと移行する。全院委員会は、下院議員全員で構成される。全院委員会は、法律案の審議を柔軟に行うために開かれる会議で、定足数や議事進行等の要件が本会議より緩和されている。例えば、下院議長に指名された全院委員長が委員会を主宰する。また、本会議の定足数が218人であるのに対して、全院委員会の定足数は100人である。ただし、この数字は象徴的なもので、実際の審議でしばしば少数の議員だけで進行することがある。

　全院委員会では、法案が条文ごとに読み上げられ、議員が修正案を提出する。法律案の修正案の提出者とこれに反対する議員にそれぞれ5分間が割り当てられる。大統領や行政府、また利害関係者にとっては、自らの意向に沿った修正案を挿入できる最後のチャンスである。したがって、議員への働きかけはここでピークに達する。

　すべての修正案の採決が終わったのちに本会議が再開される。本会議では、全院委員会の審査概要が報告された後、法律案の修正に関する発言全体に1時間が割り当てられる。多数党・少数党で30分ずつ発言することが慣例となっている。その後、法案全体の採決が行われる。

上院での法案審議

上院では、本会議で取り上げる法案や審議方法は、多数党の院内総務をはじめとする議会指導部が決定する。また上院では、古くから独自の院内規則があり、それが現在まで引き継がれている。したがって、重要法案以外の場合には、上院の長年の伝統と議員間の信頼、相互理解に則《のっと》った運営がなされている。

しかし、必ずしもすべての法案が信頼と相互理解の下で審議されるわけではない。下院では規則委員会の圧倒的権限で本会議の流れを決めることができる。下院では、過半数での可決が可能なので、多数党側の案が簡単に通ってしまう。しかし、上院には規則委員会はない。したがって、審議時間が大幅に変更になることもある。

唯一のコントロール方法は、「全会一致合意取り決め」(Unanimous Consent Agreement)を締結することである。「全会一致合意取り決め」は下院の議事進行規則に相当するルールで、議会指導部による十分な根回しが必要になる。「取り決め」が締結された法案は議事日程に追加されて、委員会報告の後、修正案が審議されるという流れに乗る。

ただし、政党間の対立が激しい重要法案の場合には、「全会一致合意取り決め」が締結されないこともある。そのような場合には、多数決の横暴を阻止する1つの方法として、フィリバスター（filibuster）が使われる。

フィリバスターという上院ルール

フィリバスターとは、長時間演説のことである。日本語では、「議事妨害」とか「牛歩戦術」と訳されることがあるが正しい訳語とは言えない。たしかに、フィリバスターが不成功に終わると、結果的に表決を遅延させたことになる。したがって、牛歩戦術に似ていると言えないこともない。しかし、フィリバスターは、審議妨害として議論を遅延させることを目的とするものではない。フィリバスターは、多くの場合、実際に法案を不成立に至らしめるのである。フィリバスターは上院で認められている院内ルールだ。フィリバスターは原則として法案、修正案、決議案など、上院が本会議で取り上げるほとんどのものに適用される。ただし、予算決議とそれに伴う法改正の財政調整プロセスは例外とされる。

上院のフィリバスターにはそれなりの存在理由がある。上院では議員数が100名と少ないため、上院議員一人ひとりの影響力が大きい。上院議長は副大統領と兼任であることから、議長職の権限は極度に限定的であり、本会議を仕切ることもない。また、上院には、起立した最初の議員に機械的に発言を許可すべきであるとする規則や、議員の発言を、その議員の同意なく中断させることはできないという規則がある。

さらに、下院には、法案の内容と無関係な修正案の提出を禁止する規則が存在するが、上院にはこれが存在しない。つまり上院では、原則としてどのような修正案であっても提出することが可能なのである。こうした院内の規則によって、フィリバスターが可能となっている。

フィリバスターとクローチャー

実は、フィリバスターを終結させるためのルールがある。これをクローチャー（Cloture Motion）と呼ぶ。日本語では「討論終結動議」という。上院規則では、クローチャーは議員16名の同意で提出することができる。クローチャーが提出された場合には、2日後以降の上院本会議の開会後1時間に、討論することなく投票に付される。そして、全上院議員の5分の3（60名）以上の多数決で可決すれば、議員の発言は1時間以内に制限され、30時間以内に法案の採決を行うことになる。

そこで、フィリバスターが始まると、関係議員が本会議場外の控室（Cloakroom）や院内総務室に集まって協議することになる。しかしながら、フィリバスターが起きるのは賛否が拮抗している重要法案である。したがって、5分の3以上の賛成を得ることは難しい。

関係議員が協議したとしても、クローチャーを提出する時期を探るだけで終わってしまうことも多い。また、クローチャー以外の方法で解決するための妥協工作もしばしば行われている。

連邦議会の下院では、多くの場合、過半数の賛成で法案などの採否が決まる。それが民主主義のルールである。しかし、「多数決は常に万能である」というわけではない。上院のフィリバスターは、多数決という民主的ルールに対する根源的な問いかけをしているのである。少数党議員が多数党議員に対して、5分の3の賛成があるのかどうかを思い知らせることが主目的となっているということである。

フィリバスターは依然として有効

連邦議会では、大統領の政党と上下両院の多数党が異なる場合も少なくない。例えば、共和党が大統領選挙で勝利し、上下両院とも共和党が多数を占めるような場合、上院で民主党議員がフィリバスターを多用することが考えられる。そこで、大統領や共和党議員はフィリバスターを廃止する誘惑にかられるかもしれない。しかしそれは、「核」を選択するに等しい。連邦議会の穏健かつ協調を必要とする民主主義の崩壊につながる恐れがあるからである。

上院にはさまざまな考え方の議員がいる。フィリバスターを廃止することに反対する上院議員は、共和党にも民主党にもいる。単純過半数ですべてのものごとを決めることが本当に民主的と言えるのか疑問に思っている上院議員もいる。また、アメリカでは現在の多数党が、次の選挙で少数党になる可能性も少なくない。

フィリバスターは、一部の条件下で無効となったとはいえ、一般の立法プロセスではまだ十分に有効である。連邦議会では、単純過半数だけでは法律はできないという根拠でもある。フィリバスターは、強行採決と牛歩戦術を繰り返すしかなく、単純過半数で法案が通過する日本の国会採決のあり方にも多くの示唆を与えてくれている。

コラム

フィリバスターと「核オプション」

２０１３年以降、フィリバスターの効力を少しずつ削ぐような出来事が起きている。事の発端は、当時の民主党院内総務のハリー・リード上院議員が主導して、過半数の賛成で院内ルールを変更したのである。具体的には、最高裁判事を除くすべての行政府政治指名職および司法府指名職をフィリバスターの対象から外したのである。

２０１７年４月には、共和党院内総務のミッチ・マコーネル上院議員が主導して、最高裁判事の承認もフィリバスターの対象外とするルール変更を行ったのである。これは英語でNuclear Option（核オプション）と呼ばれ、「最終兵器」とも言われる。このルール変更によって、トランプ大統領が任命した３人の保守派の最高裁判事が上院で承認され、現在の最高裁判事は６人が保守、３人がリベラルという歪《ゆが》んだ構成になってしまった。

議席の過半数を占める多数党の側からすれば、フィリバスターは好ましいルールとは言えない。しかし、フィリバスターは少数党の意見を聞き入れることを強いるものであり、合議や熟議の重要性を明示するためのルールである。だからこそ、フィリバスターを不可能にしてしまうことは、連邦議会の意思決定の根幹にかかわる大問題なのであり、「核オプション」と呼ばれる所以《ゆえん》である。

『スミス都へ行く』

『Mr. Smith Goes to Washington』というアメリカ映画がある。第２次世界大戦中の１９３９年の作品で、日本では１９４１年に『スミス都へ行く』という題名で紹介されている。この映画の終わりのほうで「フィリバスター」が登場する。

ある州の上院議員が急逝し、州の実力者たちは後任としてボーイスカウトのリーダーであるジェフ・スミスという若者を指名する。州の実力者たちは、政界の事情に無知なスミスを後任に据えることで、自らの意のままに操って、巨額な利権を守ろうとしたのである。スミスは上院議員に就任する。何度かの挫折を繰り返しながらも、スミスは故郷の川沿いに「少年村」を建設する法案を作成する。それはスミスの長年の夢だった。

しかし、その川沿いこそ、州の実力者たちが巨大ダムを建設して巨額の利益をむさぼろうとしていた場所だった。州の実力者たちは、スミス案を阻止するために、スミスの除名動議を提出しようとした。そこでスミスは上院本議会で発言を求めて、演説を開始する。途中で妨害を受けるが、演説は24時間も続けられた。これが「フィリバスター」である。スミス案が承認され映画は終わる。ハッピーエンドである。

1つだけ補足しておきたいことがある。映画では24時間も演説を続けたスミスは疲労で倒れてしまう。しかし、現在では「たすき掛け」の演説も許されている。自分の時間を自分の政党の次の人に渡してもいいことになっている。「マラソン」ではなく「駅伝」でもいいのである。

連邦議会では法案は次々と修正される

さて、上院と下院の本会議では、すべての議員が修正案を提出することができる。法案が付託された委員会に所属していない議員でも、本会議場で修正案を提出することによって、法案に影響力を及ぼすことができるのである。実際、本会議では数多くの修正案が提出される。その結果、審議は長期化し、修正内容も膨大となる。

連邦議会で審議される法案の多くは、行政府や利益団体などの利害関係者に影響を及ぼす。したがって、本会議の審議や委員会審査においては、法案や修正案の採決時にさまざまな利害関係者が議員への働きかけを行うことになる。それが各議員の立場や行動に大きな影響を及ぼし、法案の修正が繰り返される。

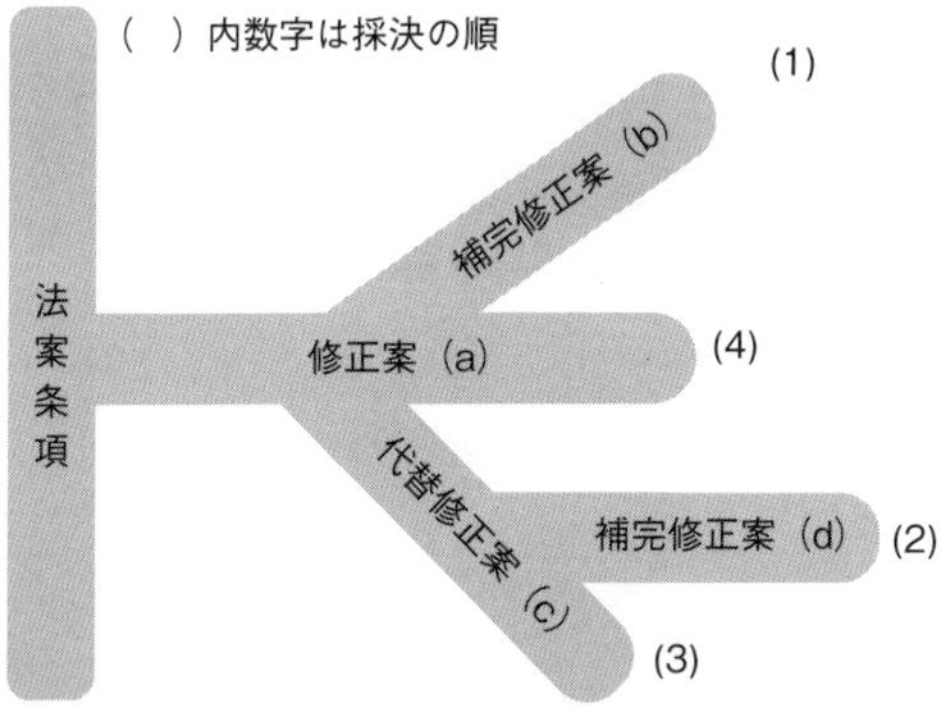

図８　法案修正ツリー図

修正案に対して、さらに修正を加えるとか、大幅に修正を加えるとか、ほとんどを入れ替えとか、さまざまな修正が加わることになる（図8）。その結果、成立した法案の主旨や内容は、原案から大幅に変化してしまうことも多々ある。

修正案の採決がすべて終了すると、最終的に確定した法案の題名が読み上げられ、いよいよ法案全体の採決が行われる。上院でも下院と同様に、ほとんどの法案で記名投票が行われる。委員会でも本会議でも、誰がどのように修正案を提出し、一人ひとりの議員がどのように投票したのか、一般の国民は知ることができる。

繰り返しになるが、アメリカでは、行政府が修正案の規制を行うことは不可能である。一方、日本では法案が修正されることはほとんどない。与党が根回しをして法案をつくり、閣議決定をして、国会に法案を提出するケースが多いからである。与党は委員会でも本会議でも十分な議席を持っているため、法案を修正しようとしても多数決で否決されてしまうからである。

同じ法案の内容が上院と下院で異なることもある

連邦議会では、この段階でも、すべての法案が法律になるわけではない。なぜなら、同じ法案であるにもかかわらず、上院と下院で内容が大幅に異なることがあり得るからである。

連邦議会では、上院と下院の両方に同じ法案が提出され、さまざまな法案修正のプロセスを経る。そのため、同じ法案でも上院と下院で可決された内容が大きく異なることが往々にしてある。

日本の国会ではあり得ないようなことがなぜ起きるのだろうか。その理由は、上院議員は各州2人選出され、下院議員は人口比で選出されるというように、選挙基盤が異なっていることにある。選挙基盤が異なれば、それぞれの議員が重要視する事柄も異なるので、同じ法案が修正された結果、上下両院で異なる修正案が出来上がってしまうのである。

そこで、法案内容の相違点を調整し、最終的な成案を作成する必要がある。その役割を担うのが、両院協議会（Conference Committee）である。

両院協議会は上院と下院の所轄委員会の委員長と委員長に指名された少数の委員でそのつど構成される。両院協議会の最大の目的は成案を得ることである。上下両院とも、両院協議会に関しての議事規定はない。したがって、両院協議会の人数構成や詳細な審議方法等は、委員長に一任され、柔軟な運用が可能となっている。両院協議会では、それぞれの委員が、委員会補佐官を携えて、公式あるいは非公式に会合を重ね、妥協点を模索するための議論や説得、あるいは擦り合わせが行われる。

両院協議会で最終的な法案を作成

両院協議会は、最終法案が出来上がるまで何度でも開催することができる。しかし、上院と下院の違いが擦り合わせられないときには、法案はそこで廃案になる。最終法案は「両院協議会報告書（Conference Report）」として上下両院にそれぞれ提出される。

上院の予算委員会補佐官として約10年間働いていた私は、ときには書類などを持って下院に行くこともあった。上院での審議の状況を伝えたり、下院への要望を伝えたりするためである。まったく別の案件で、予算が絡む法案がある場合にも下院に行った。そういうときには、私の同僚たちからは「気をつけて行ってきてね」という声をかけられる。下院はいわば「外国の敷地」（foreign territory）であり、国境を越えるようなものだからである。

上院から見ると、下院は好き勝手にやっているような存在であり、一方、下院から見ると、上院は「目の上のたんこぶ」なのである。したがって、同じ政党でも上院と下院はどちらかというと仲が悪い。

法案の可決と成立までのプロセス

最終法案は、本会議で優先的に審議される。この法案の修正は認められない。この段階で修正案をつけることが許されると、同じことが繰り返される可能性があるからである。議場では議員が、成案について「イエス」か「ノー」かで投票する。英語では「up or down」と言う。

上下両院で可決された法案は、合衆国憲法第1章第7条第2項に定められているように、大統領に送付しなければならない。送付された法案について、大統領には3つの選択肢が与えられている。

1つは、日曜日を除く10日以内に署名することである。

2つめは、拒否権を発動することである。拒否権が発動されても、上院と下院でそれぞれ出席議員の3分の2の多数が得られれば、その拒否権を覆すことができる。これを英語ではOverrideと呼ぶ。

3つめは、10日以内に署名を行わないことである。このようなケースでも法案の再可決の手続きを経ずに法律となる。しかし、連邦議会が10日以内に休会に入る場合は、大統領は署名しないことによって議会側に再可決の機会を与えずに法案を廃案にすることができる。大統領の「握り潰し拒否権」(Pocket Veto)と呼ばれる。

日本では、総理大臣が衆議院の解散や内閣改造の可能性をちらつかせて党内の引き締め

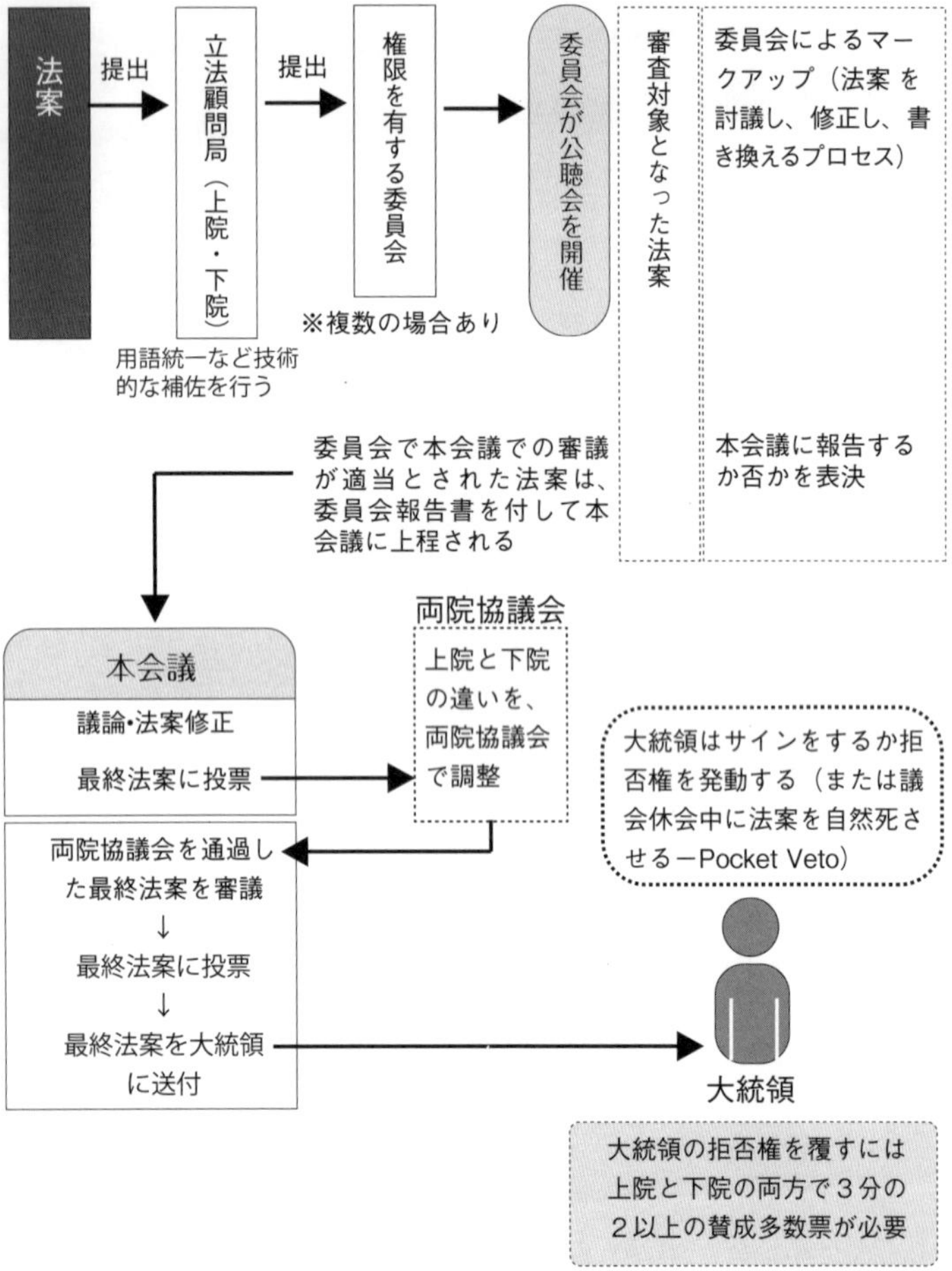
法案
提出
立法顧問局（上院・下院）
用語統一など技術的な補佐を行う
提出
権限を有する委員会
※複数の場合あり
委員会が公聴会を開催
審査対象となった法案
委員会によるマークアップ（法案を討議し、修正し、書き換えるプロセス）
本会議に報告するか否かを表決
委員会で本会議での審議が適当とされた法案は、委員会報告書を付して本会議に上程される
本会議
議論・法案修正
最終法案に投票
両院協議会
上院と下院の違いを、両院協議会で調整
両院協議会を通過した最終法案を審議
↓
最終法案に投票
↓
最終法案を大統領に送付
大統領はサインをするか拒否権を発動する（または議会休会中に法案を自然死させる－Pocket Veto）
大統領
大統領の拒否権を覆すには上院と下院の両方で３分の２以上の賛成多数票が必要

図９　法律ができるまで

を図ろうとするが、アメリカにはそのような手段は存在しない。したがって、大統領は法案に対して拒否権を発動したり、拒否権をちらつかせたりする（「Veto Threat」と呼ぶ）ことで、議会を自らの望む方向に導こうとするのである。

大統領が署名するか、再可決されるか、あるいは「握り潰し拒否権」を回避できた法案（Bill）は、法律（Act）となり、公布されると公法律（Public Act）となる。法案が法律になるまでのプロセスをまとめると、図9のようになる。

なお、連邦議会では多くの法案が提出され、審議される。しかし、審議日程は物理的に限られている。したがって、8割以上の法案が、審議されることなく、また時間切れで廃案になる。提出された法案のうち本会議での投票までたどりつくのは1割程度であり、法律として成立する確率はさらに低く、3%～5%程度にすぎない。

4 変換型議会での予算審議プロセス

劇場型議会ではスキャンダルが追及される

日本の国会では、質疑時間の多くがスキャンダル追及に割かれることがある。例えば予算委員会の審議の場でも、野党議員は、外交からスキャンダルまで、およそ予算とは関係のない質問を延々と行う。予算委員会がテレビ中継されると、野党議員たちは説明パネルをテレビ画面に映るように出して、ここぞとばかり追及の手を強めようとする。首相や閣僚たちは対応に追われる。

なぜそのようなことが起きるのだろうか。それは、日本の政治制度が議院内閣制であることにも要因がある。日本では、予算は内閣が作成し、国会で審議することになっている。また、衆議院で過半数を占める政党と行政府の政党は一致している。つまり、政府が作成した予算案は衆議院で通過することは明らかなのである。そのような環境下では、行政府が提出した予算案を大幅に修正することは不可能に近い。委員会や本会議で議論しても、それが法案内容や予算額に反映されるとは限らないのである。

したがって、予算について野党ができることは、メディアや国民に向かって最大限存在感を示すしかない。そこで、ありとあらゆる問題点を指摘して注目を集めることになる。行政府（首相・閣僚）を追及している場面を見せることによって、立法府（国会）が仕事をしているということを示すのである。なかでもスキャンダルは、国民やマスメディアの関心を即座に惹《ひ》きつける恰好《かっこう》の話題である。

日本の国会では、その内容の是非はともかくとして、論戦をすることが重要な位置を占めている。このような議会を「劇場型議会」（Legislative Arena）と呼ぶ。イギリス議会も「劇場型」に分類される。

連邦議会は「変換型議会」

一方、前の章で紹介したように、連邦議会は実際に法律をつくることに専念している。いわば「実務型」の議会であり、専門用語では「変換型議会」（Transformative Legislature）と言う。さまざまな社会の問題について議会が議論し、法律という形に変換して社会にアウトプットしていくからである。

議員たちは、連邦公務員である立法府の補佐官たちとともに、実際に法律を起草し修正を行う。行政府の補佐官は使わない。それは合衆国憲法の冒頭「一丁目一番地」に明記された議員の権限である。すなわち、「この憲法によって付与されるすべての立法権は、上院と下院で構成される合衆国連邦議会に属する」（第1章第1条）のである。

連邦議会には膨大な数の法案が提出されることはすでに紹介した。連邦議会議員は忙しいのである。したがって、日本の国会のように、議場で居眠りをしたり、スマホをみたりする議員はいない。ましてや、直接法案に関係ないスキャンダルなどについて議論する時間的な余裕はないのである。

連邦議会議員は忙しい

連邦議会の委員会では、政策内容や立法自体を議論する。例えば、予算委員会では、長期的な歳出と歳入のバランスを合意するための予算決議（Budget Resolution）や、それに付随させる法案作成の指示、さらには予算編成プロセス改革に関する法律の起草などを行うのである。

多くの修正案が提出されることはすでに紹介したが、その都度修正に応じることになる。

修正案は政党の枠を超えて数人の議員が共同で提出することもできる。委員会のマークアップ（逐条審査）では、条文ごとに審査を行い、投票が行われる。通常は記名投票である。

投票記録は膨大なものになるが、誰でも入手することができる。有権者は個々の議員の投票記録を見て選挙での参考にすることができる。利権団体も、ロビー活動をする相手を見きわめたり、ロビー活動する内容を考えたりする際に利用することができる。政治学者にとっては、膨大な投票記録は統計分析や研究データのための宝庫でもある。また議員の側からすれば、与党か野党かあるいは多数党か少数党かに関係なく、法案審議に参加できるメリットがある。スキャンダル追及に血眼になる必要性はほとんどないのである。

本会議での審議の段階でも、委員会と同様である。すべての議員が修正案を提出する権利をもち、法案作成作業を繰り広げることができる。ただし、当然のことながら、時間的な制限がある。したがって、議員は、下院議長や上院院内総務など政党指導部あるいは法案を所管する委員会の委員長らと事前調整を行う必要はある。

予算編成は連邦議会の重要な仕事

日本では、予算を成立させるために必要な権限が内閣と国会に分割して与えられている。

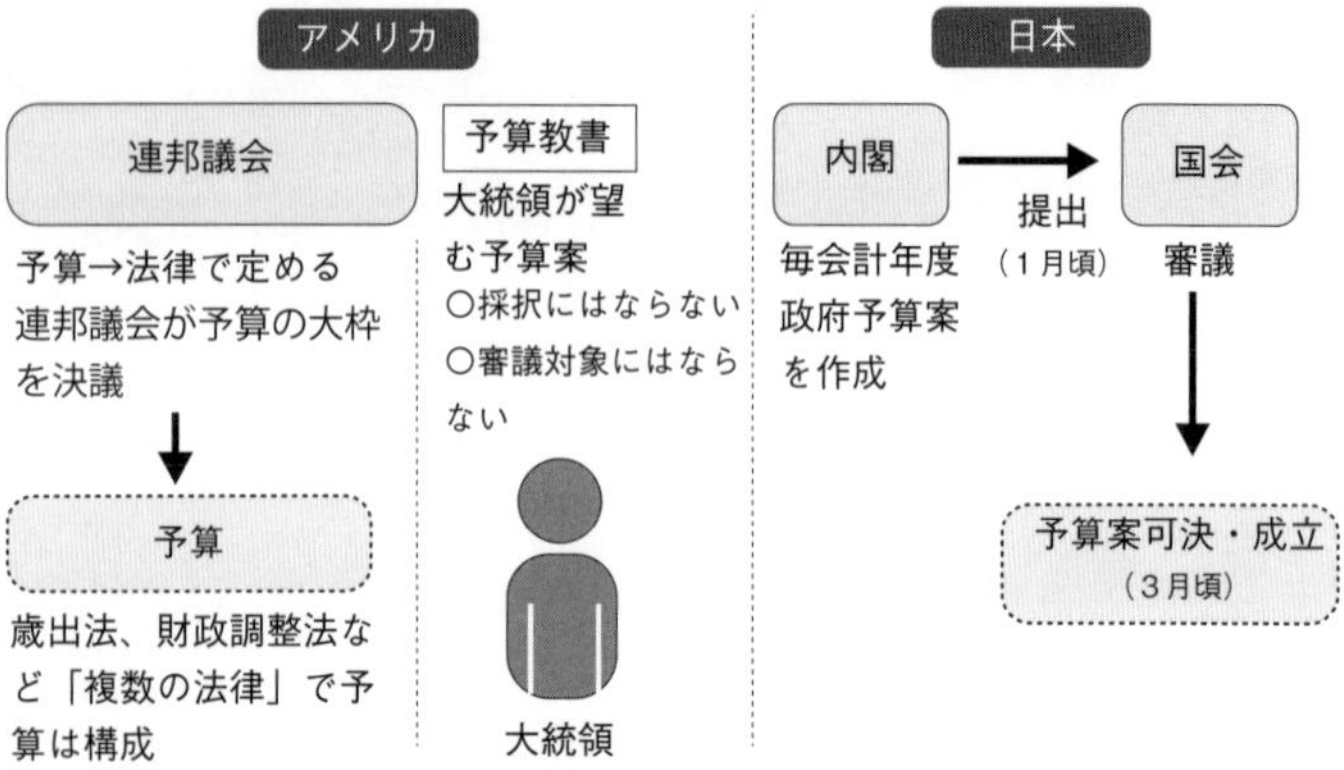

図10　アメリカと日本の予算編成

日本国憲法では、「内閣は、毎会計年度の予算を作成し、国会に提出して、その審議を受け議決を経なければならない」（第86条）と定めている。つまり、予算の作成は内閣の専権であり、作成された予算案を国会が審議することになっている。

言い方を換えれば、国会だけで予算を編成することは想定されていないということになる。また、日本では毎年1月に開催される通常国会に政府予算案が上程される。この予算案が約2か月の審議を経て、原則として3月中には予算が可決されることになっている。

一方、アメリカの予算編成は日本とは大きく異なっている。まず、合衆国憲法では、「国庫からの支出は、法律で定める歳出法によってのみ、これを行わなければならない」（第1章第9条第7項）

と明記されている。予算は法律で定めること、そしてその法律は連邦議会が定めるということである。連邦議会は財布の紐《ひも》という強大な権限を持っていることになる（図10）。

また、アメリカの会計年度は10月に始まり、翌年の9月に終了する。連邦議会もそれに合わせて予算編成を行う。連邦議会予算委員会が予算の大枠を決議し、それに基づいて、歳出法案や財政調整法案といった複数の法案で「予算」が構成される。予算を編成し、修正するためには膨大な作業を必要とする。議会の役割は重要である。議員は大忙しにならざるを得ない。

「予算教書」と「予算」

実は、アメリカでは年1回、原則として2月の第1月曜日までに、大統領の「予算教書」が連邦議会に提出される。予算教書には、政府の主要施策とその関連予算、経済見通し、省庁別予算などが盛り込まれている。予算教書は、いわば大統領が望む予算案である。

すでに指摘したように、予算編成権は連邦議会にある。したがって、予算教書は連邦議会の予算法審議のための参考資料にすぎない。問題のない部分については、連邦議会はそのまま受け入れることもあるが、議論の余地がある部分については、もっぱら議会が決めることになる。「予算教書」がそのまま「予算」になることはあり得ない。
また、原則として「予算教書」が連邦議会での審議の対象となることはない。
しかし、連邦議会の多数派を占める政党と大統領の政党が異なる場合には例外的な出来事が起きる。

クリントン政権時代のことである。1994年の中間選挙で共和党が上下両院の多数派を占めるようになった。この状況下で、共和党の上院院内総務であったボブ・ドール上院議員は、あえてクリントン大統領の予算教書を上院本会議で表決にかけた。そして「この予算教書を審議の対象にするべきかどうか」について投票が行われた。投票には上院議員100名のうち99名が参加し、結果は全員が「審議対象にすべきではない」として、反対票を投じた。クリントン大統領の所属する民主党議員も、大統領の予算教書を支持しなかったのである。

この結果を受けボブ・ドール院内総務は、大統領の予算教書が「dead on arrival」（到着したときからすでに死んでいる）と国民に向けてアナウンスした。この言葉は、大統領の予算案が議会で全く支持を得られず、成立の可能性がゼロであることを示している。米国連邦議会において、予算編成権は憲法で議会に与えられた非常に重要な権限であり、議員にとってその力の源泉でもある。与野党を問わず、この権限を放棄する議員がいるはずもないのである。

連邦議会での予算審議

予算は重要である。一定期間における政府の活動を網羅的かつ具体的に規定するものは、予算をおいてほかにない。予算には、各項目が数値（つまり金額）によって記述されている。したがって、予算を見れば個々の政策の優先度を客観的に計測することができる。また、予算編成は、その年度における政府の基本方針を詳細にわたって決定することを意味する。その予算編成の権限は連邦議会に与えられている。予算編成プロセスに議会が関与するということは、国民の意思を予算に反映させるうえで不可欠である。それに加えて、議会は公開を原則としている。したがって、予算審議を通じて、議会は政府の基本方針を国民の前に明らかにすることができる。

日本の国会では、予算案は特別の議案として扱われる。一方、アメリカ連邦議会では、予算案は、基本的に通常の法案や決議案の形式に則《のっと》って審議される。また、予算の最終的な支出額は、歳出法案として審議に付される。

ただし、議事手続きについては、一般の法案よりスピーディに運ぶものがある。例えば、予算決議案については、一般の法案や決議案に対するよりも厳格な制限が課される。また、予算決議案に含まれる法律改正手続きについても同様である。この法律改正手続きを「財政調整プロセス」と呼ぶ。

それでも、多数の修正案が提出されるのが通常である。可決に至る修正案も多い。また、歳出法案は、一般法案と同じように上院でフィリバスターが可能である。いかなる政策も財政的資源が必要であることは言うまでもない。

予算審議のプロセス

予算編成はまさに議会の中心的な活動である。そこで次に、予算審議についてもう少し詳しく説明しよう。

法律として成立させる必要のある予算関連法案

⬅

常任委員会を中心に審議（上院と下院には、それぞれ専門分野別に常任委員会が設置）

各委員会では複数年度にわたる歳出の基本方針や大枠を定める授権法《じゅけんほう》（＊2）案を作成して、立法化を図る。ただし、実際に歳出するために「歳出法（＊3）案」とが必要である。

⬅

上下両院のそれぞれの委員会
所管分野に関わる短期・長期の方向性や示した「予算要望」（Views and Estimates）作成。

↓

「予算要望」を各院の予算委員会に提出

前後して、上下両院の予算委員会は「予算決議」の作成を進める。予算委員会が予算の全体像を所管するのである。

予算決議や歳出法などの予算関連法は上院と下院でそれぞれ審議され、修正が加えられたのちに採決される。上院と下院とでは異なる成案にたどりつくケースが多いことはすでに紹介したが、予算案についても同じようなことが起きる。その場合には、両院協議会を設置して擦り合わせを行う。ここで一本化された成案について、ふたたび上下両院で採決が行われ、通過すると「予算決議」や「歳出法」などが成立する。

*2【授権法】歳出権限法ともいう。議会が国家機関に対して、予算やプログラム等の長期計画を承認する。広範な権限を包括的に網羅し、指示する。ただしこの法律だけでは歳出は可能とならない。

*3【歳出法】米国の予算は、歳出法及び恒久法によって各省庁に歳出が与えられる。各省庁は歳出法の範囲で支出を行うことができる。当該年度内にすべて支出しなくてもよく、翌年度以降の支出に繰り越すこともできる。

「予算決議」と「歳出法」

「予算決議」は予算の大枠に縛りをかける力を持っている。しかも大統領の署名を必要としない。したがって、予算決議には多数党の意向が反映されやすい。また、予算決議は、原則として4月15日までに成立させることになっている。しかし、近年では予算決議がなかなか成立しないことが多くなっている。過去10年間(2015年度から2024年度)において、米国議会で予算決議が採択されたのは5回である。それ以外の年度、すなわち2015年度、2019年度、2020年度、2024年度には予算決議が採択されていない。近年では、党派的対立が激化して予算決議の採択が行われない傾向が見られ、議会は予算プロセスの遅延や「みなし予算決議」に依存する状況が増えている。

「予算決議」が期日までに可決されない場合には、5月15日に下院歳出委員会が「歳出法」の作成を開始する。

予算決議が本会議を通過すると、それぞれ上院と下院の歳出委員会(Appropriations Committee)が、分野別に12本に分かれた歳出法案を作成する。作業には12の小委員会が担当し、小委員会委員長が指揮する。12本の歳出法案については、議会で一連の作業が繰り返される。すなわち、委員会での審議・修正・採決、両院協議会による一本化、上院と下院での可決という一連の過程を経る。

歳入関連法案と大統領の署名

税制など歳入に関わる法案については、上院の歳入委員会（Finance Committee）と下院の歳入委員会（Ways and Means Committee）で一連の作業課程を経たのちに可決されることになる。

議会で成立した「歳出法」をはじめとするすべての法律案は、大統領に送られる。合衆国憲法第1章第7条第2項に「下院および上院を通過したすべての法律案は、法律となるに先立ち、合衆国大統領に送付されなければならない」と明記されているからである。
大統領は、議会で可決された法案に対しては、署名をするか、拒否権を発動するかの選択をする。法案の部分的な修正を行うことはできないからである。法律案に対して大統領の拒否権が発動されることももちろんある。大統領の拒否権が発動された場合でも、議会は上院と下院で3分の2以上の賛成で可決することによって、「法案」を「法律」とすることができる。

つなぎ予算をつくって一時しのぎをする

ところで、アメリカの会計年度は10月に始まり翌年の9月に終わる。したがって、連邦議会での予算編成作業は、2月に発表される大統領の予算教書を受けて始まり、9月末までに大統領の署名を得て「歳出法」を成立させることで終わることになる(＊4)。予算編成の日程は、「1974年議会予算統制法」(略称は「74年議会予算法」)で設定され、その後「1990年包括財政調整法」等によって多少の改正が加わっている。

予算編成がこのスケジュールに沿って進められることが望ましいことは言うまでもない。しかし、実際には遅延がしばしば発生している。新しい大統領が就任した年は、大統領の予算教書提出から始まってさまざまなプロセスが遅れてしまうのが常である。1977年以降、歳出法が9月末までに成立したケースは、1978年度、1988年度、1994年度、1996年度のわずか4回しかない。

予算に関する法律が年度末までに成立しなければ、予算執行はできなくなる。日本の会計年度は4月から翌年の3月までである。国会では、1月からの通常国会で約2か月の審議を経て、3月末までに予算が成立することが多い。

しかし、連邦議会では、新しい会計年度の12月になっても、予算関連の立法作業が続くことが頻繁に起きる。そういう場合には「つなぎ予算」をつくって一時しのぎをする。連邦議会では、「暫定予算」を可能にするために継続決議（Continuing Resolution）を作成することになる。

継続決議では、基本的に1つの決議で未成立の歳出法案すべてを一括審議する。継続決議は「決議」ではあるが、大統領の署名を得て法律化しなければならない。継続決議は期限付きであり、期限前に歳出法が成立すれば無効となる。

ガバメント・シャットダウンが起きる

ところで、立法府と行政府、あるいは立法府内の対立が激しい結果として、予算編成が会計年度内に完了せず、つなぎのための暫定予算も期限切れとなることがある。予算は「義務的経費」と「裁量的経費」で構成される。義務的経費とは、年金・医療などの社会保障費や国家公務員の給与などで予算の約70％を占める。12本の歳出法は、裁量的経費を支出するものであり、このうち1本でも成立しなければ、成立しなかった歳出法にかかわる裁

＊4【歳出法の成立】1977年以降、期限内に全てが成立したのは、1978年度、1988年度、1994年度、1996年度の4回のみ。

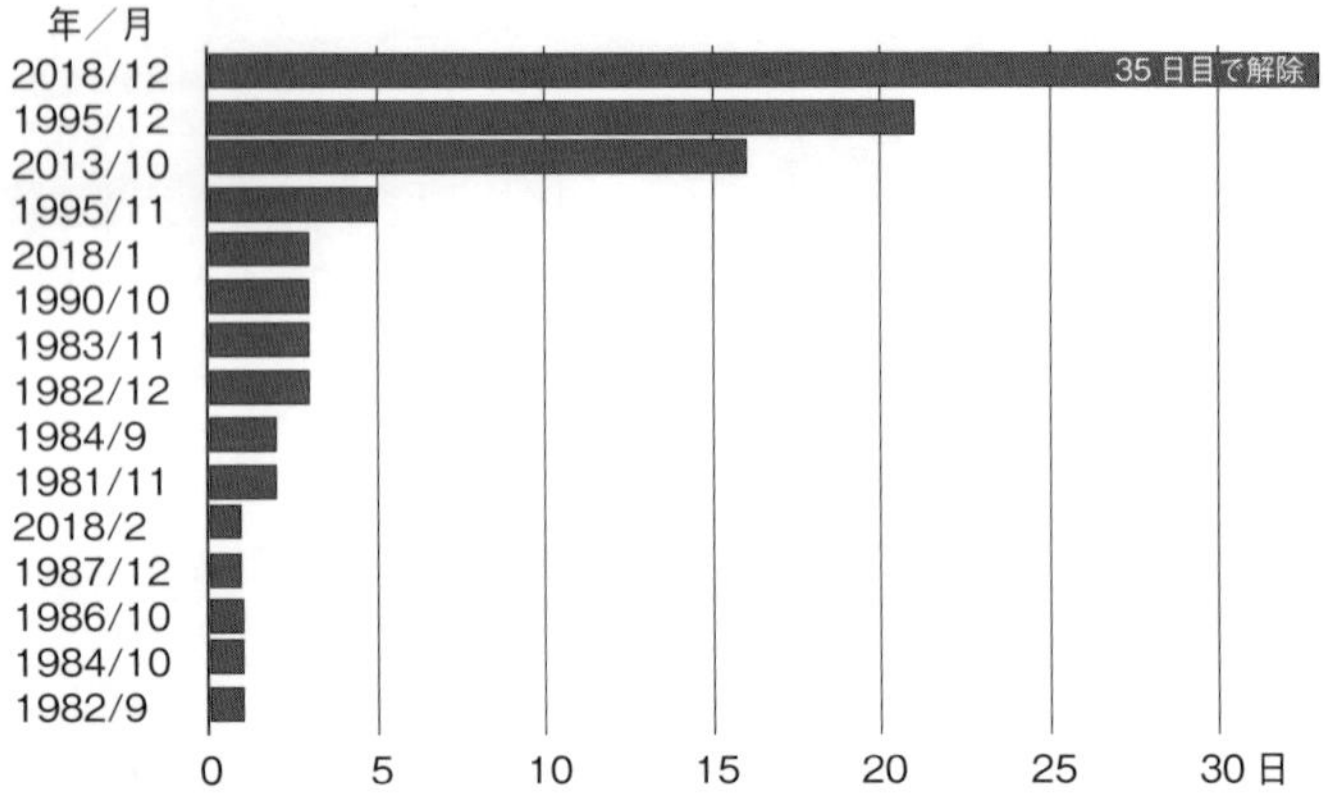

図11　政府機関の一部閉鎖（ガバメント・シャットダウン）　1980年以降のアメリカ政府資金不足期間。（出典：Congressional Research Service：議会調査局）

量的経費を支出することはできないし、支払いをする事務所が閉じてしまえば、義務的経費の支払い事務も滞る場合がある。こうした政府機能の一部停止が、ガバメント・シャットダウン（Government Shutdown）と呼ばれる。日本ではまず起こり得ない事態である。

アメリカ社会はガバメント・シャットダウンを何度も経験している（図11）。例えば、レーガン政権時やブッシュ（父）政権時代にもガバメント・シャットダウンがあった。幸いにも、いずれも短期間であったため、社会に大きな影響を与えることはなかった。

ところが、1995年12月16日から96年1月6日まで21日間のガバメント・シャットダウンが起きた。かつてアメリカ社会が経験したことのない長期のガバメント・シャットダウンだった。共和党議会と民主党のクリントン政権が対立して、暫定予算も成立させることができなかったために起きたのである。

国務省の支出を含むいくつかの省にまたがる歳出法が対象であったため、アメリカ人のパスポート発給が停止された。各国のアメリカ大使館も閉鎖され、アメリカへの入国ビザの発給も受けられなくなった。国立公園や美術館・博物館も閉鎖され、ごみ収集車が来ない日が続いた。連邦議会の食堂も真っ暗となり、議会補佐官の給料を出すことができないということで、必要不可欠な補佐官だけが勤務を許された。20万人に及ぶ国民に影響が出たと言われている。冒頭で紹介したエピソードはそのときのことである。

オバマ政権時においても、2013年10月1日から16日間ガバメント・シャットダウンが起きている。当時、上院は民主党が多数であったが、下院は共和党が多数を占めており、行政府を巻き込んでの政党対立がガバメント・シャットダウンを引き起こしたのである。

トランプ大統領とガバメント・シャットダウン

2018年には、さらに長期にわたるガバメント・シャットダウンが起きた。連邦議会では、メキシコ国境沿いに壁をつくる建設費用を認めるかどうかを巡って、共和党と民主党が激しく対立していた。連邦政府の2019会計年度の予算が決まらず、つなぎ予算も12月21日に期限切れとなった。財務省、国務省、国土安全保障省などの一部機関が22日から閉鎖された。他方、米連邦捜査局（FBI）、出入国管理、空港管制などは業務を継続した。多くの議員は、週末とクリスマス休暇を過ごすためワシントンを離れていた。

トランプ政権になってからの3回目のガバメント・シャットダウンだった。2018年1月と2月にも、短時間ではあるが予算が失効し政府閉鎖が生じたからである。1年間に3回のガバメント・シャットダウンは、カーター政権時の1977年以来、41年ぶりのことだった。この12月のガバメント・シャットダウンが解除されたのは35日後のことだった。

大統領選挙でも連邦議会選挙でも、民主党と共和党が熾烈《しれつ》な選挙戦を展開する。どちらかの政党が上下両院で多数派を占め、同じ政党の候補者が大統領に選出されるとはかぎらない。いわゆる「ねじれ」が起きる可能性は少なくない。そこで、行政府と立法府、あるいは立法府内の対立が激化することになれば、それが予算審議に影響を及ぼすことになる。アメリカでは、ガバメント・シャットダウンのリスクは常につきまとっているのである。

5 中間選挙と民主党・共和党

アメリカ国民の議会支持率は低い

さて、連邦議会では、議員は法律をつくる作業に日々追われている。それにもかかわらず、連邦議会はアメリカ国民の間で人気がない。例えば、2022年の中間選挙の年には、議会の支持率はわずか18・7％であり、不支持率は72・4％に上っていた。

その理由の1つは、連邦議会がわかりにくいことがある。アメリカはもはや建国当時のような国ではない。大国になり、連邦議会は多岐にわたる立法を行い、立法手続きは複雑になっている。国民の目には見えないところで、立法作業が行われているのである。

もう1つの理由は、民主党と共和党の対立が激しさを増していることである。行政府と立法府で「ねじれ」が生じることもよくある。行政府と立法府、あるいは立法府内の対立が激化すれば、法案の作成は大きく阻害される。立法府であるにもかかわらず、いつまでたっても何も決められない状況が続く。これも、議会支持率を下げる原因になっている。

党議拘束がかかる日本

連邦議会で法案がなかなか「決められない」ことには理由がある。すでに紹介したように、提出された法案に審議の過程でさまざまな修正案が付加され、意見の対立も顕著に出てくるからである。これは連邦議会の大きな特徴である。上下両院で、議員が修正案をつけて、しかもそれを審議していく。数も多いのでなかなか投票まで行きつかないのである。

なぜそのようなことが起きるかと言えば、連邦議会では、いわゆる「党議拘束」が実質的にはかからないからである。一方、日本では、所属する政党が提出した法案に反対の投票をすることは許されていない。議員は「党議拘束」のもとで投票することが当たり前になっている。したがって、議員がさまざまな修正案を提出することはなく、比較的短時間で「法案」が「法律」になる。

日本の国会で議員に「党議拘束」を強いることができるのは、衆参両院の選挙の候補者を政党が決めてしまうからである。議員の立場からすると、所属する政党が提出した法案のうち、必ずしも賛成できないものもあるかもしれない。

しかし、もし党議拘束に違反して、自らの意思で反対の投票をすると、次の選挙で政党からの支持を得ることが難しくなる。名の知れた候補者が「刺客」として差し向けられて、苦しい選挙戦を戦う羽目になるかもしれない。有権者から見ると、その議員が議会でどのような投票行動をしているのかという情報はほとんど得ることができない。政党の支持を受けることができない議員は、選挙で当選することは極めて困難になる。議員は党の方針に従うことが暗黙の了解になってしまうのである。

連邦議会では党議拘束がかからない

一方、連邦議会では、それぞれの議員が党議拘束を受けることはない。すべての法案に対して、政党の縛りをうけることなく、自らの判断で修正案を提出し、投票することができる。なぜそれが可能なのかと言えば、候補者は予備選挙で選ばれるのであって、政党が一方的に候補者を選ぶことがないからである。

連邦議会議員は、委員会のレベルから個人で行動して、自ら修正案を考えて提出することができる。本会議でも修正案を出すことができ、法案に個人の名前をつけて提出することもできる。それらすべてが記録に残る。議員はそのような実績を背景に、自らの力で予備選挙を戦う。

予備選挙とは、政党の指名候補になるための政党内選挙のことである。

政党は、選挙を勝ち抜いた議員には政党にとどまってほしいと考える。なぜなら、議会では「1票」の違いがモノを言うからである。

有権者から見ると、連邦議会の選挙は好ましい形で行われている。自分が投票する際に、それぞれの議員の実績を見ることができるからである。しかし、党議拘束がかからない連邦議会では、審議の時間が長くなり、法案が「決められない」ケースが多々出てくるという問題を引き起こすことになる。

1票の違いがモノを言う

ここでもう一度、連邦議会の構成を見てみよう。

まず、上院は100議席、下院は435議席である。民主党のバイデン政権下の2022年中間選挙では、上院は民主党51議席、共和党49議席、下院は民主党213議席、共和党222議席という結果だった。議会上院は民主党が多数派を占め、下院は共和党が多数派を占めている。いわゆる「ねじれ」になっている。2024年の選挙では、トランプ政権の再来が決まり、上院も下院も共和党が多数派になることが決まった。いわゆるトリプルレッドが実現した。

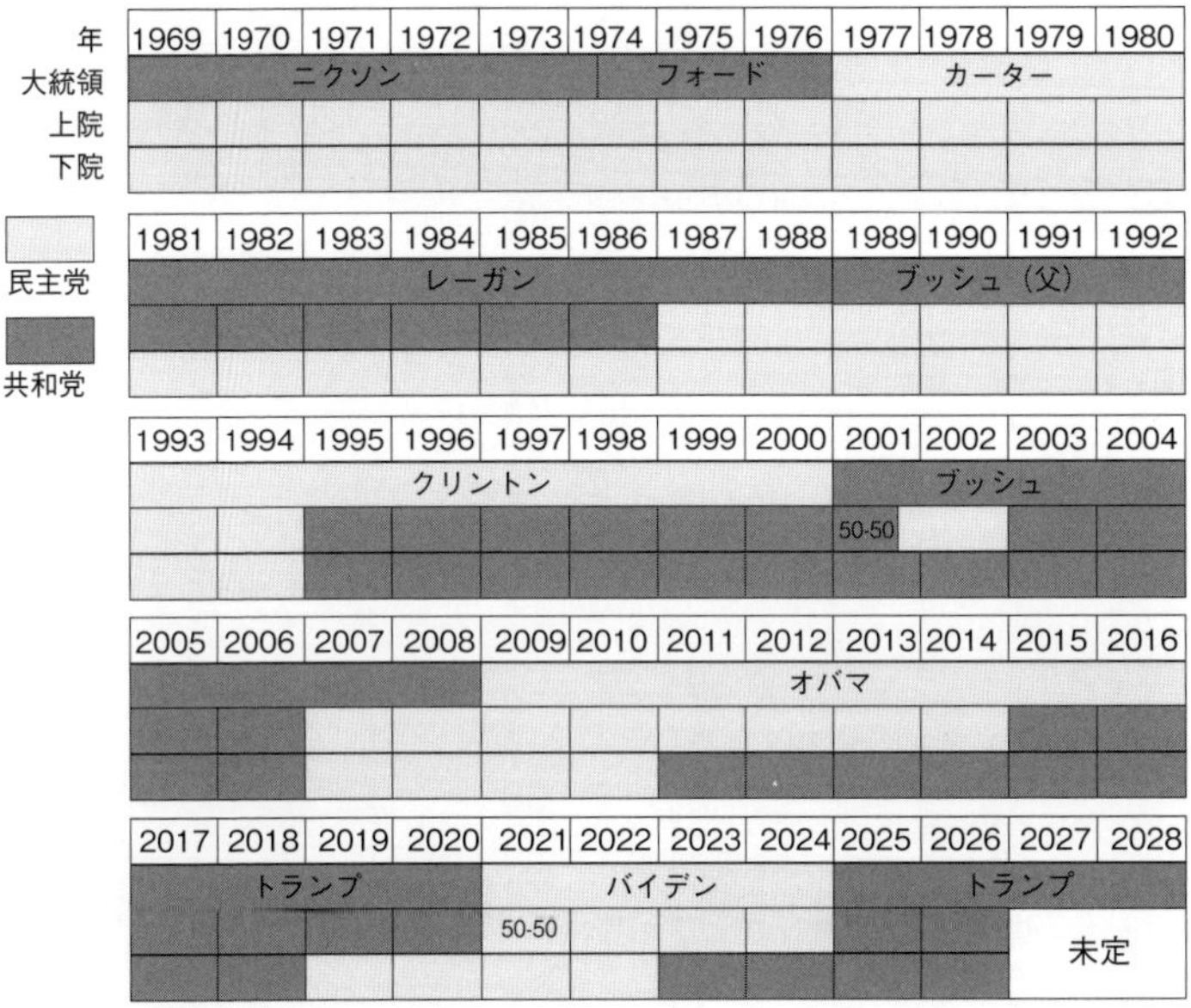

図12　アメリカ連邦議会の政党バランス（出典：米連邦議会HPをもとに中林美恵子作成）

図12は、1969年以降の連邦議会の政党バランスをまとめたものである。この図を見れば、民主党の大統領と共和党の大統領が入れ替わり登場することがわかる。また、それぞれの大統領のときに連邦議会で民主党と共和党のどちらが多数派を占めていたかもわかる。

アメリカの二大政党は、力が拮抗していて、歴史的に見ても多数党、少数党が入れ替わっている。チェック・アンド・バランスの役割を政党が果たしているのである。

ここで注目していただきたいのは、2001年の共和党のブッシュ大統領のときである。連邦議会の下院は共和党が多数派を占めていたが、上院は「50対50」だった。上院議長は政権の副大統領であり、表決数が同数の場合には、議長が投票権を持つことはすでに紹介した。つまり、同数である場合には、政権与党（この場合には共和党）が多数派を占めていたことになる。

ところが、共和党にとっては「50対50」が「首の皮一枚」の違いであることを痛感する出来事が起きた。減税策に躍起になっていたブッシュ政権に嫌気がさして、バーモント州選出のジェームズ・ジェフォーズ上院議員が、共和党を離党してしまったのだ。その結果、上院は「49対50」で民主党が多数派となった。ジェフォーズ上院議員は委員会委員長および小委員会委員長の座を降り、すべての委員会・小委員会の委員長は民主党議員が占めることになった。民主党は、各委員会での議決権を握り、法制関連の聴聞会での証人選出についても発言力を増すことになった。上院での力関係すべてが逆転してしまったのである。

バイデン政権でも「50対50」

2021年のバイデン政権のときにも、上院は「50対50」だった。そして、離党とまではいかなかったが、民主党内でも似た問題が起きた。ウェストバージニア州選出の民主党のジョー・マンチン上院議員が、民主党の法案に反対したのである。マンチン上院議員は、「超党派理念」の持ち主と言われ、民主党内では中道派に位置していた。共和党とも近く、2022年のバイデン大統領の一般教書演説では、共和党側の議席に着席した。

実は、2001年の出来事のときに上院議員だったバイデン大統領は、ジェフォーズ上院議員の共和党離脱をじかに体験していた。したがって、バイデン大統領に反旗を翻す民主党の上院議員がいても、慎重に対処している。決して神経を逆なでしないように、気を使っている。

政党にとっては、「1人」が重要なのである。政党は、意見が異なろうが嫌いだろうが、何が何でも自らの党に所属していてほしいと考えている。したがって、民主党は、マンチン上院議員に「党議拘束」をかけたり、違反した議員を追い出したりするようなことはしなかった。

マンチン上院議員は2024年5月に、「国政は壊れており、民主党も共和党も妥協点を見いだす意思がない」として民主党を離党した。しかし、2022年の中間選挙では、

51対49で民主党が上院の多数派を占めた。したがって、彼が離党しても「50対49」になるだけで、上院の構成に変化が起きることはなかった。マンチン上院議員は無所属になったが、民主党会派の議員として協力関係を維持したため、上院の勢力図に大きな変化は生じなかった。

統一政府と分割政府

図12（231ページ）をもう一度見ていただきたい。1977年以降、民主党と共和党がそれぞれ大統領選挙で勝利し、上下両院で多数派を占めた時期があることがわかる。例えば、民主党のカーター大統領の時代、クリントン大統領、オバマ大統領、バイデン大統領の時代の一時期は、上下両院とも民主党が多数派を占めていた。民主党のシンボルカラーはブルーである。図はモノクロで示されているためピンとこないかもしれないが、このような状況を「トリプルブルー」と呼ぶ。一方、共和党のブッシュ政権の時代、あるいはトランプ大統領のときも一時、すべてを共和党が独占した。このときは、共和党のシンボルカラーは「レッド」なので、「トリプルレッド」である。

「トリプルブルー」あるいは「トリプルレッド」のような状況を、英語ではunified

government と言う。日本語では「統一政府」である。しかし現実には、大統領の政党と連邦議会多数派の政党が異なる場合のほうが多い。このような状況を divided government と呼ぶ。日本語では「分割政府」である。日本の国会で同じような状況が起きると「ねじれ国会」と呼ばれる。

三権分立の国アメリカでは、立法府（議会）と行政府（大統領）の間にはチェック・アンド・バランスの力学が働いている。しかし、このような呼び名がついていることからわかるように、「議会」も「政府」とみなされている。何度か説明したように、合衆国憲法の「一丁目一番地」は「議会」である。合衆国憲法の創案者たちは「大きな政府」を嫌い、合衆国の政治を「議会」にも託したのである。

分割政府のときには、例えば民主党の大統領が歳出法案を提案しても、連邦議会の多数派を占める共和党がそれを頭から拒否して、一から歳出法をつくることもある。しかし、共和党だけでその予算案が通るかと言えば、必ずしもそうではない。上院の民主党議員がフィリバスターをかけることができるからである。

したがって、共和党が提出した歳出法案は、審議されていくうちに次第に形が変わることになる。民主党の大統領は、連邦議会で通過した歳出法に対して拒否権を発動することができる。歳出法は審議の過程で妥協を重ねながらつくられていくことになる。分割政府のときには、とりわけ時間がかかるのである。

中国関連法案では民主党と共和党が協力

実は、連邦議会で民主党と共和党が協力して法制化に取り組むケースもある。このような場合には、審議はスムーズに運ぶ。

例えば、「2019年国防権限法」(National Defense Authorization Act 2019)である。これは、アメリカの国防費を決めるうえでの重要な法律で、アメリカ政府機関に対し、中国企業の通信・監視関連の機器・サービスの購入や利用などの行為を制限する規定が設けられている。連邦議会での審議の結果は、上院で賛成87で反対10、下院で賛成359で反対54という圧倒的多数で可決された。トランプ大統領の署名を得て、2019年国防権限法は成立した。

すでに見たように、共和党と民主党の議席数は上下両院で拮抗している。下院で359、上院で87の賛成票が確保できたのは、民主党と共和党の議員が協力したからである。2020年と2021年の国防権限法にも中国に関連する規定がかなり盛り込まれているが、いずれも圧倒的多数で可決されている。

もう1つの例を挙げよう。

「2019年香港人権・民主主義法案」である。香港で大規模デモがあり、香港の民主主義を唱える人たちが多数逮捕された。この法案は、2019年6月に、フロリダ州選出のマルコ・ルビオ上院議員（共和党）によって提出され、約5か月間の審議を経て、連邦議会上院では全会一致で、下院では賛成が417、反対が1で可決され、トランプ大統領の署名を得て法律化された。

実は、1人の下院議員が珍しく反対票を投じたのは、中国に味方したものではなく、もっと厳しくすべきだという意思表示だったという。厳しい言い方をすれば、自身が目立つための1票だった。すべての人が賛成することが明らかなときに、あえて反対することで目立ちたかったということである。いずれにしても、中国に関しては両党が大いに協力できる問題になっているということである。

大統領は法律案を提出できないのか

ここで、連邦議会と大統領のもう1つの関係について考えてみたい。それは、大統領は法律案を提出できないのかという問題である。

合衆国憲法では、立法府と行政府の役割は明確に分けられている。「立法権は、上院と下院で構成される合衆国議会に属する」(合衆国憲法第1章第1条)のに対して、「執行権(行政権)は、アメリカ合衆国大統領に属する」(同第2章第1条)。しかしながら、大統領は民主党か共和党のどちらかの一員である。副大統領も閣僚たちもそれぞれの政党に属している。アメリカでは、政党が一体となって大統領を支える傾向がある。

大統領選挙ではそれぞれの候補者が、国民に向けての公約を発表する。税金を上げるのか下げるのか、地球温暖化に対してはどう対応するのか、どのようなことを実現するのか、さまざまな約束をする。しかし、その公約が実現するかどうかは、議会の協力いかんにかかっている。公約を実現するためには、多くの場合、法律化する必要があるからだ。

大統領と同じ政党に属する議員は、上院と下院に多数いる。上下両院のリーダーたちは、票集めや組織票固めでともに大統領選挙を戦ってきた同志である。したがって、大統領が望む法案は、院内総務や院内幹事が全力で支える。大統領が出したいと思っている法案は、リーダーたちの名前で共同提出したり、古参の議員の名前で提出したりする。そのような形で、大統領は自らの政策を法律化しようとするのである。

しかし、すでに説明したように、連邦議会では法案に対して上院と下院でさまざまな修正案が付加される。したがって、大統領が当初期待していたものとはまったく異なるものが、最終案として成立してしまうことも多い。パイナップルをつくろうと思ったのに、出来上がったのはアップルだったというようなことはよく起きる。当初の思惑とはまったく違う最終法案が出てきたときには、大統領は妥協を余儀なくされる。そして、不承不承署名することになる。さまざまな法案がそのようなプロセスを経て法律になっている。2022年に起きた興味深い事例を紹介しよう。それは、「不承不承署名する」のとは逆のケースである。

当時、バイデン大統領は総額330億ドルのウクライナ支援法案の早期成立を望んでいた。連邦議会では審議が行われ、ウクライナ支援に対する機運が次第に高まっていった。その結果、下院では368対57、上院でも86対11の圧倒的賛成多数で可決した。しかも、最終法案の予算規模は400億ドルに膨らんでいたのである。

民主党と共和党の政策的傾向の比較

さて、連邦議会で民主党と共和党が互いにしのぎを削る戦いを演じていることを縷々《るる》紹介してきた。なぜそのようなことが起きるかと言えば、民主党と共和党は基本的に政策傾向が大きく異なるからである。表を見れば明らかなように、民主党と共和党の政策の傾向は見事なまでに対極的である（図13・出典：中林美恵子『沈みゆくアメリカ覇権：止まらぬ格差拡大と分断がもたらす政治』（小学館新書、2020年）。

まず、社会問題から見てみよう。「人工妊娠中絶」については、共和党が「プロ・ライフ」の立場で反対の立場をとるのに対して、民主党は「プロ・チョイス」の立場で賛成していることはすでに紹介した。また、銃規制については、共和党は「憲法で保障されている自衛の手段」として規制強化に反対しているのに対して、民主党は銃規制の強化を主張していることも紹介した。

不法移民に対しては、共和党が厳しい対応を行おうとしているのに対して、民主党は寛容な態度で対応しようとしている。LGBTに対しては共和党が懐疑的であるのに対して、民主党は権利保護を前面に打ち出している。死刑制度については、共和党は賛成の立場であり、民主党は廃止を求めている。

経済問題に関しても、対極的な立場は変わらない。基本的には、共和党が「自由」を重視するのに対して、民主党は「規制」に力点を置こうとする。例えば、共和党は所得減税

	共和党	民主党
誕生	1854年	1828年
人口妊娠中絶	プロ・ライフ（中絶権利反対派）	プロ・チョイス（女性権利擁護派）
財政理念	・新自由主義を志向 ・財政支出の抑制と規律を重視 ・軍事費拡大	・大きな政府志向 ・財政赤字には大きな注意を払わない ・軍事費より教育や社会保障
政府の役割についての考え方	小さな政府を志向し、地方政府や個人に介入しない	中央政府が大きな役割を発揮し、税の再配分を行う
福祉政策・インフラ投資への積極性	消極的	積極的
貿易についての考え方	自由貿易を推進	保護主義を好む
経済政策	所得減税、規制緩和などで経済成長を目指す	富裕層への課税を強化し、再配分を行う
エネルギー政策	産業界を支援	環境保護派を支援
宗教	公立学校での祈祷を推進	共和党の政策に反対
銃規制	銃は憲法で保障された自衛手段と主張	銃規制を推進
デモの暴徒化への対応	法と秩序を重視 暴徒を厳しく取り締まる	デモを行う人々に着目し、厳しい対応をしない場合も
死刑制度	死刑に賛成の傾向	死刑廃止を推進
不法移民への対応	厳しく対応	寛容な対応
ＬＧＢＴの権利	ＬＧＢＴに懐疑的な見方	権利保護を主張
支持層	・中産階級 ・富裕層 ・プロテスタント福音派 ・保守的なカトリック ・白人高齢者層	・歴史的に不遇を強いられてきた有権者 ・人種的マイノリティ ・宗教色の薄い有権者 ・貧困層、若年層、フェミニスト
支持団体	・全米ライフル協会 ・軍事関連産業 ・退役軍人協会 ・宗教保守派 ・石油産業 ・農業団体	・労働組合 ・環境保護団体 ・消費者保護団体 ・有色人種（特にアフリカ系） ・公民権運動団体 ・女性候補支援団体
党より輩出したおもな大統領	リチャード・ニクソン ロナルド・レーガン ジョージ・H・W・ブッシュ ジョージ・W・ブッシュ	フランクリン・ルーズベルト ジョン・F・ケネディ ビル・クリントン バラク・オバマ

図13　民主党と共和党の政策比較

や規制緩和を重視するが、民主党は富裕層への課税強化と税の再配分を重視する。

財政に関しては、共和党は「小さな政府」を標榜し、財政規律を重視する一方で軍事費の拡大には賛成の立場をとる。民主党は「大きな政府」の下での社会保障充実を目指している。地球環境問題と深くかかわっているエネルギー政策については、共和党が産業界を支援しているのに対して、民主党は環境保護派を擁護している。

貿易に関しては、共和党が自由貿易、民主党は保護主義を好む。しかし、共和党のトランプ大統領は2017年に就任した直後に環太平洋パートナーシップ協定（TPP：Trans-Pacific Partnership Agreement）からの離脱を発表した。TPPは地域内自由貿易の推進を図るための連携である。トランプ大統領の思想は、必ずしも伝統的な共和党の理念と一致していない。一方、民主党は労働組合や貧しい人たちを支持層としていることが多いため、産業保護の立場から保護主義を好むと言われている。

ただし、トランプ大統領の支持が高まるにつれ、共和党の伝統的な支持層や政策は大きく変化した。2016年および2024年の大統領選挙を見ると、本来民主党を支持していた層がトランプ支持へと流れた。共和党は保護貿易を主導し、労働者層からの支持を頼る政党に変わってきた。財政規律もかつてほどのこだわりがない。米国内で分断が指摘さ

選挙年	大統領	政党	年初時点の支持率（%）	大統領政党の議席数変化 上院	下院
1946	トルーマン	民主党	63	▲12	▲45
1950			45	▲6	▲29
1954	アイゼンハワー	共和党	71	▲1	▲18
1958			60	▲13	▲48
1962	ケネディ	民主党	79	＋3	▲4
1966	ジョンソン	民主党	59	▲4	▲47
1970	ニクソン	共和党	51	＋2	▲12
1974	フォード	共和党	27	▲5	▲48
1978	カーター	民主党	55	▲3	▲15
1982	レーガン	共和党	49	＋1	▲26
1986			64	▲8	▲5
1990	ブッシュ（父）	共和党	80	▲1	▲8
1994	クリントン	民主党	54	▲8	▲52
1998			59	0	＋5
2002	ブッシュ（子）	共和党	84	＋2	＋8
2006			43	▲6	▲30
2010	オバマ	民主党	51	▲6	▲63
2014			41	▲9	▲13
2018	トランプ	共和党	37	＋2	▲40
2022	バイデン	民主党	43	▲7	＋1
平均			56	▲4	▲24

図14　中間選挙の動向（1946年〜2022年）

れて久しいが、その現象の先に見えるのは、時代の変化を目前にした政党の特色の一部再編と、再編に伴う混乱なのかもしれない。

中間選挙の結果を見る

さて、アメリカでは4年ごとに大統領選挙が行われ、その間の2年ごとに「中間選挙」が行われる。中間選挙では下院全議席と上院の3分の1の議席が争われる。図14

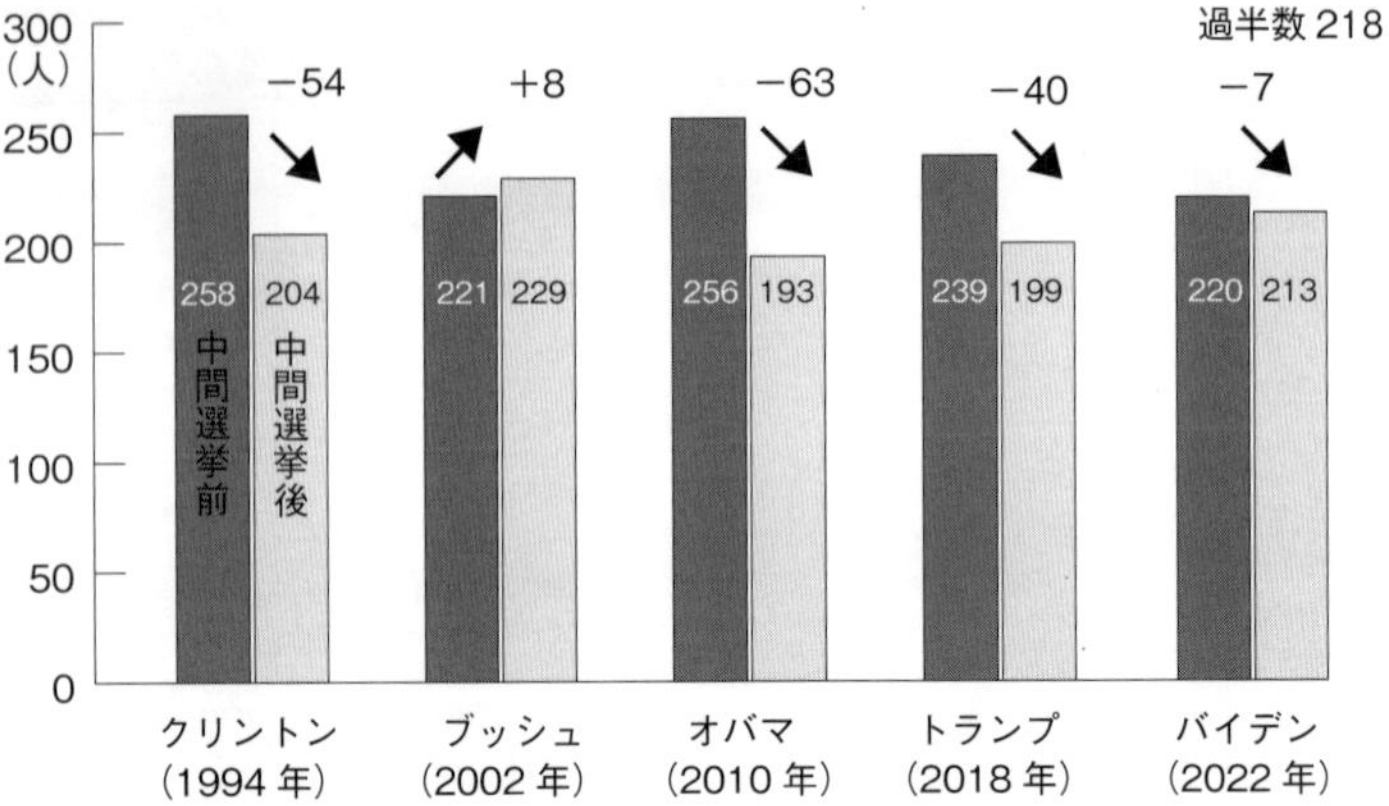

図 15　中間選挙での下院議員の増減（1994 年〜 2022 年）

は、1946年から2022年に行われた中間選挙の結果を示したものである。興味深いことに、ほとんどの中間選挙で大統領の政党が議席を減らしている。

また、図15は近年大統領が最初に直面した中間選挙での下院議員の増減を示している。民主党のクリントン大統領のときには54議席減らし、オバマ大統領のときには63議席減らして、過半数を割り込んでいる。バイデン大統領のときには7議席減で過半数を割り込んだ。一方、共和党のブッシュ大統領のときには8議席増やして過半数を維持したが、トランプ大統領のときには40議席減らして、過半数を割り込んだ。

下院で過半数を下回るということは、少数党に転落することであり、議会での主導権を手放ことを意味する。その結果、大統領が望む法案を議会で通すことが難しくなる。

２００２年のブッシュ大統領のときの中間選挙は異例だった。前年２００１年9月11日に「9・11同時多発テロ」が起きていたからである。多くのアメリカ人が亡くなり、ブッシュ大統領は「テロとの戦い」を表明した。そのときの大統領の支持率は90％近くに急上昇した。年初時点での大統領の平均支持率は56％であり、異常に高い。その勢いで、中間選挙で共和党が議席を増やしたということである。

予備選挙の日程や実施方法は州によって異なる

ここで、予備選挙について簡単に紹介しよう。政党の指名候補になるための政党内選挙が「予備選挙」である。

予備選挙は州単位でそれぞれの政党内で行われる。しかし、選挙日程は州によって大きく異なる。例えば２０２２年の予備選挙は、テキサス州では3月1日に行われ、ハワイ州では8月13日に行われた。多くの州では6月から8月にかけて行われるのが常である。選挙方法も異なっている。政党に登録した人だけが参加できる予備選挙を実施する州もあれば、支持政党の有無にかかわりなくすべての有権者が参加できる予備選挙を実施する州もある。

予備選挙は州がコントロールしているのである。合衆国憲法修正第10条に規定されているように「この憲法が合衆国に委任していない権限または州に対して禁止していない権限は、各々の州または国民に留保される」からである。

ワイオミング州での予備選挙

実は、2022年の予備選挙で興味深いことが起きた。8月16日に行われたワイオミング州の共和党の予備選挙でのことである。ワイオミングは、人口58万人の（全米最下位50位）の小さな州で、有権者数の約7割が共和党員である。

現職のリズ・チェイニー下院議員とハリエット・ヘイグマン氏が候補者を争った。ブッシュ政権の副大統領を務めたディック・チェイニー氏を父に持つチェイニー下院議員は、2021年1月6日に発生した連邦議会議事堂襲撃事件を調査する下院特別委員会の副委員長を務めてきた「反トランプ氏派」の代表格である。一方、ヘイグマン氏はドナルド・トランプ前大統領から支持を受けた女性候補で、いわば「刺客」だった。

ヘイグマン氏は予備選挙で勝利し、中間選挙でも民主党候補を破って勝利した。共和党内のトランプ前大統領の影響をまざまざと見せつけられた予備選挙だった。

州への下院議席配分が変わった

第1回連邦議会が開催されたのは230年以上前のことである。会期は1789年3月4日から1791年3月3日にかけて2年間。上院議員26人、下院議員65人で構成されていた。合衆国憲法では、最初の集会から3年以内に人口調査を行い、それ以降は10年ごとに人口調査を行い、人口3万人に対して1人を超えない範囲で下院議員の定数を決めることとされている（第1章第2条第3項）。1911年には議席定数が435議席で固定された。各州から選出される下院議員数は、人口に比例して決まる。

2020年に行われた人口調査の結果、いくつかの州で下院議席数の配分が変わった。テキサス州は2人増え、フロリダ州、ノースカロライナ州、モンタナ州、コロラド州、オレゴン州でそれぞれ1人ずつ増えた。一方、カリフォルニア州、ニューヨーク州、ペンシルベニア州、イリノイ州、ミシガン州、オハイオ州、ウェストバージニア州はそれぞれ1人減である。

アメリカの50の州は、民主党が優勢な州、共和党が優勢な州、そして接戦を演じる州の3つに大別できる。定数の増えたテキサスやフロリダなどは共和党が強い州であり、定数減のカリフォルニアやニューヨーク州は民主党が強い州である。一方で、議会選挙の帰趨《きすう》を決めるのは、いわゆる「接戦州」である。下院議員定数の増減は、二大政党の力関係に少なからぬ変化を起こす。今回の人口調査の結果は、下院で共和党有利に働くことになったかもしれない。

「立法府」の「行政府」に対するチェック・アンド・バランス

この章を終えるにあたって、立法府（連邦議会）が行政府（大統領・閣僚）に対して行う7つのチェックについてまとめておくことにしたい。

①法案の立案・修正、立法の遅延・廃棄

法案の立案、修正を行うとともに、行政府が望む立法を遅延させたり、廃案にしたりすることができる。

②拒否権を覆す権利

法案に対して大統領が拒否権を発動しても、両院の3分の2の賛成でこれを覆すことができる。

③「宣戦布告」の権限を持つ

これまで触れてこなかったが、合衆国憲法第1章第8条では、連邦議会の立法権限の1つとして「戦争を宣言」する権限をあげている。また、陸海軍を創設するための立法権限も連邦議会に与えられている。陸海軍の最高司令官としての権限は大統領に与えられているが、連邦議会の賛成が得られない限り、大統領が勝手に宣戦布告することはできないのである。

④国際条約の批准の権限が上院に与えられている

さまざまな国際条約に大統領（行政府）が合意したとしても、連邦議会上院の承認なしには批准できない。

⑤政治指名職の承認

大統領府の閣僚、各国大使や連邦裁判所判事は大統領が指名した後に連邦議会上院の承認を得る必要がある。

⑥調査権限を持つ

2021年1月6日に合衆国議会議事堂が暴徒に襲撃されるという前代未聞の事件が起き

た。トランプ前大統領がこの事件にかかわっていたかどうかは連邦議会が調査を行った。

２０１６年の大統領選挙にロシアが干渉したとされる疑惑をめぐり、トランプ陣営が関与したかどうかを調査したのも連邦議会である。

実は、約半世紀前にも大統領を辞任に追い込んだ一大スキャンダルが起きている。「ウォーターゲート事件」である。１９７２年６月にワシントンの民主党本部で中央情報局（ＣＩＡ）工作員による盗聴侵入が発覚した。議会が調査権限を行使し、調査委員会を設けて調査した結果、盗聴と侵入が事実であり、もみ消しや司法妨害、さらには証拠隠滅があったことが明らかになり、ニクソン大統領は辞任した。

⑦弾劾と弾劾裁判を行う権限を持つ

立法府（連邦議会）は行政府（大統領）をチェックし、不正があれば弾劾によって現職の大統領を解任することができる。

これは重要審議であるため、議会の３分の２以上の賛成が必要であり、下院で弾劾されても、最終的には上院で弾劾裁判を行い、有罪の判決がでなければ解任はできない。トランプ大統領が下院で弾劾訴追されたものの、上院の弾劾裁判で否決されたことは記憶に新しい。

第4章

強大な権限を持つアメリカ大統領

1

大統領の権限

アメリカ歴代大統領のランキング

アメリカ大統領は行政のトップであるとともに、国家元首でもある。つまりはアメリカという国家の顔である。その歴代大統領について、アメリカではさまざまなランキング調査が行われている。調査機関が異なれば、調査結果も異なる。

2018年アメリカ政治学会調査・第1位はエイブラハム・リンカーン

2018年のアメリカ政治学会の調査では、第1位は16代大統領エイブラハム・リンカーン、2位は初代大統領ジョージ・ワシントン、3位は32代大統領フランクリン・ルーズベルトの順である。いずれも第2次世界大戦以前の大統領であり、他のさまざまな調査でも上位にランクされている。

第2次世界大戦後の大統領では、ジョン・F・ケネディ大統領（35代）が16位、ロナルド・レーガン大統領（40代）が9位、ビル・クリントン大統領（42代）が13位、バラク・オバマ大統領

（44代）が8位につけている一方で、トランプ大統領（45代）は44位にランクされている。

2023年7月米ギャラップ社調査・第1位はジョン・F・ケネディ

ギャラップ社は歴代米大統領人気ランキング調査を2023年に行った。1961年以降の大統領の12人のうち、前任者の死亡や辞任で副大統領から昇格した2人（第36代大統領リンドン・ジョンソン、第38代大統領ジェラルド・フォード）および現職のジョー・バイデン大統領（46代）を除く9人が対象だった。調査結果は、1位はジョン・F・ケネディ大統領、2位はロナルド・レーガン大統領、3位はジョージ・ブッシュ（父）大統領（41代）の順であり、最下位はリチャード・ニクソン大統領（37代）だった。ニクソン大統領がウォーターゲート事件で弾劾され、辞任を余儀なくされたことはすでに紹介した。トランプ大統領はワースト2位だった（図1）。トランプ大統領は、専門家の間での評価は低く、一般の人々の人気もないということになる。

順位	名前	政党	支持率
1	ケネディ	民主	90%
2	レーガン	共和	69
3	ブッシュ（父）	共和	66
4	オバマ	民主	63
5	クリントン	民主	58
6	カーター	民主	57
6	ブッシュ（子）	共和	57
8	トランプ	共和	46
9	ニクソン	共和	32

図1　1961年以降のアメリカ大統領の人気ランキング
（出典：ギャラップ社調査）

『トランプ大統領とアメリカ議会』を上梓

２０１７年6月に、私は『トランプ大統領とアメリカ議会』（日本評論社）を出版した。トランプ元大統領が２０１６年の大統領選に共和党から出馬して、大方の予想を覆して当選した直後に書いたものである。その本を出版するにあたっては、書名に「トランプ大統領」という名前を入れるかどうかで迷った。アメリカの政治構造を解説するために執筆した本だったからである。

２０１６年のアメリカ大統領選挙の当時、日本では多くの人はトランプ大統領が誕生するとは思っていなかった。むしろ「そう思いたくなかった」というのが本音だったかもしれない。トランプ大統領が誕生した後も、すぐに辞任に追い込まれるのではないかという希望的観測を明言する声も少なからずあった。しかし、その後の状況は大きく変化した。書名に「トランプ大統領」という名前を入れたのは正解だったとつくづく思うような出来事が長く続いているからである。

トランプ大統領の4年間

日本の新聞やインターネットニュースに「トランプ大統領」という文字が並ばない日は

ないと言っていいほど、さまざまな話題をトランプ大統領は提供し続けた。経済的な対価を政策判断の基準に据え、「アメリカ・ファースト（America first）」のスローガンのもとで、同盟国を含めた交渉相手に譲歩を迫り、既存の国際秩序に挑戦を仕掛けた。

トランプ大統領は、アメリカ建国の理念である民主主義や人権を、外国に対して声高に叫ぶことはしない。外国を守るためにアメリカが過度な軍事的支援をすることにも否定的である。日本やヨーロッパの同盟国を含め、諸外国はトランプ大統領の一挙手一投足に注目した。トランプ大統領は、さらなる注目を集めるためにＳＮＳを駆使した。

例えば、中国との貿易戦争には「関税」を武器にした。ＴＰＰから離脱し、「パリ協定」からも離脱宣言を行った。イラン核合意を破棄し、メキシコとの国境の壁建設のために大統領令で予算組み替えも行った。

国内政策では、２０１７年には税制改革を成立させ、法人税減税を実現した。法人税減税は共和党の悲願だった。「大統領の人柄なんて関係ない。経済をよくしてくれる人が一番だ。民主党政策の反対をやれば成功するって証明したね」と、トランプ氏の取り巻きに近い友人の一部からそんな声も聞こえた。トランプ政権の誕生で株価はさらに上昇し、景気が上向いていった。

これらはすべて、ヒラリー・クリントン氏と大統領選を戦った際のトランプ氏の公約だった。アメリカ国民は一般的に、既存の政治常識を覆すような新鮮な候補を好む。新鮮な公約を掲げてトランプ氏は大統領選挙に勝利し、その公約を実現させたのである。

第59回大統領選挙ではバイデン大統領が誕生

そして、4年が経過した。2020年11月3日に第59回アメリカ合衆国大統領選挙が実施された。現職大統領で共和党候補のドナルド・トランプ氏と民主党候補ジョー・バイデン氏との争いだった。74歳と77歳の高齢者対決として話題を呼んだ。

戦後の大統領選挙では、それまで2期目の選挙で落選した現職大統領は2名しかいない（＊1）。1980年のカーター大統領と、1992年のブッシュ（父）大統領である。この2人の大統領に共通するのは、アメリカ国内が国民にとって堪えがたいほどの不況だったことである。

多くのアメリカ国民は、4年間では政権の実績を判断するには短すぎると考える。また、再選を目指す大統領はメディアの露出も多く、知名度は抜群で、業績も評価される。いわゆる「現職ボーナス」がつく。不況などがない限り、現職の大統領はその地位を活用して、スムーズに党をまとめ上げ、2期目に勝利する場合が多いのである。

しかし2020年の大統領選挙は、新型コロナウイルスというパンデミック（世界的流行）の最中に行われた。パンデミックによって世界経済は不況に陥り、アメリカ経済は雇用の悪化に苦しんでいた。トランプ氏は敗れ、バイデン氏が46代アメリカ大統領に就任した。

再選を目指して出馬した現職大統領の落選は28年ぶりだった。大統領選挙で敗れた候補は、多くの場合、政治の表舞台を去る。しかし、トランプ氏は政界を退くことはなかった。選挙の不正を訴え、連邦議会襲撃の糸口を与えたと非難されてもひるむことはなかった。慣例となっている新大統領就任式にも出席しなかった。そして、その後も積極的な政治活動を展開し、SNSなどで情報発信を続けている。

第60回大統領選挙では？

その2年後の2022年11月8日には中間選挙が行われた。中間選挙は4年ごとに行わ

＊1　第38代大統領ジェラルド・フォード氏は、1974年にリチャード・ニクソン大統領の辞任を受けて大統領に昇格した。1976年の大統領選挙でジミー・カーター氏に敗れたため、2024年現在、大統領選挙に勝利して選出されたことのない唯一のアメリカ大統領である。

れる大統領選挙の中間の年に行われることはすでに紹介した。この選挙では、連邦議会下院の全435議席と、連邦議会上院の100議席のうち34議席（特別選挙を含めて35議席）が改選された。また、39州および地域で知事選挙が実施され、そのほか多くの地域で地方選挙も同時に行われた。

中間選挙の結果、共和党が下院で過半数を奪還し、議席数を222に伸ばして民主党の213議席を上回ったものの、期待された大勝には至らなかった。一方、上院では民主党が51議席、共和党が49議席を獲得し、民主党が僅差で多数派を維持した。この選挙では、トランプ前大統領が推した候補者が競争州で敗北するケースが目立ち、彼の影響力低下が顕在化した。また、最高裁が「ロー対ウェイド」判決を覆したことで中絶問題が争点化し、有権者、とりわけ女性層の民主党支持を押し上げたことが選挙結果に大きく影響した。トランプ氏の次期大統領選出馬宣言は、この中間選挙の直後に行われた。トランプ氏の注目を集める戦略は延々と続き、その後の共和党予備選挙で圧勝したことで、共和党候補者のリーダーとしてその存在感をまざまざと見せつけたのである。

そして、2024年11月5日に第60回アメリカ大統領選挙が行われた。その年の7月までは4年前と同じ構図になると思われていた。現職大統領の民主党のバイデン氏（81歳）

と共和党のトランプ氏（78歳）の一騎打ちだと思われていた。

しかし、予想外の展開が待ち構えていた。バイデン大統領が指名を辞退し、カマラ・ハリス副大統領が民主党大統領候補に指名されたのである。

行政権を持つ大統領を国民が選ぶ

合衆国憲法は、第2章第1条第1項で『行政権は、アメリカ合衆国大統領に属する』と定め、大統領を行政府のトップとしている。しかし、憲法修正第10条は、憲法が連邦政府に委任していない権限を州または国民に留保するとしており、州には独自の権限が認められている。このため、大統領といえども州の権限を無制限に制約することはできず、連邦法と州法の間で権限が衝突する場合には、最高裁の判断や優越の原則が重要な役割を果たす。

合衆国憲法第2章第2条では、大統領の軍の最高司令官としての権限や条約締結権、重要な公職の任命権などが定められ、第3条では議会への報告義務や法律の施行を確実に行う責務が規定されている。憲法本文では、立法府を規定する第1章が10セクションにわたるのに対し、行政府を規定する第2章は4セクションにとどまる。しかし、アメリカの行

大統領（在職期間）		通常	ポケット	合計	両院の3分の2の議決で覆されたもの
ジョー・バイデン	(2021- 2025)	12	0	12	0
ドナルド・トランプ	(2017- 2021)	10	0	10	1
バラク・オバマ	(2009- 2017)	12	0	12	1
ジョージ・W・ブッシュ（子）	(2001-2009)	12	0	12	4
ビル・クリントン	(1993-2001)	36	1	37	2
ジョージ・H・W・ブッシュ（父）	(1989-1993)	29	15	44	1
ロナルド・レーガン	(1981-1989)	39	39	78	9
ジミー・カーター	(1977-1981)	13	18	31	2
ジェラルド・フォード	(1974-1977)	48	18	66	12
リチャード・ニクソン	(1969-1974)	26	17	43	7
リンドン・ジョンソン	(1963-1969)	16	14	30	0
ジョン・F・ケネディ	(1961-1963)	12	9	21	0
ドワイト・アイゼンハワー	(1953-1961)	73	108	181	2
ハリー・トルーマン	(1945-1953)	180	70	250	12
フランクリン・ルーズベルト	(1933-1945)	372	263	635	9

図２　大統領による拒否権の行使（出典：The American Presidency Project 資料）

政府は、２００年以上前に書かれた憲法の基本原則に則《のっと》り、その解釈や連邦法を基にして行政を行い続けている。

大統領制の特徴・大統領と連邦議会の関係

ここでアメリカの大統領制の特徴について簡単にまとめておこう。

①大統領は行政権を持つ

ただし、すでに紹介したように、大統領には法案提出権は与えられていない。また、国防総省、国務省あるいは環境保護局などの行政府にも立法権は与えられていない。行政府のどの部署も法案を提出することはできないのである。

②大統領は連邦議会議員が選ぶのではなく、国民が選ぶ

ただし、国民が直接投票するのではなく、各々の州が選出する上下両院議員数と同数の「選挙人」を選出し、その選挙人が大統領を選ぶことになっている（合衆国憲法第2章第1条第2項）。ただし、選挙人は通常、各州の一般投票の結果に基づいて割り当てられる。大統領の権力のよりどころは国民だということである。

③連邦議会の立法に対して拒否権を発動する権限が与えられている

それは、合衆国憲法第1章（立法府）第7条第2項に、「下院および上院を通過したすべての法律案は、法律となるに先立ち、合衆国大統領に送付されなければならない。大統領は、承認する場合はこれに署名し、承認しない場合は、拒否理由を付してこれを発議した院に返付する」と明記されているとおりである。

例えば、オバマ大統領とブッシュ（子）大統領は、それぞれ12回、クリントン大統領は37回の拒否権を発動している。それに対して、連邦議会はオバマ大統領の拒否権を1回覆《くつがえ》し、ブッシュ大統領の拒否権を4回、クリントン大統領の拒否権を2回覆している（図2）。連邦

議会が大統領の拒否権を覆すためには3分の2以上の賛成が必要であることはすでに紹介した。

④議会に対して教書を送り、連邦議会で読む権利が与えられている

合衆国憲法第2章第3条には、「大統領は、随時、連邦議会に対し、連邦の状況に関する情報を提供し、自ら必要かつ適切と考える施策について審議するよう勧告するものとする」と規定されている。そこで大統領は、毎年の年初に、施政方針演説である「一般教書」(State of the Union Address)、次年度の連邦政府予算大綱である予算教書(Budget Message of the President)、そして「大統領経済報告」(Economic Report of the President)を作成し、議会で報告する。そうすることによって、大統領は自ら望む政策を国民に明らかにし、政策実施に欠かせない法律化の必要性を議会に伝えるのである。

大統領の軍事権限

大統領に与えられた権限の中で最も重要な権限の1つは「軍事権限」である。憲法第2章第2条第1項には、「大統領は、合衆国の陸軍および海軍ならびに現に合衆国の軍務に就くため召集された各州の民兵団の最高司令官である」と定められている。最高司令官を英

語では「Commander in Chief」という。職業上の軍人が軍のトップを務めるのではなく、国民からから選ばれた大統領が軍の最高司令官を務める。「文民統制」である。ちなみに、「権限」とは、基本的には、「任務」であり、「機能」であり、「義務」である。

合衆国憲法は、大統領には国防や外交に関して大きな権限を与えている。一方で、他国への宣戦布告を行う権限や軍隊を維持する権限は連邦議会に与えている。なぜそのような権力の分散を図るのだろうか。それは、すでに紹介したように、合衆国憲法を策定する過程で、13の州が集まり1つの国家になるためには、州の自主権を尊重しつつ、権力の集中を防ぐ仕組みが必要だった。軍隊を維持する権限や宣戦布告の権限は、州の代表者が集まる連邦議会に与え、戦争状態に陥ったときには、1つの国家として戦うために、最高司令官として大統領が軍隊の指揮を執るという形にしたのである。

しかしながら、現実には大統領には大きな戦争権限が与えられるようになった。ひとたび戦争が起きると、国民は1つにまとまらなければならない。それはどの国でも同じことである。国民がまとまらなければ戦争に勝つことはできない。2度の世界大戦で戦勝国であるアメリカは、世界の大国として戦争に負けるわけにはいかない。したがって、予算編成やさまざまな法律について大統領に大きな裁量を与えることになる。そうしなければ国が回らないからである。

第1次世界大戦と第2次世界大戦で、大統領の戦争権限は大きくなった。戦後も、朝鮮戦争（1950年～53年）、ベトナム戦争（1955年～75年）、湾岸戦争（1990年～91年）など世界的規模の戦争が繰り返された。戦争や国際的な危機のたびに、大統領の権限は拡大する傾向が強くなった。時代が進むにつれて、大統領の軍事的な権限、あるいは国をまとめてリーダーシップを発揮する権限は大きくなっていったのである。

議会による「戦争権限法」

実は、大統領の軍事行動に対する議会のチェック機能を強化するための法律がある。それが「戦争権限法」（War Powers Resolution Act）（＊2）である。この法律は、アメリカ合衆国大統領の戦争に関する権限を明確にするために1973年に制定された。

1950年代のインドシナ戦争でフランスが撤退した後、アメリカは南ベトナムへの支援と関与を強めていった。1964年にはトンキン湾でアメリカの駆逐艦が攻撃を受けた。これを受けて、アメリカ議会は「トンキン湾決議」を可決し、当時のリンドン・ジョンソン大統領にベトナムでのアメリカ軍のプレゼンスを高める広範な権限を与えた。しかし、ベトナム戦争は泥沼化するばかりだった。国内では、厭戦《えんせん》気分が蔓延《まんえん》し、ベトナム戦争反対の声は次第に大きくなっていった。アメリカ軍は勝利することなく、1973年にベトナムから撤退した。

連邦議会はその年に戦争権限法を可決した。当時の大統領は、リチャード・ニクソンだった。1969年に大統領に就任したニクソン大統領は、合衆国憲法に定められた「軍事権限」を発揮して、ベトナム戦争を拡大させる政策をとってきた。軍の最高司令官としてニクソン大統領は「戦争権限法」に対して拒否権を発動した。しかし、連邦議会の結束は固かった。民主党と共和党の議員が「分断」を乗り越え、上下両院の3分の2以上の議員が賛成し、ニクソン大統領の拒否権は覆され、「戦争権限法」は成立した。

ちなみに、日本では、ニクソン大統領は「2つのショック」を世界に与えた人物として知られている。1971年7月15日に発表された「大統領訪中宣言」と、1971年8月15日に発表された「米ドル紙幣と金との兌換《だかん》一時停止宣言」という2つのショックである。ニクソン大統領は1972年には訪中を実現し、金ドル兌換停止を受けて、戦後の通

*2【戦争権限法】リチャード・ニクソン大統領の拒否権を覆して、両院の3分の2以上の賛成により再可決し、成立した。

貨体制である「ブレトン・ウッズ体制」（＊3）は事実上終結した。すでに紹介したように、1974年にニクソン大統領は、ウォーターゲート事件で任期満了を待たず辞任した。任期途中で辞任した唯一の大統領である。

議論が続く「戦争権限法」

さてここで、「戦争権限」について、再度確認しておこう。

合衆国憲法では、連邦議会と大統領が、軍事権限を共有している。連邦議会は、戦争を宣言すること、軍隊を徴募しこれに財政的措置を講ずることなどの権限を持ち、大統領は軍の総司令官としての権限を持っている。しかし、第2次世界大戦後に起きた朝鮮戦争、ベトナム戦争、アフガニスタン紛争への介入などは、連邦議会の「戦争宣言」が行われることなく開始されている。例えば、2001年10月7日に、ブッシュ大統領はアフガニスタンへの軍事攻撃を命じた。この際、連邦議会は「戦争宣言」ではなく、「軍事力行使のための決議」（AUMF）を採択した。これに対しブッシュ大統領は「アフガン侵攻は戦争ではない、長期にわたる軍事作戦だ」という苦しい説明をした。

大統領の軍事権限が強くなり過ぎたことを懸念し憂慮した連邦議会は、大統領の「軍事権限」に制約をかけるために法案を作成した。「戦争権限法」である。特に重要なのは、次の4点である。

①米軍を戦地に派遣するときは、「議会と大統領の双方の判断」が必要

最高司令官としての権限を有する大統領が、米軍を派遣できるのは、議会が宣戦布告をするか、アメリカが攻撃されて国家的な緊急事態が発生したケースに限るということである。

②米軍を戦地、あるいは危険性が避けられない場所に送るときは、議会に助言を求めなければならない

危険な場所に米軍が駐留している限り、大統領は議会の助言を求め続けなければならない。議会を無視して大統領の独断で行ってはならないということである。ベトナム戦争のときに、大統領の判断で兵士が戦地に赴き、多数の犠牲者を出した。その反省から加えられた条文である。

③大統領は米軍を戦地に送っている間、議会に対して常に報告義務を負う

＊3【ブレトン・ウッズ体制】1944年7月、アメリカのブレトン・ウッズで、連合国44か国の通貨担当者が参加して連合国通貨金融会議が開かれ、ブレトン・ウッズ協定が締結される。協定に基づいて1945年に国際通貨基金（IMF）協定と国際復興開発銀行（IBRD、通称は世界銀行）協定を制定。アメリカ合衆国ドルを基軸とした固定為替相場制のこと。自由貿易を発展させ、世界経済を安定させるためにドルと各国の通貨の為替レートを一定に保つ仕組み。

④大統領は連邦議会の戦争宣言がないままに軍を投入した場合、48時間以内に議会に軍事行動についての報告書を提出しなければならない。議会の承認が得られなかったときには、60日以内に米軍を撤退させなければならない

ただし、議会が軍隊の活動継続を認めた場合、あるいは物理的に米軍に対する攻撃が継続中であるために撤退できない場合は例外となっている。

「戦争権限法」をめぐる矛盾と現実

自らの権限に制約を課す「戦争権限法」に対して、大統領は憲法違反であるとの立場をとる。一方、連邦議会でも「戦争権限法」は常に議論の的になっている。さまざまな「改正案」も提出されている。仮に、最高裁判所が明確な判断を下すことになれば、一応の決着はつくかもしれない。しかし、まだ決着には至ってはいない。いわば「宙ぶらりん」の状況である。

そこで、大統領は連邦議会に報告するなどして、ある程度「戦争権限法」に従った行動をとっている。連邦議会は民意だからである。一方で、大統領は最高司令官として軍隊を動かす権利を放棄することはない。合衆国憲法でそれが規定されているからである。したがって大統領は、戦争が起きている地域、戦争の種類、戦争の規模、さらには国民の民意などバランスよく考慮しながら、最善の方法を採ろうというオプションを常に確保してお

こうというスタンスである。

戦争権限法は、さまざまな矛盾を抱え、いまだに議論され続けている。最高裁判決で決着をつけるというよりも、さまざまな議論をしつつも、その時々の状況によって、大統領も連邦議会もいろいろな対応を行うようにする可能性を残していると理解すべきかもしれない。戦争権限法は、さまざまな矛盾を抱えながらも、半世紀にわたって議論され続けている。非常に興味深い法律である。

条約締結権と任命権・罷免権

大統領は「戦争権限」以外にもいくつもの重要な権限を持っている。大統領の「権限」は合衆国憲法第2章第2条「大統領の権限」と同第3条「大統領の義務」に簡潔に記されている。

①恩赦権

第2条第1項には、すでに紹介した「軍事権限」とともに、行政部門のトップであることの確認と、恩赦権が明記されている。恩赦とは、刑事犯の刑の執行を停止し、剥奪された公民権の回復を行うことである。ただし、弾劾の場合は例外となる。

②「条約締結権」と「任命権」

第2条第2項には、「条約締結権」と「任命権」が明記されている。「条約締結権」とは、外国と条約を結ぶ権限であり、その際には、上院の助言を得るとともに、上院で出席議員の3分の2以上の賛成が必要となる。

「任命権」とは、全権大使や連邦最高裁判所判事ならびに省庁長官などを任命する権限である。連邦法で設置されている政府機関に勤務する公務員は高級官僚と呼ばれる。この高級官僚を任命することを「政治任命」(political appointment)と呼び、大統領に任命された人を「政治任用者」(Political Appointee)と呼ぶ。政治任命に際しては、上院の単純過半数の賛成を必要とする。

③罷免権

合衆国憲法には明文化されていないが、大統領は「罷免権」も持つ。「罷免権」は「任命権」に含まれると考えられているからである。ただし、連邦裁判所の判事や連邦議会議員は、大統領に罷免されることはない。

また、大統領の罷免権は独立規制委員会の委員にまでは及ばない。これは、1935年の「ハンフリーの遺言執行者(Humphrey's Executor)対アメリカ合衆国事件」(*4)の最高裁判決で決定した。この事件は、連邦取引委員会の委員を大統領が解任したことに対して、解任された委員が提訴したもので、連邦最高裁判所は、解任事由の制限を合憲としたのである。連邦取引委員会には中立性が求められること、連邦取引委員会は立法部と司法部の「代理機関」であることなどがその理由だった。

議会に対する大統領の権限

大統領は議会に対してもいくつかの権限を有している。ここでは3つの権限について紹介しよう。

①上院が閉会中に欠員が出た場合には、閉会中に欠員を補充する権限

合衆国憲法第2章2条第3項には、「大統領は、上院の閉会中に生じる一切の欠員を補充する権限を有する」と明記されている。ただし、「その任命は次の会期の終わりに効力を失う」のである。

＊4【ハンフリーの遺言執行者対アメリカ合衆国事件】1925年、カルビン・クーリッジ大統領はウィリアム・ハンフリーを連邦取引委員会の委員に任命（1931年にはさらに6年の任期で再任）。1933年にフランクリン・ルーズベルトが大統領に就任すると、ニューディール政策を不適切に支持していると見なし、ハンフリーに不満を抱くようになり、1933年にハンフリーを解雇。1935年、合衆国最高裁判所は、大統領にはこの権限がないと判断した。

②「法案審議勧告権」

合衆国憲法には「大統領は、随時、連邦議会に対し、……自ら必要かつ適切と考える施策について審議するよう勧告するものとする」（合衆国憲法第2章第3条）と書かれている。

大統領が持つのは行政権のみであり、立法権は持たない。したがって、法案を提出する権利はない。

しかし、法律に関して全くの無力かといえば、そういうわけではない。法案の審議を勧告したり、自らの政党の議員たちとタッグを組んで法案を進めたりすることもできるからである。また、自ら望む政策を明らかにするために、議会に対して毎年「一般教書」「予算教書」「大統領経済報告」を提出し、連邦議会で報告することができる。

ちなみに、予算に関しては、かつては行政各省が直接、連邦議会に予算請求を行っていたが、1921年「予算会計法」(The Budget and Accounting Act)で行政府の予算局が設置された。1939年に行政管理予算局（OMB: Office of Management and Budget）として再編され、現在も大統領の主要な政策立案・予算編成機関として機能している。

③「臨時議会召集権」と「議会閉会権」

合衆国憲法では、「大統領は、非常の場合には、両議院またはいずれかの一院を召集することができる」（合衆国憲法第2章第3条「大統領の義務」）と明記されている。

ただし、現在は、緊急を要する場合には、連邦議会は自ら会期継続しているケースがほとんどである。また、合衆国憲法では、右の条文に加えて「大統領は、閉会の時期に関し両議院の間で意見が一致しないときは、自ら適当と考える時期まで休会させることができる」と明記しているが、この権限（連邦議会閉会権）は未《いま》だ一度も行使されていない。議会が休会の時期について通常は合意に達するため、大統領がこの権限を用いる必要がないためである。

行政命令権と国家元首としての権限

大統領は、憲法・条約・法律を執行するとき、あるいは緊急に特別な措置をとらなければならないときなどに、議会の法律制定を待たずに、規則や命令を出すことができる。大統領命令、大統領行政命令、執行命令などで、行政命令権（executive order）と呼ばれる。行政命令権は、合衆国憲法に「法律が忠実に執行されることに留意」（第2章第3条）と明記されていることに付随する大統領の責務である。法律と同じ効力を持つことから、「連邦官報」（Federal Register）に公表することが義務づけられている。また、法的効力が認められているので、連邦最高裁判所による司法審査の対象となる。

最後に、国家元首としての大統領の権限について簡単に触れておこう。

「元首」についての明確な定義は存在しない。国によって「元首」の基準は異なっているが、現在では、対外的に国家を代表する資格を有する存在を「元首」と呼ぶことが多い。立憲君主国のイギリスでは、チャールズ国王が国家元首である。一方、日本では対外的には天皇が国家元首として待遇されることもあるが、対外的代表権を判断基準にするならば「元首」には当たらない。

大統領はアメリカの国家元首である。アメリカという国を代表して言動をとることのできる唯一の連邦公務員である。新しい国家を承認したり、外国の新政府を承認したりするのは国家元首の役割であり、さまざまな儀礼的な役割も果たすことになっている。

徹底した抑制権の配分

すでに何度か説明したように、アメリカは三権分立の国である。合衆国憲法は、司法・立法・行政のうちの1つの府が独占的な権限を持つことがないように仕組んでいる。例えば、大統領は連邦議会が可決した法案に対して拒否権を発動する権限を持っている。連邦議会上院での表決が同数であった場合には、副大統領が決定する権限を持っている。一方、連邦議会は大統領の拒否権を覆すことができ、大統領を弾劾する権限を持っている。議会は大統領を抑制し、大統領も議会を抑制しているのである。

また、大統領は最高裁判所判事を指名する権限を持っている一方で、連邦裁判所は大統領の行政行為に対して違憲判断を下す権限を持っている。大統領は連邦裁判所を抑制し、連邦裁判所は大統領を抑制している。連邦議会は連邦裁判所判事を弾劾する権限を持ち、連邦裁判所は連邦議会で成立した法律に対して違憲判断する権限を持っている。そのようにして連邦裁判所と連邦議会はそれぞれ抑制している。

アメリカは建国以来、長い間、さまざまなかたちで民主主義の試行錯誤を続けてきた。民主主義の試験国家とも称されている所以《ゆえん》である。そういうなかで一貫して変わらないのは、3つの権力のそれぞれが抑制しあうという機能である。

平たく言えば、抑制権とは、間違った政策を誰かがただす仕組みを持つことである。日本も戦後、アメリカから学んで、三権分立を日本国憲法に取り入れた。しかし、三権分立の仕組みはアメリカほど徹底してはいない。例えば、日本でもアメリカでも国会議員が閣僚になることが多い。しかし、アメリカでは閣僚になった場合には連邦議会議員を辞職する。立法と行政は独立していなくてはならないからである。一方、日本では、国会議員のまま総理大臣になり、閣僚になる。立法と行政が微妙に絡み合って法律がつくられ、行政が行われている。

2 大統領になるための資格と任期

大統領になるための資格

合衆国憲法では、大統領職に就くことができる資格を次のように定めている。

「出生により合衆国市民である者、または、この憲法の成立時に合衆国市民である者でなければ、大統領の職に就くことはできない。年齢満35歳に達していない者、および合衆国内に住所を得て14年を経過していない者は、大統領の職に就くことはできない」（第2章第1条第5項）

まず、出生による合衆国市民でなければ大統領になることはできない。外国で生まれて、その後、アメリカ国籍を取得した人は大統領になれないということである。例えば、人気映画俳優のアーノルド・シュワルツェネッガー氏はカリフォルニア州知事を務めたことがある。しかし、彼はオーストリア生まれのアメリカ国民であるために、大統領に立候補することはできないのである。

この憲法の条文に「憲法の成立時に合衆国市民である者」という一文が入れられているのは、憲法制定当時の事情による。初代ジョージ・ワシントン大統領から9代大統領、および12代大統領が生まれた年に、アメリカ合衆国はまだ存在していなかったからである。

年齢は35歳以上で、アメリカ合衆国国内における在留期間が14年以上という規定もある。アメリカで生まれても長く海外に住んでいて在留期間が14年に満たない人には大統領になる資格がないということである。

大統領の任期

大統領の任期については次のように定めている。

「執行権は、アメリカ合衆国大統領に属する。大統領の任期は4年とし、同一の任期で選任される副大統領とともに、つぎの方法で選出される」(第2章第1条第1項)

しかし、就任日と退任日は明記されていない。そこで、1933年の憲法修正第20条1項で、「大統領および副大統領の任期は、……1月20日の正午に終了」と定められた。就任から4年後の1月20日の正午に大統領の任期は終了する。

アメリカの大統領選挙は4年に一度、通常は夏季オリンピックが開催される年に行われ、その翌年の1月20日に新大統領の就任式が行われる。2020年の大統領選挙ではジョー・バイデン氏が選出され、2021年1月20日正午に就任式が執り行われた。この際、ドナルド・トランプ前大統領は就任式を欠席した。新大統領の就任式には、旧大統領も出席することが慣例になっている。現職大統領が新大統領の就任式に出席しない事例は、アメリカ史上4回目である。

就任式の2週間前の1月6日には、アメリカ連邦議会史上前例のない「連邦議会襲撃事件」が発生した。トランプ大統領の支持者たちは、2020年の大統領選挙に不正があったと主張し、選挙結果を認定するために議事が進行していた連邦議会議事堂を襲撃した。この事件により議事は一時中断され、議員たちは避難を余儀なくされた。議会はその後再開され、ジョー・バイデン氏の次期大統領就任が正式に確定した。

大統領の承継

大統領の任期について、もう1つつけ加えなければならないことがある。それは、何らかの理由で大統領の職が停止された場合である。例えば、ケネディ大統領は任期中に暗殺された。そのような状況が起きた場合のことについて、次のように定めている。

「大統領が罷免され、死亡し、辞職し、またはその職権および義務を遂行する能力を失ったときは、副大統領が、大統領の職務を行う」（第2章第1条第6項）

また、大統領とともに副大統領も職務を遂行できなくなった場合には、大統領職を遂行する「官吏」を連邦議会が決めることになっている。

1947年には現行の「大統領職継承法」が成立した。継承順位は、副大統領、下院議長、上院仮議長、そして国務長官をはじめとする内閣の一員であるアメリカ合衆国連邦行政部の長の順となった。さらに、1967年には合衆国憲法修正第25条が成立して、大統領の地位の承継についてより詳細な規定が盛り込まれた。

例えば、その第4項（1号）には、副大統領や行政各部の庁の過半数が、上院臨時議長と下院議長に対して、「大統領がその職務上の権限および義務を遂行できない旨を書面で通告したとき」には、副大統領が臨時大統領に就任できるという規定が盛り込まれている。

実は、トランプ大統領のときに、この修正第25条が取りざたされて、話題になった。トランプ大統領があまりにも突拍子もないことを言ったり、突飛な行動をとったりするので、閣僚たちが中心になって、トランプ大統領には大統領職を遂行する能力がないという閣議決定をして、この修正第25条を適用するのではないかという噂が立ったのである。もちろん噂話にとどまり、そういうことは起こらなかった。

再選回数の規定

大統領職の任期が4年2期であることはよく知られている。再選は可能だが3選はできない。大統領の残った任期を副大統領が承継した場合には、それが2年以上だったときには1期と数えることになっている。したがって、次の選挙には出馬できるが、再選された場合は2期目となり、さらに1期を務めることはできない。

実は、成立当初の合衆国憲法には再選回数の規定はなかった。初代ワシントン大統領が自発的に2期までとしたため、その慣例が繰り返されてきたのである。ところが、民主党のフランクリン・ルーズベルト第32代大統領がその慣例を無視して、1944年の大統領選挙で4選を果たしてしまった。当時の連邦議会の多数派だった共和党がこれを問題視して、憲法修正案とすることに成功した。1951年にこの憲法修正案が、4分の3の州で承認され、憲法修正第22条「大統領の三選禁止」が成立したのである。

3　ピラミッド型の行政機構

アメリカの行政機構

合衆国憲法の定めでは、行政府は立法府と司法府とともに並立している。三権分立の状況である。立法府や司法府との大きな違いは、行政府が大統領を頂点としたピラミッドの形をしていることである。

大統領と副大統領は、複数人の補佐官とともに大統領府を形成している。大統領府には、国務省、国防総省、商務省、エネルギー省など15の省が並び、さらに国家安全保障会議、行政管理予算局、大統領経済諮問委員会、米国通商代表部、科学技術政策室、環境保護局など60以上の独立行政機関や公社が存在する。

最大規模の省は国防総省である。文官約67万人、軍人約１４０万人で構成され、連邦公務員の約25％を占めている。２つの大戦を戦い、戦後も「世界の警察」として世界各地で戦争を行ってきた蓄積があってのことである。一方、最も小さな省は教育省で、約

4000人程度の職員で構成されている。アメリカでは州の権限が大きく、教育は全国一律にするのではなく、地方に任せているからだと推測される。

実は、大統領府は2000年初めまでは14の省で構成されていたが、2003年に国土安全保障省ができて、15省になった。私が連邦議会上院で仕事をしていたときのことである。2001年にニューヨークで「9・11同時多発テロ」が起きた。航空機がワールドトレードセンタービルに突入し、ビルが崩壊して多数の犠牲者が出たのである。アメリカ本土が外国のテロリストによってはじめて攻撃された衝撃的な事件だった。

当時のブッシュ大統領は、「テロとの戦い」という宣戦布告を行った。相手国は特定することなく、テロリストとの戦いを宣言したのである。アメリカ国内がテロリストからの攻撃にさらされているということで、急遽《きゅうきょ》、国土安全保障省をつくることになった。省を新設するにあたっては、法律と予算が必要である。そこで、連邦議会が中心になって、大統領とも連携をしながら、法律をつくり、1つの新しい省が出来上がったのである。

大統領は、この巨大なピラミッド型行政機関のトップとして君臨する。三権分立であり、また連邦議会に多くの権限が与えられているとはいえ、大統領の地位と権限は大きいと言わざるを得ない。

大統領府とスタッフ

トップである大統領は、副大統領を従えて、この巨大な行政機構のすべてを動かすことは容易ではない。そこで、1939年に「大統領府」(Executive Office of the President)が創設された。時の大統領は2期目のルーズベルト大統領だった。全世界を襲った世界恐慌に対してルーズベルト大統領は「ニューディール政策」で対応した。また、世界規模の大戦が勃発した。いずれも「カネ」のかかる政策を必要とした。そこで、当時の大統領府は、主に予算局と数名のホワイトハウスの公務員で構成されたのである。

ホワイトハウスの公務員を、英語で「Staff」と呼ぶ。日本語ではホワイトハウスや議会のstaffを「補佐官」と呼んでいる。

連邦議会の公務員が「Staff」であることはすでに紹介した。日本ではstaffを「スタッフ」とカタカナ書きすると正しく訳したと感じてしまう。しかし、選挙スタッフやボランティアスタッフは公務員ではなく民間人である。「Staff」(公務員)と「スタッフ」(民間人)の区別はおおむね次ページの図3の通りである。なお、行政府や立法府には「インターン」や「フェロー」もいるが、彼らはstaffではなく、短期滞在型の民間人である。

事務局をはじめとするホワイトハウスのオフィスの大半は、ホワイトハウスの西側にあ

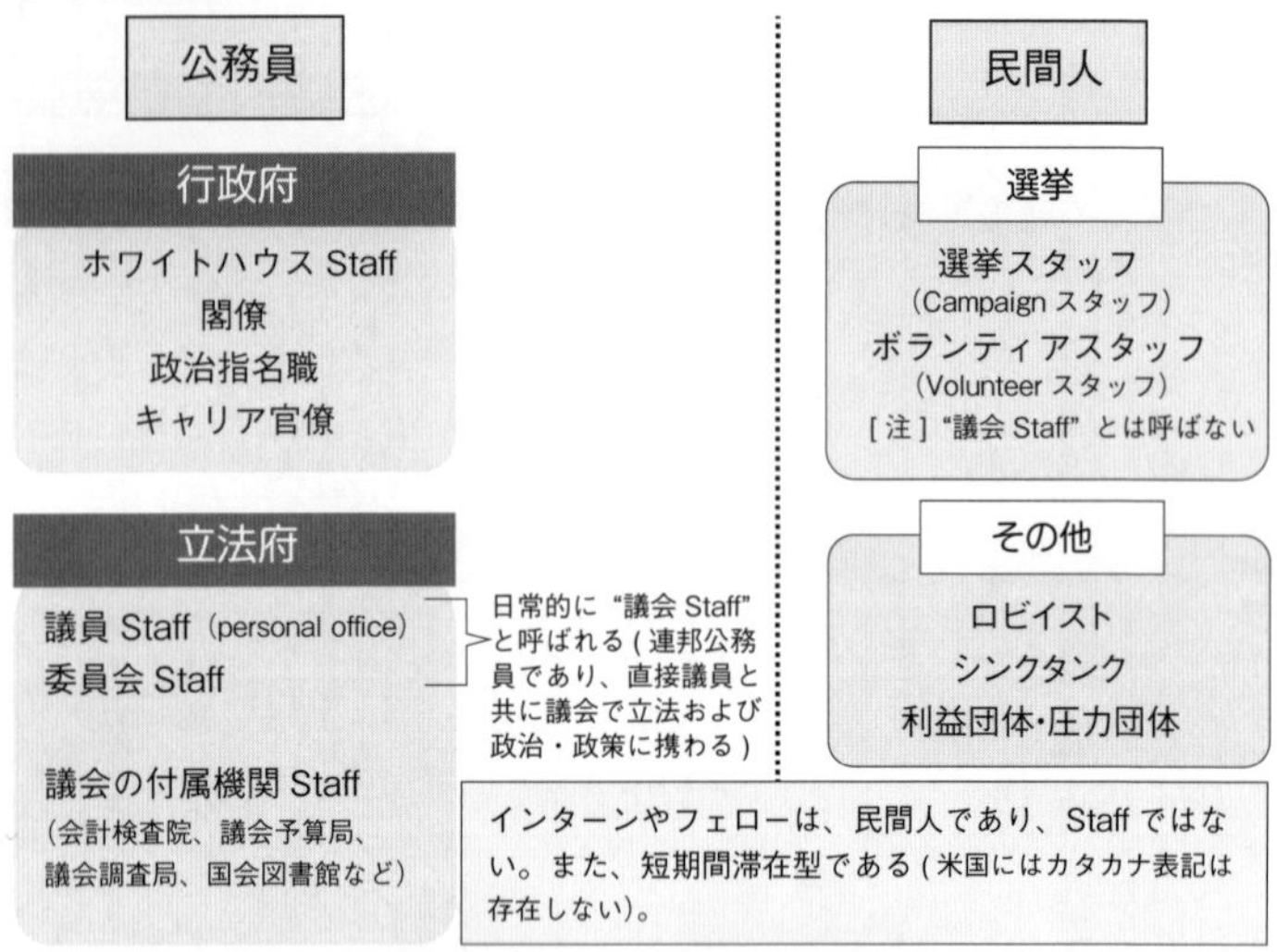

図3　さまざまな Staff(公務員)とスタッフ(民間人)

るレトロな趣の「ウエストウイング」(Eisenhower Executive Office Building)内に設置されている。この「ウェストウィング」には、大統領執務室や主要な補佐官のオフィスが置かれており、大統領の意思決定を支える中枢として機能している。

ウエストウイングを実質的に取り仕切るのは、ホワイトハウス事務局職員のトップに立つ首席補佐官である。首席補佐官は、大統領のスケジュールや大統領と訪問者との面会を調整する。そのため、首席補佐官は「大統領の砦《とりで》」と呼ばれることもある。

首席補佐官は、必要なときにはいつ

でも大統領に会うことができる。首席補佐官は大統領と親しい政策アドバイザーの中の1人であって、個人的にも友人であることが多い。ただし、首席補佐官は閣僚外の役職であり、議会の同意を必要としない。首席補佐官の下には数名の次席補佐官が設置される。

政治任用者とメリット制が混在

ところで、アメリカでは政権交代が頻繁に起きる。大統領が代わるたびに、「政治任用者」(political appointee)(＊5)が入れ替わる。「政治指名職」あるいは「大統領による指名職」などとも呼ばれる「政治任用者」は、ピラミッドのトップとしての大統領が指名する高級官僚たちのことである。

ワシントンでは、大統領が代わるたびに不動産業者が大繁盛する。アパートから引っ越す人、新しいアパートを探して地方から入ってくる人など、さまざまな人が入れ替わるからである。私たちはこれを「民族大移動」と呼んでいた。それくらいたくさんの人がワシントンから出て行き、そしてワシントンに入ってくるのである。

＊5【政治任用者】大統領、副大統領、政府機関トップによって任用された雇用者を言う。特に、高級官職に関しては、大統領が任命し、上院が助言と承認を与えることとなっている。

政権が代わるたびに行われる「政治任用」の対象となるのは、大統領府の補佐官のほぼ全員と、各省庁の中級職と上級職の官僚である。彼らは、公務員試験を受けることなく採用される。「猟官制」（spoils system）と呼ばれる。各省庁のトップをはじめとして、大統領が任命し、上院の承認を必要とする人事のその数は約1200に及ぶ。ただし、独立行政機関の委員など一部は、大統領の任命だけで上院の承認を必要としない。大統領が指名するが、大統領の指名を受けた人が指名することもある。また、ホワイトハウスの多くの人たちは、大統領が任命する「政治任用」であり、上院の承認は必要としない。

一方で、アメリカの行政府には、政権が代わっても移動しない官僚もいる。「メリット制」（merit system・資格任用制）のもとで、学歴と公務員試験で採用される下級職のキャリア官僚である。キャリア官僚は上級職に就くことはできない。ちなみに、メリット制を採用している日本では、「キャリア官僚」として、最上級職に上り詰めることもできる。

ところで、私が上院予算委員会にいたときのことだが、国防総省（ペンタゴン）への転職を打診されたことがある。当時、私は永住権を持っていたが、国籍は日本のままだった。永住権を持っていれば連邦議会の補佐官になることはできた。しかし、行政府に移るためには日本国籍を捨てなければならなかった。そこで、国防総省への転職は断念した。実は、

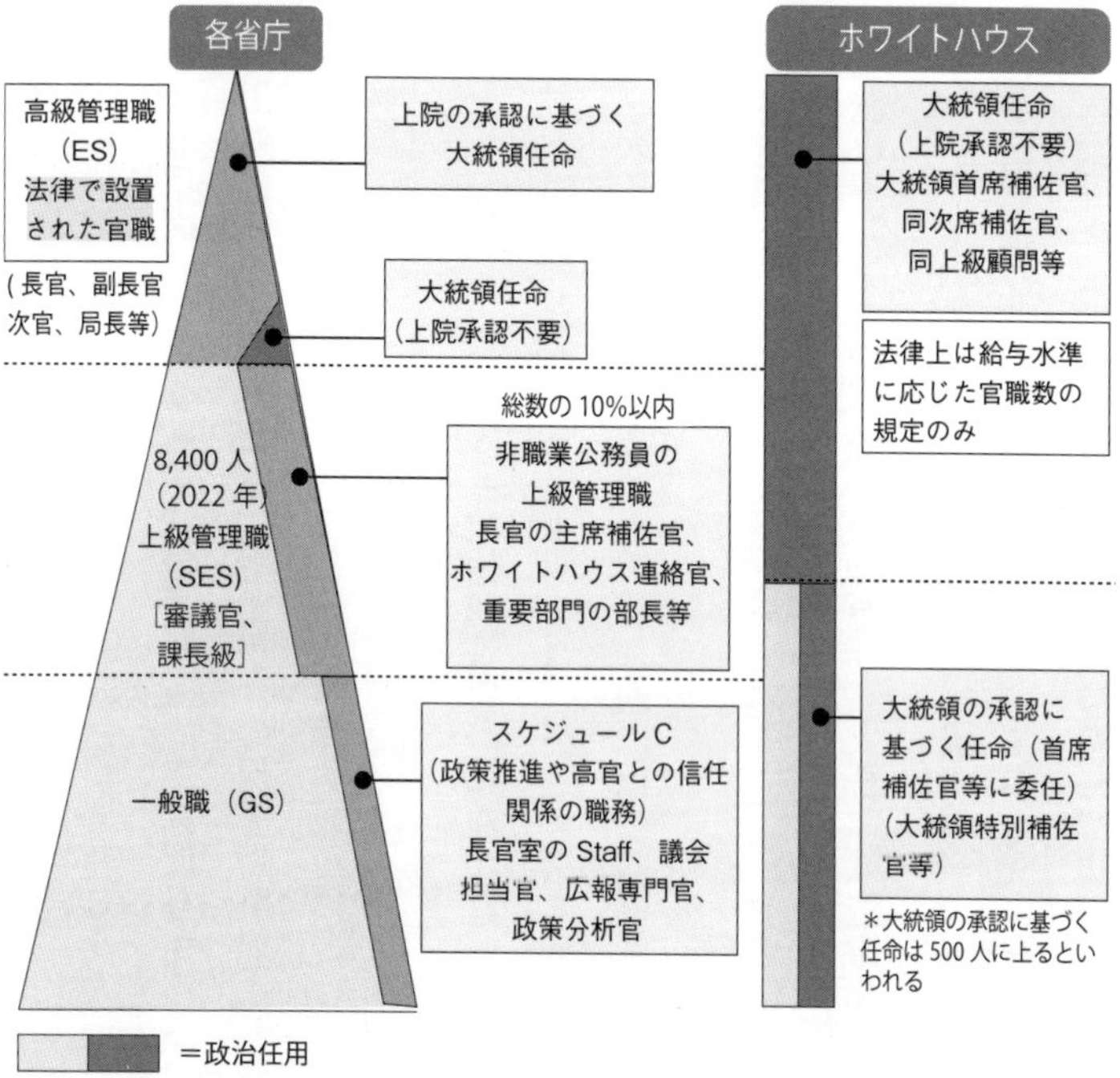

図4 アメリカの政治任用制の概要

「9・11同時多発テロ」の後に国土安全保障省ができてからは、連邦議会の職員に対するセキュリティチェックも厳しくなり、事実上、国籍が必要になった。

なお、アメリカ政治任用の概要については、アメリカ上院が作成した図の日本語版を日本の人事院が作成しているので、参考にしていただきたい(図4)。

また、トランプ大統領

の再選によって再び注目されているのが、スケジュールF（Schedule F）である。これは、2020年10月に当時のトランプ大統領が署名した大統領令によって新設された連邦政府職員の雇用区分である政策決定や政策立案に関与する職位を対象とし、従来の公務員保護の適用外とした。対象職員は労働組合の保護や解雇手続きの制約を受けず、大統領が任命・解雇を柔軟に行えるようになる仕組みであった。

スケジュールFの目的は、政府の人事管理の効率化と業績管理の強化であるとされたが、批判としては、公務員の非政治的性質が損なわれ、政治的忠誠心に基づく人事が増加する懸念が指摘された。2021年1月、バイデン大統領によりこの制度は撤回されたが、トランプ大統領の再選によって、将来的に復活の可能性が高まっている。

大統領令

立法は連邦議会の専権事項であり、大統領は法律をつくることはできない。しかし、実際には、大統領は「命令」を発することができる。「大統領令」と呼ばれる。

合衆国憲法には「大統領令」についての定義や運用規定を定めた文言は存在しない。また、合衆国憲法は大統領の政策手段に関して規定していない。大統領に命令、覚書、声明を出す権限も明確には与えていない。したがって、「大統領令」は、いわば憲法「解釈上」の権限と言える。

もちろん、合衆国憲法は、大統領の政策手段について否定はしていない。「大統領令」の根拠は合衆国憲法の次の条文に求められている。

①「執行権は、アメリカ合衆国大統領に属する」（合衆国憲法第2章第1条第1項）

②「大統領は、合衆国の陸軍および海軍ならびに現に合衆国の軍務に就くため召集された各州の民兵団の最高司令官である」（合衆国憲法第2章第2条1項）

③「大統領は、法律が忠実に執行されることに留意し、かつ、合衆国のすべての官吏を任命する」（合衆国憲法第2章第3条）

大統領は行政府の長として、自分の部下に「命令」を発する権限があり、それが「大統領令」（Presidential Actions あるいは executive action と呼ばれる）だということになる。「大統領令」には、いくつかの種類がある。

①「行政命令」(Executive Order)

行政府の運営を管理するための命令である。初代大統領からの通し番号がつけられ、議会にも正式に提出される。例えば、第1次トランプ政権が行ったアラブ諸国からの入国規制は、「executive order」だった。厳密に言えば、日本語の「大統領令」という言葉が該当するのは「executive order」だけだという議論もある。

②「大統領覚書」(Presidential Memorandum)

行政府の諸省庁の行動・実務・政策などを管理・統治するための命令である。大統領覚書には通し番号はつかない。例えば、トランプ大統領は就任した日に、TPPからの離脱の「大統領覚書」にサインした。日本では「大統領令」に署名したと報道されたが、正確には「大統領覚書」にサインしたのである。

③その他

さらには、法令の順守と実施を行政府の各部署に命ずる「大統領布告」(Presidential proclamation)や、行政管理予算局(OMB：Office of Management and Budget)の予算関係書類の作成を命ずることも「大統領令」とみなされる。

OMBは予算関係の書類をつくる。ただし、OMBで作成した予算が歳出されることはない。合衆国憲法が、予算をつくる権限はもっぱら議会にあるとしているからである。そこで、大統領が中心になり、各省庁と連絡を取り合って予算を作成し、それを「予算教書」という形で連邦議会に提出する。連邦議会では審議する過程で、まったく異なる予算が出来上がることも説明した通りである。大統領はＯＭＢに対して、明確な数字で予算を示すように命令するということである。

4 大統領の一般教書演説

一般教書演説とバイデン大統領の後方に座る2人の女性

2021年4月28日、アメリカ連邦議会では、議会史上初めての光景が見られた。演説を行うバイデン大統領の後方に2人の女性が座っていたのである。

この日に行われたのは、バイデン大統領が誕生して初めての「一般教書」演説だった。一般教書とは、政権が行った過去1年間の総括と新しい年の政策を議会に報告する文書である。一般教書と言っても、それまでの1年間、大統領の職をしていなかったので、大統領の議会における演説という言い方をする場合もある。1年目の一般教書演説は就任早々に行われることが恒例になっているが、さまざまな事情で遅れることもある。2人の女性がマスクをしていることからわかるように、この年は新型コロナ禍の最中だった。パンデミックが世界中を襲い、多数の死亡者が出た。アメリカもその例外ではなかった。そのため、4月にずれ込んだのである。

コロナ禍のアメリカ連邦議会で演説するバイデン大統領　後方はカマラ・ハリス副大統領（写真左側）、ナンシー・ペロシ下院議長（写真右側）。2021 年 4 月 28 日。

連邦議会場では、大統領の後方、向かって左側に副大統領、右側に下院議長が座る。左側はカマラ・ハリス副大統領（＊6）、右側はナンシー・ペロシ下院議長（＊7）である。バイデン大統領は、大統領選挙中に、多様化したアメリカ社会を実現するのことがアメリカの政府の役割であり、さまざまな人を登用すると繰り返して発言していた。それが実際に実行されたのである。す

＊6【カマラ・デヴィ・ハリス（1964年10月20日〜）】アメリカ合衆国の政治家、法律家。第49代副大統領。ジャマイカ出身の経済学者であるドナルド・ハリスとインド出身の内分泌学研究者であるシャマラ・ゴパラン・ハリスの間の娘として誕生した。

＊7【ナンシー・パトリシア・ペロシ（1940年3月26日〜）】アメリカ合衆国の政治家。第60・63代アメリカ合衆国下院議長。アメリカ合衆国史上初の女性、かつイタリア系アメリカ人の下院議長。

でに紹介したように、大統領の第二承継者は副大統領であり、第三承継者は下院議長である。男性とともに女性がリーダーシップを発揮する社会が実現していることを象徴した光景である。

連邦議会選挙で選ばれた下院議員が自らのリーダーとして下院議長を選出する。一方、副大統領は、ともに大統領選挙を戦う同志として大統領が決める。バイデン大統領が選んだ副大統領候補は、黒人とインド人にルーツを持つアメリカで初めての女性だった。ハリス副大統領は、2020年の大統領選挙のときから大きな注目を集めた。そして、2024年にはバイデン大統領に代わって、民主党の大統領候補として大統領選挙を戦うことになった。共和党の大統領候補はトランプ前大統領である。

実は、2022年に行われたバイデン大統領の一般教書演説は3月1日に行われた。本来であれば、2年目以降には2月早々に行われるのが恒例の一般教書演説が大幅に遅れた。この年の初めからロシア連邦がウクライナ国境付近に軍隊を集結させ、一触即発の危機が迫っていたからである。2022年2月24日には、ロシア軍はウクライナへの全面的な軍事侵攻を開始した。ロシアは開戦当初、短期間で終わらせることを期待していたようだが、ウクライナの徹底した抗戦もあって、ウクライナ戦争は長期化している。

副大統領はランニングメイト

ところで、大統領選挙の際の副大統領候補は「大統領候補のランニングメイト」と言われる。大統領候補とともに大統領選挙を戦う「伴走者」ということである。副大統領候補は大統領候補が選んで「ともに走る」ことになるが、2人を選ぶのはアメリカ国民である。

当選した暁には、大統領候補が大統領になり、副大統領候補は副大統領になる。不祥事でもない限り、大統領が副大統領を辞めさせることはできない。第1次トランプ政権の末期には、トランプ大統領とペンス副大統領との不仲が表面化した。しかし、ランニングメイトである副大統領を、トランプ大統領でも簡単には更迭できなかった。ペンス副大統領も大統領選挙で国民の支持を得ていたからである。

閣僚やホワイトハウス補佐官の場合には事情が異なる。大統領当選後には各省庁の閣僚人事が行われ、任命された閣僚は、連邦議会上院の承認を得たのちにその職に就くことになる。しかし、大統領は独断で閣僚を辞任させることができる。その際に上院の承認は必要ないが、新しく任命する閣僚に対しては上院の承認が必要である。あまりにも多くの閣僚を立て続けに辞任させると、上院の承認を得られなくなる可能性も生じる。

『ウォール・ストリート・ジャーナル』紙によれば、2017年1月に発足した第1次トランプ政権では、468日間で29人の閣僚や補佐官などが辞任している。その多くはホワイトハウス補佐官だが、3人の閣僚も含まれている。

例えば、2017年2月に就任したトム・プライス厚生長官を9月に更迭した。公務にプライベートジェットを使用したことに対する批判が高まったためである。プライス氏は政府に費用を弁済するとしていたが、トランプ大統領は更迭を即断した。

2017年2月1日に就任したレックス・ティラーソン国務長官を翌2018年3月に更迭した。国務長官は、外交の中核を担う閣僚である。安全保障上の主要な問題でトランプ大統領と意見が合わなかったことがその理由だった。同じ頃、デービッド・シュルキン退役軍人長官も更迭された。長官就任当初は超党派の支持を得ていたが、欧州訪問の際、公費で観光やショッピングをしていたことなどが問題視された。

上院議員席にはキャンディ・デスクがある

ちなみに、写真①は2022年3月1日午後9時に行われた大統領一般教書演説の模様である。アメリカではコロナ禍を急速に収束させた。そのため、ハリス副大統領とペロシ下院議長はマスクをしていない。

また、写真②は、下院議員席の様子である。議員数435人の下院では、議員の席は決まっていない。したがって、どの席に座るかは自由である。また、通常は議場にほとんど

写真① アメリカ連邦議会で一般教書演説をするバイデン大統領（2022年3月1日）

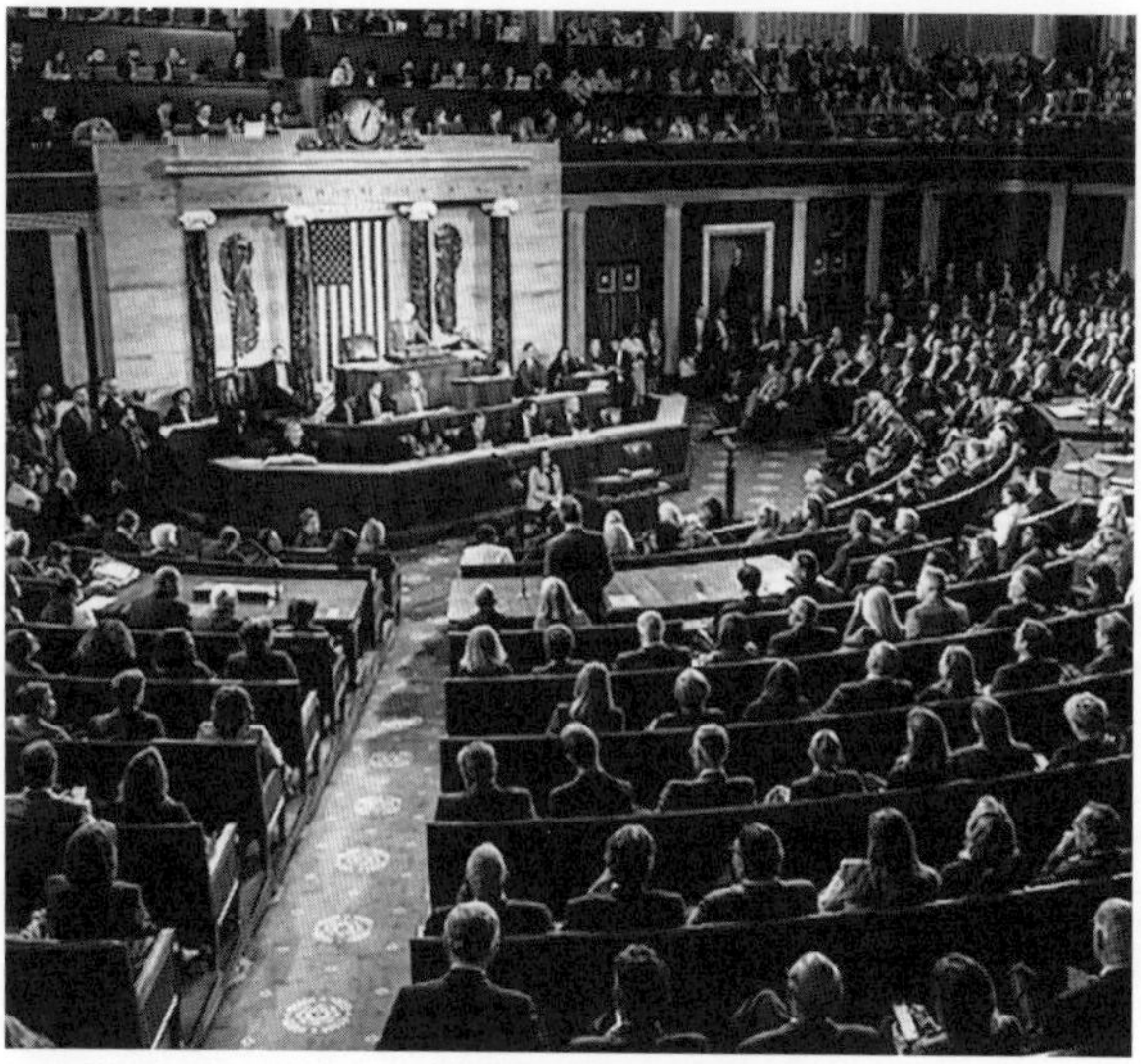

写真② アメリカ連邦議会下院議員本会場　（2023年）

写真③ アメリカ連邦議会上院本会議場　Photo：U.S. Capitol Visitor Center

議員はいないことはすでに紹介したが、大統領の一般教書演説のこの日は上院議員も集まるため満席になっている。

一方、上院には議員1人に1つの机と椅子がある（写真③）。議会では、会期ごとに議員が使用したい机を、在任期間が長い議員から順に選ぶことになっている。伝統的に、議長席に向かって左が民主党議員、右が共和党議員の席になっている。

実は、「キャンディ・デスク」（＊8）と呼ばれる席がある。議場の東側ドアに近い最後列の座席の机が「キャンディ・デスク」である。議会地下鉄の駅を利用するのに便利なエレベーターがこのドアの付近にあるためである。デスクは学校机のように、上板が開けられるようになっていて、中にキャンディやチョコレートがたくさん詰まっている。

1964年に上院議員に当選したカリフォルニア州選出のジョージ・マーフィ議員が、座席にキャンディを入れるようになった。彼は甘いものに目がなかったと言われている。座席が出入り口のそばに移り、ほかの議員が脇を通る機会が増えると、マーフィ議員は机の引き出しに入れてある菓子類を同僚にも配るようになった。そこで、彼の席が「キャンディ・デスク」と呼ばれるようになり、それが現在まで続いているのである。ちなみに、私が自分の目で確かめたところでは、近年は他の議員の机の中にもM&M'Sチョコレートなどのお菓子が入っていた。

2022年3月の大統領一般教書演説

2022年は中間選挙の年だった。2年後の大統領選挙の趨勢《すうせい》を占う重要な年であった。その3月1日に行われた「一般教書演説」で、バイデン大統領は多くの時間を「アメリカ経済」に費やした。

＊8【キャンディ・デスク（Candy Desk）】1968年から続くアメリカ合衆国上院の伝統。議場出入り口付近に座席のある上院議員が、自身の机の引き出しをキャンディで満たし、他の議員が自由に取れるようにしておくという習慣。

まずは、アメリカ再建に向けて税金を使うこと、そして「バイ・アメリカン」を実行することである。「バイ・アメリカン」とは、国内産業保護のために、連邦政府調達品に関し、国産品を優遇する措置で、バイデン大統領は2021年1月に「バイ・アメリカン」政策の強化について大統領令を発出している。さらには、外国の供給網（サプライチェーン）に頼らずにアメリカで生産すること、不当な価格つり上げを行う独占企業を取り締まることなどを説明した。

ロシアに関しては、プーチン大統領は世界から孤立したこと、自由主義諸国の決意を弱体化できないこと、ウクライナ侵攻の代償を払わなければならないこと、アメリカは北大西洋条約機構（NATO）全体を防衛することなどを明言した。さらに、中国については、アメリカ経済を強くして中国との経済競争に勝つと宣言した。

実は、冒頭の12分間はウクライナ情勢について語られた。直前の2月24日のロシアのウクライナ侵攻を受けてのことである。ここでは、プーチン大統領の責任を追及するという強い姿勢を見せ、ロシア航空機に対してアメリカ領空閉鎖を辞さないことも明言した。そして、日本を含めた民主主義諸国の結束を強調したのである。トランプ大統領のアメリカ・ファーストではなく、NATO諸国や民主主義国との連携と協調をアピールしたのである。

2024年3月の大統領一般教書演説

バイデン大統領は2024年10月、11月の大統領選には出馬しないことを表明した。年齢と認知機能への懸念などから、民主党内で撤退を求める声が高まっていたことが要因である。しかし、3月の一般教書演説の時点では、再対立となると予想されていたトランプ氏を批判して対決姿勢を鮮明にしている。

バイデン大統領は、ロシアのウクライナ侵攻、国境危機、イスラエル＝ハマス戦争、銃犯罪、中絶問題など、多岐にわたって言及した。演説中、トランプ氏の名前を出さなかったものの、トランプ氏を「私の前任者」と呼び、2021年の議会議事堂襲撃事件の事実を葬り去ろうとしているほか、メキシコとの国境警備強化を妨害しているなどと厳しく批判している。

5 大統領選挙のしくみ

大統領選挙の方法

アメリカでは4年に一度、オリンピックの年に大統領選挙が行われることはすでに紹介した。また、アメリカ国民の直接投票ではなく、「選挙人団」による投票で大統領を決めることが合衆国憲法で規定されていることも紹介した。繰り返しになるが、もう一度確認しておこう。

選挙人団は、英語でUnited States electoral collegeと呼ばれる。選挙人はelectorと呼ばれ、その総数は、下院議員と上院議員（各州2人）の数の合計（535人）に、コロンビア特別区の選挙人団3人を加えた538人である。大統領に選ばれるためには過半数の270の選挙人団票を得る必要がある。

州によって選挙人団の数は異なる。州選出の下院議員数に2人の上院議員を加えた数になる。州選出の下院議員の定数は10年ごとの人口調査によって変わる。国民は大統領選挙で、州ごとに選挙人を選ぶことになる。比例配分方式を採用しているメイン州とネブラスカ州を除く全ての州が、「勝者総取り方式」で選挙人票を割り当てる。つまり、州での一般投票で1票でも多く獲得した正副大統領候補が、その州の選挙人票をすべて獲得する。

11月に大統領選の本選挙が実施された後、選挙人団が12月に集まる。ほとんどの州で、選挙人は州の有権者の過半数の投票結果に基づいて自らの票を入れる。一部の州では「信義的選挙人法」(Faithful Elector Laws)により、選挙人は法的に投票結果に従うことが義務付けられている。一方で、完全には拘束されない州も存在する。選挙人は自らの州で12月15日に投票し、連邦議会がそれを翌1月に公式に開票する。その後、正副大統領が正式に決定する。

2016年と2020年の大統領選挙

選挙人による大統領選挙がどのような結果をもたらすかを、2016年と2020年の大統領選挙から見てみよう。

次ページの図5は2016年の大統領選挙の結果を示している。民主党のヒラリー・クリントン候補と共和党のドナルド・トランプ氏の一騎打ちだった。ウィスコンシン州、ミ

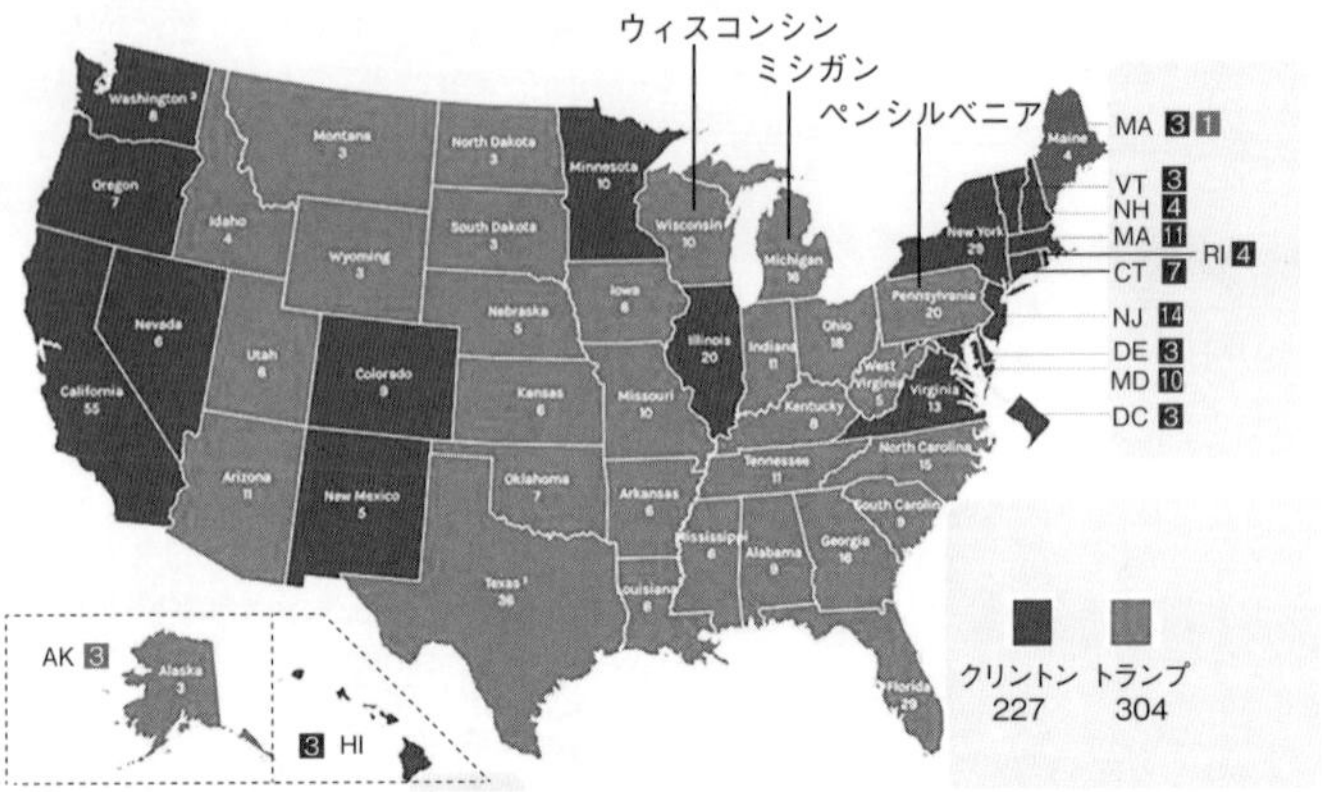

図５　2016年アメリカ大統領選挙人獲得結果　2016年には４つの激戦地がトランプ氏に有利に働いた。（出典：AFP）

シガン州、ペンシルベニア州はかつて民主党の地盤とされていた。この3州は、イリノイ州、インディアナ州、オハイオ州とともに「ラストベルト（さびついた工業地帯）」と呼ばれる。これらの地域に立地する多くの工場が鉄鋼や自動車などの衰退産業だったことから名づけられたのである。また、オハイオ州やフロリダ州、アイオワ州は選挙のたびごとに民主党と共和党が入れ替わる「スイング・ステート」と呼ばれる。ラストベルトでもスイング・ステート州でもトランプ氏が勝利した。

　選挙結果は、得票数ではクリントン氏がトランプ氏を約260万票上回っていた。クリントン氏の得票数は、2012年の大統領選挙で再選されたときのオバマ大統領の得票数を超えて

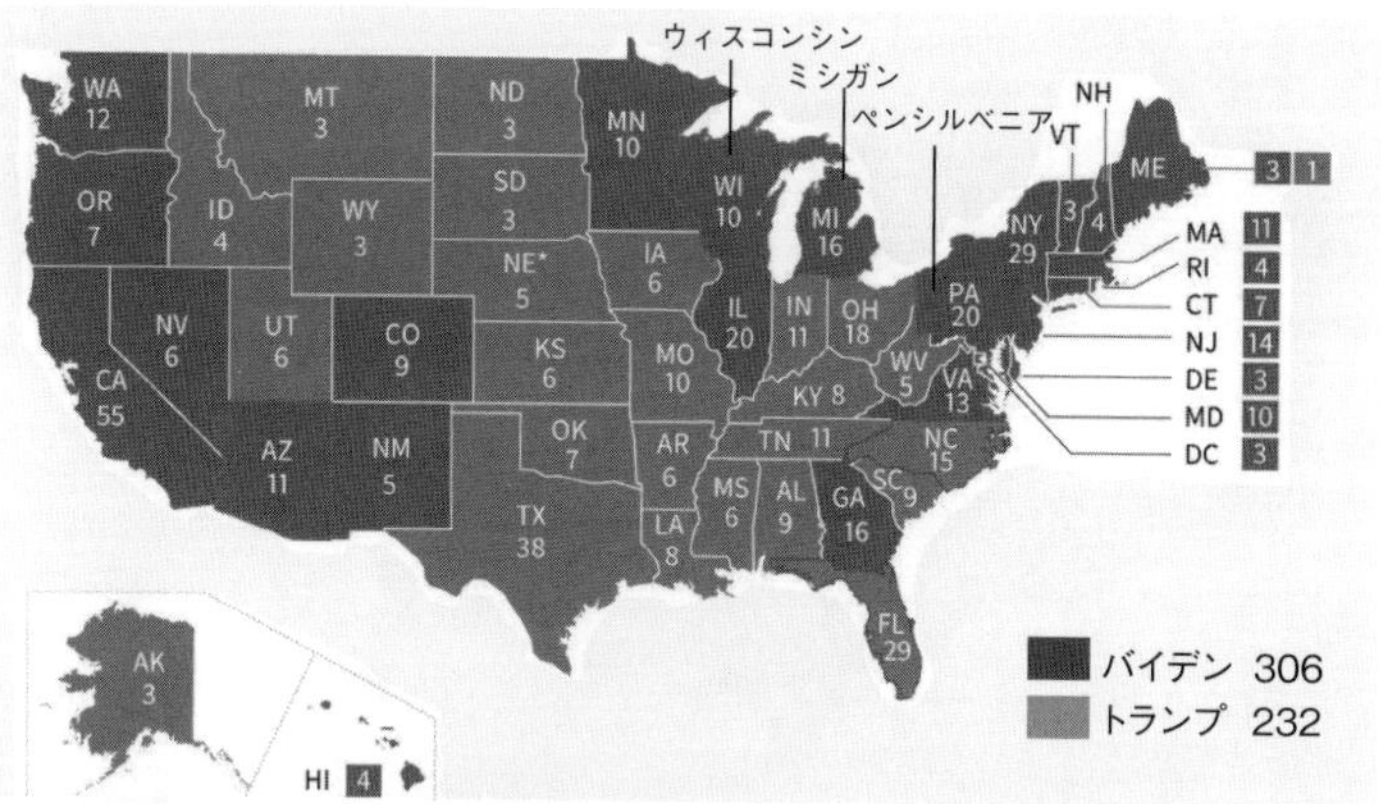

図6　2020年アメリカ大統領選挙人獲得結果（出典：AFP）

いる。得票率はトランプ氏46％に対してクリントン氏48％だった。しかし、選挙人獲得数ではクリントン氏227票に対して、トランプ氏304票だった。その結果、トランプ氏の勝利が確定したのである。

　得票数で対立候補を下回った候補が選挙人獲得数により大統領に指名されるのはこの大統領選挙が初めてではない。2000年の大統領選挙では、共和党のジョージ・W・ブッシュ候補が民主党のアル・ゴア候補を破っている。

　次に、図6は2020年の大統領選挙の結果を示したものである。2020年の大統領選挙では現職の共和党大統領のトランプ候補と、民主党のジョー・バイデン候補の一騎打ちだった。前回の選挙で接戦州だったウィスコンシン州、

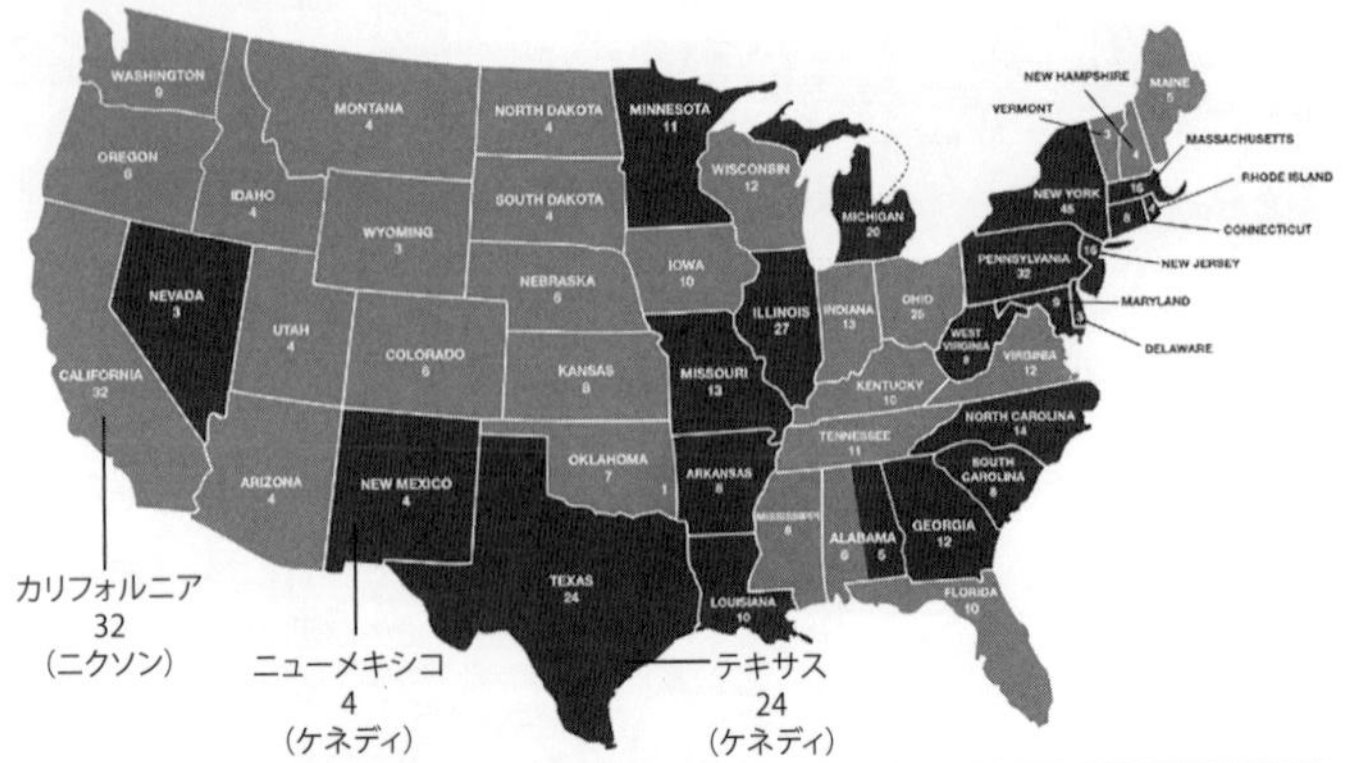

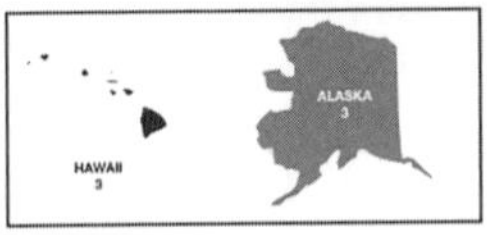

Candidate	Color	Political Party	Popular Votes	Electoral Votes
ジョン・F・ケネディ	●	Democratic	34,226,731	303
リチャード・ニクソン	●	Republican	34,108,157	219
ハーリー・バード	●	Democratic	....	15

図7　1960年アメリカ大統領選挙人獲得結果（出典：AFP）

ミシガン州、ペンシルベニア州で民主党が勝利している。民主党は前回の選挙結果を踏まえて、対策を練ったと考えられる。

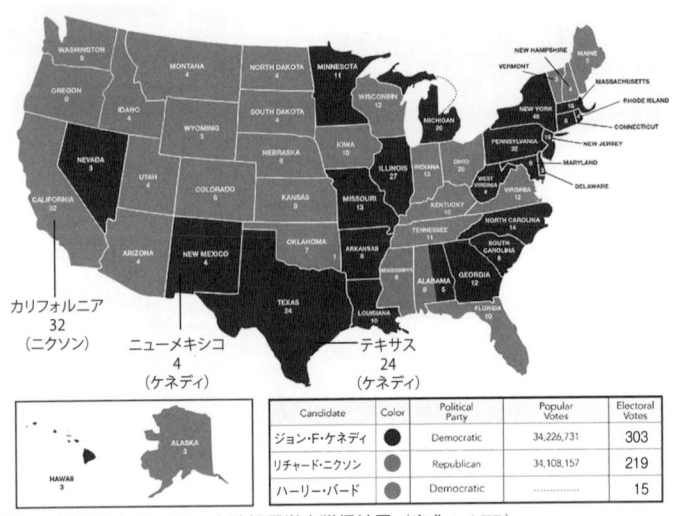

選挙結果は、バイデン氏が選挙人の306票を獲得し、トランプ大統領は232票だった。得票数でも、バイデン氏が約8100万票、トランプ氏が約7400万票だった。こうしてバイデン大統領が誕生したのである。

アメリカの選挙人制度の下での大統領選挙では、「勝者総取り方式」（メイン州とネブラスカ州を除く）で選挙人数が決まる。その結果、図5や図6のように、民主党の強い州と共和党の強い州を明確に色分けすることができる。2020年選挙時点では、大まかに言えば、太平洋岸や大西洋岸の近くは民主党が強く、内陸部では共和党が強いという傾向がみられる。しかし、長い目で見れば、その色分けは大胆に変動してきた。

図7は、1960年選挙時の州を色分けしたものである。興味深いことに、現在は民主党の地盤であるカリフォルニアは、当時は共和党の地盤だったのである。

一方、現在は共和党の地盤とされているテキサス州やニューメキシコ州は民主党の地盤だったことがわかる。

1960年の大統領選挙では、民主党のジョン・F・ケネディ候補と、共和党のリチャード・ニクソン候補が対決した。得票率ではケネディ候補49・7%、ニクソン候補49・5%という僅差だったが、選挙人票はケネディ候補303票、ニクソン候補219票で、ケネディ大統領が誕生した。大統領選挙の接戦は今始まったことではない。そして政党の選挙地盤は今も流動している。

よって州の色分けは今も常に変化している。2020年の大統領選挙では民主党が勝利したが、それが必ずしも未来永劫続く保証はない。2024年の大統領選挙では、州の色分けが少しずつ変わっている可能性がある。テキサス州は共和党の牙城と言われているが、州法によって税金が低いために、カリフォルニアやニューヨークから多くの人が流れ込んでいる。しかも、その多くは民主党系の人だと言われている。したがって、長い意味での今後の変化が注目される。

6

バイデン政権の4年間と2024年大統領選挙・トランプ前大統領の復活

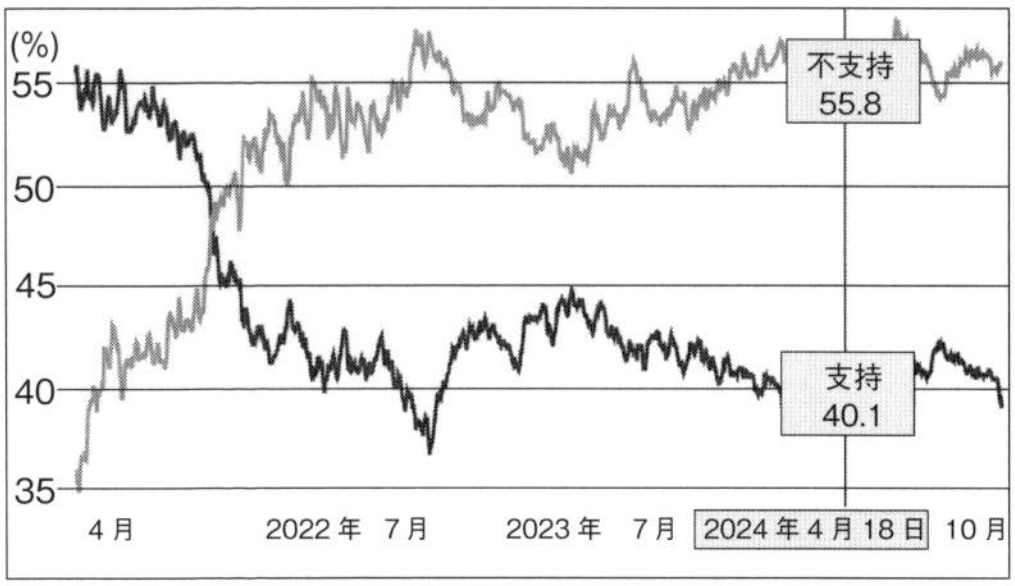

図8　バイデン大統領（2021年～2025年）の支持率の推移
（出典：RealClearPolitics 2024年）

バイデン大統領の支持率

図8はバイデン大統領の支持率の推移を示している。就任当初は56％程度の支持率だったものが、2022年中頃には40％以下に低下している。一方、不支持率は55％を超えている。その後いったん支持率は回復するが、2023年以降は支持率は低下傾向に転じる。

近年の歴代大統領の支持率の推移と比較しても、バイデン大統領の支持率の低下は著しい。例えば、トランプ大統領の支持率は一貫して低いが、バイデン大統領の支持率はそれよりも低くなっている。同じ民主党のクリントン大統領やオバマ大統領はほぼ50％の支持率を維持していた（図9）。

ブッシュ（子）大統領の支持率が90％近くに急上昇したのは、2001年の9・11テロ

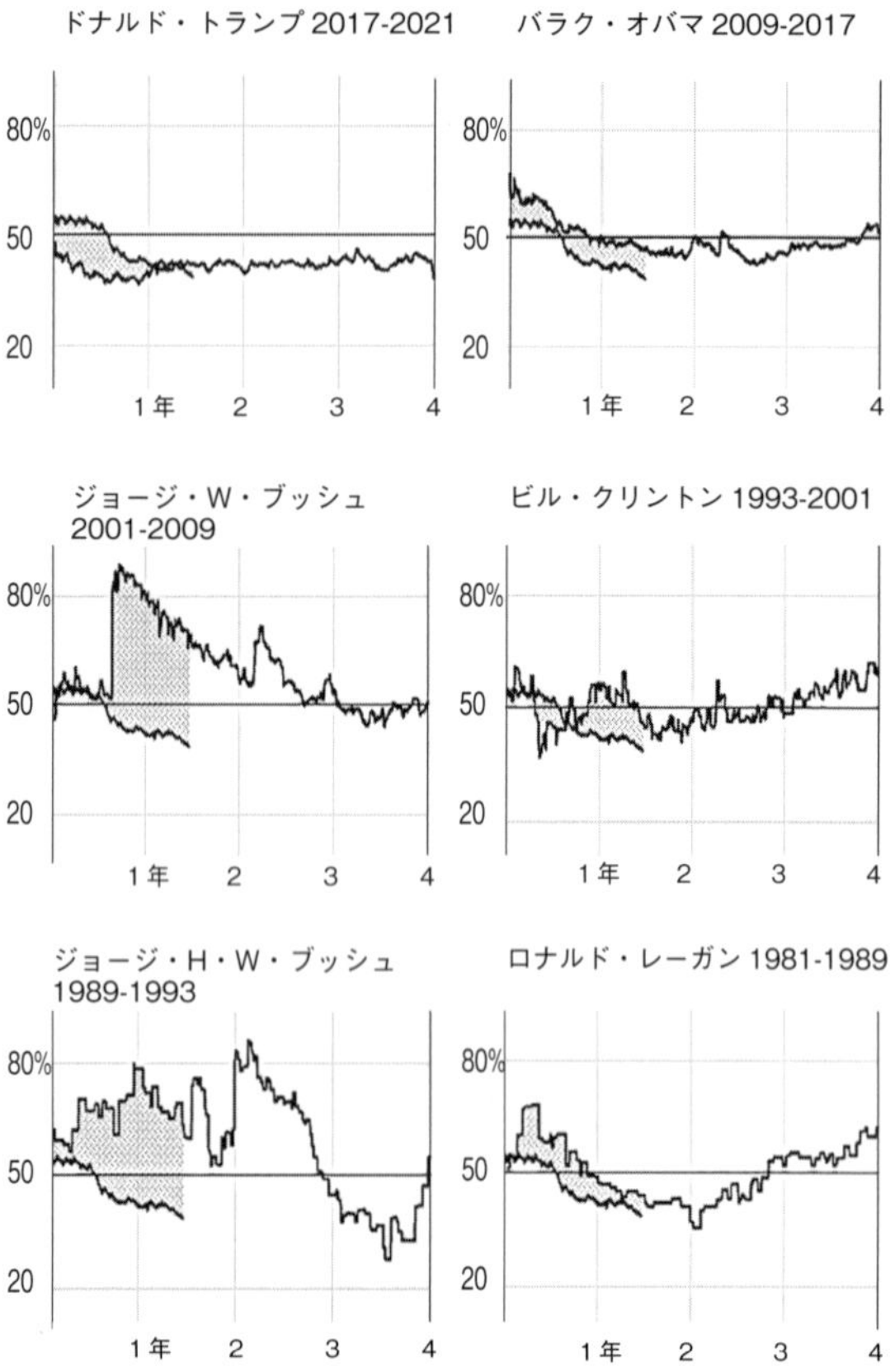

図9　アメリカ大統領の支持率比較（出典：FiveThirtyEight 2022年7月14日）

調査期間	共和党	無党派	民主党
2024年11月6日～20日	7%	32%	80%
2024年10月1日～12日	8	33	83
2024年7月1日～21日	4	31	81
2024年4月1日～22日	2	33	83
2024年1月2日～22日	6	35	83
2023年10月2日～23日	5	35	75
2023年7月3日～27日	2	38	86
2023年4月3日～25日	4	31	83
2023年1月2日～22日	4	36	81
2022年10月3日～20日	4	39	85
2022年7月5日～26日	5	31	78
2022年4月1日～19日	5	35	84
2022年1月3日～16日	5	33	82
2021年10月1日～19日	4	34	92
2021年7月6日～21日	12	48	90
2021年4月1日～21日	1	58	94
2021年1月21日～2月2日	11	61	98

図10　バイデン大統領の支持率の推移（政党別）（出典：ギャラップ社 2024年12月）

の直後のことである。大統領の下でまとまろうという雰囲気が国中にあふれ、アメリカ国民が1つになったときでのことだった。近年の歴史上では異例のことだが、戦争が起きればアメリカも国が1つになることを示している。

バイデン大統領の支持率低下の理由

次に、図10を見ていただきたい。アメリカの調査会社であるギャラップ社が、バイデン大統領の4年間の支持率の変化を調査したもので、民主党支持者・共和党支持者・無党派のそれぞれについての調査結果をまとめている。

この図から、バイデン大統領が就任した直後は、民主党支持者の人たちの98％が支持していたことがわかる。共和党支援者の間でも11％の人が支持していた。無党派層つまり支持政党なしという人たちの61％もバイデン大統領を支持していた。ところが、バイデン大統領の支持率はその後ほぼ一貫して下がり続けた。なお、２０２２年6月には、共和党支援者の間では3％に低下し、無党派層の間でも約半分の36％まで低下した。民主党支援者の間でも85％と低迷している。

アフガン紛争の終結とアメリカ国内の厭戦気分

その原因は何だったのだろうか。とりわけ無党派層からの支持を失ったのはなぜなのだろうか。そのひとつとして、海外の戦争に巻き込まれたくないという気分がアメリカ国内に広がっていることが挙げられる。例えば、ロシアによるウクライナ侵攻でアメリカが戦争に巻き込まれるのではないかという不安がある。

多くのアメリカ国民は、アフガニスタンからのアメリカ軍の撤退を望んでいた。長引くアフガン紛争にアメリカが本格的に関与を始めたのは、２００1年のことだった。その後、アメリカ軍はアフガニスタンに駐留を続けた。2016年の大統領選挙ではトランプ大統領はアフガニスタンからの撤退を公約に挙げていた。トランプ大統領は任期中に何度も撤退を試みた。しかし、アメリカ軍が撤退するとアフガニスタンはテロの巣窟《そうくつ》になる可能性が高いという警告を、官僚たちから受けたため、撤退を決断できなかった。

バイデン大統領は2020年の選挙戦で、アフガニスタンから撤退を約束した。そして、アフガニスタンでタリバン政権が実権を掌握した2021年8月に、アフガニスタンからの完全撤退を完了させた。バイデン大統領は、アフガニスタンから期限どおりに米軍を撤退させ、20年続いた戦争を終結させた自らの判断は正しかったことを強調した。

アメリカ人約5500人を含めた12万人以上の人々がアフガニスタンから退避した。しかし、米軍による市民の避難が行われる最中に空港でテロが起き、アメリカ軍兵士を含む多数の死傷者が出た。

バイデン大統領の経済政策

バイデン大統領は世界を震撼《しんかん》させたコロナ禍の最中に就任した。打撃を受けた経済の立て直しもバイデン政権の課題だった。しかし、世論調査を見る限りは、バイデン大統領の

図11　バイデンの経済政策に対する支持率（出典：「ABC News イプソスの世論調査」実施調査期間 2022年6月3日〜4日）

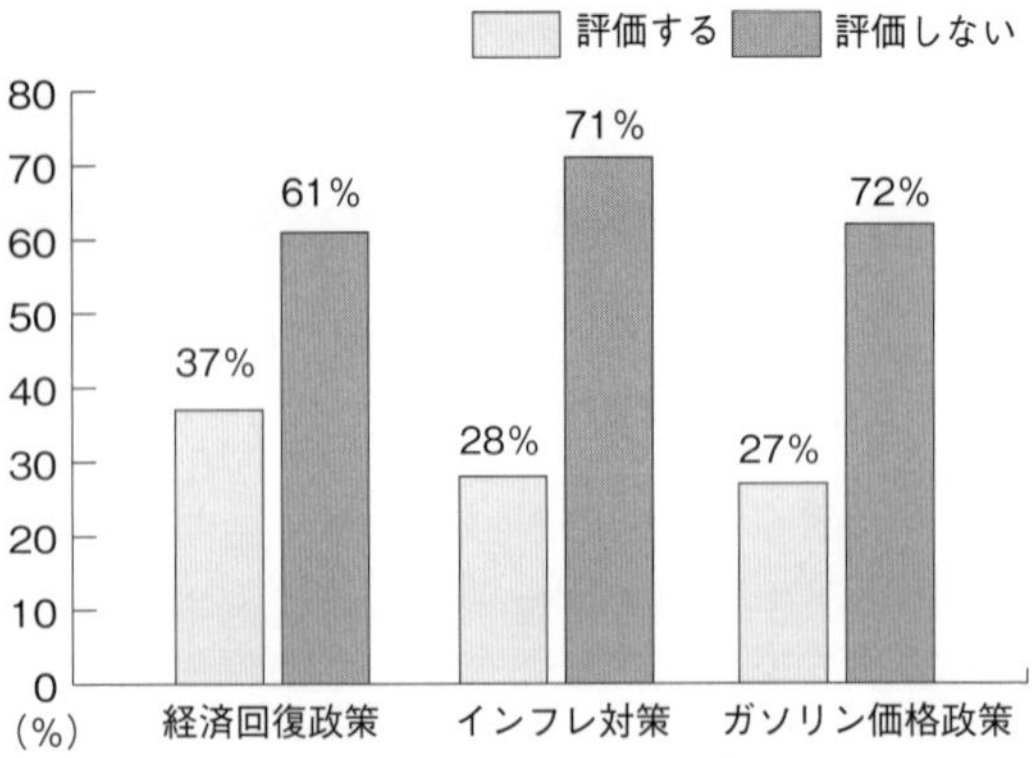

経済政策に対する評価は低い（図11）。

２０２２年６月に行われた世論調査では、コロナ禍からの経済回復（economic recovery）政策については、「評価する」が37％だったのに対し、「評価しない」は61％だった。また、インフレーション対策については「評価する」が28％、「評価しない」が71％だった。この時期、物流の困難や人手不足を背景に記録的なインフレ（物価高騰）が発生したが、ウクライナ戦争による原油価格の高騰がそれに拍車をかけた。

ガソリン価格政策についても、「評価しない」が72％、「評価する」が27％だった。車社会であるアメリカは、安いガソリン価格の上に成り立っている。アメリカ国民にとってガソリン価格の上昇は死活問題なのである。

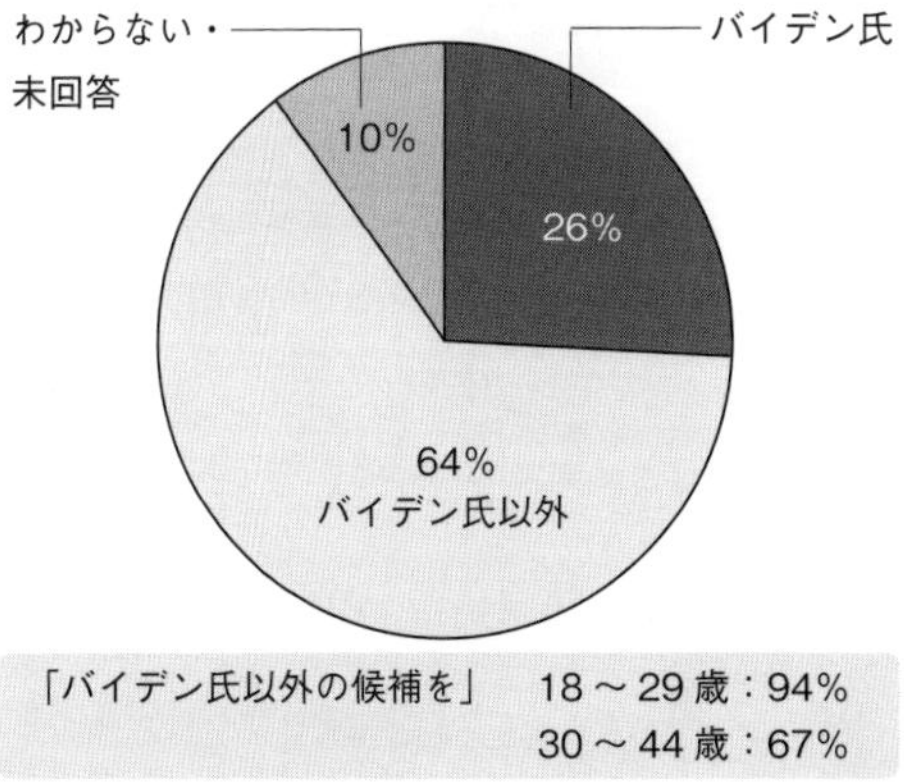

図12 「誰が次の大統領候補者になるべきか？」民主党支持層へのアンケート（出典：『ニューヨーク・タイムズ紙』日経新聞2022年7月12日）

実は、バイデン大統領はクリーンエネルギー促進を掲げて、大統領に当選した。そこで、地球温暖化対策のために化石燃料の使用を減らそうとした。自国の石油掘削を制限したのである。そのため、アメリカではガソリンを増産しにくい状況になってしまった。それが原因でガソリン価格が上昇したと考える人も少なくない。その意味では、バイデン大統領はアメリカ国民から恨まれている可能性がある。それがバイデン大統領の支持率を低下させる一因になっている。

民主党の次の大統領候補は？

興味深いアンケート調査がある。２０２２年７月に『ニューヨーク・タイムズ』紙が行った調査である（図12）。民主党支持層に対して、「次期大統領候補には誰がふさわしいか」を聞いたところ、「バイデン氏」と答えたのは26％に過ぎなかった。それに対して、64％の人が「バイデン氏以外」と答えている。18歳から29歳に限ると、94％が「バイデン氏以外」と答えているのは衝撃的ですらある。

しかし、世論調査と現実の政治の世界では状況が大きく異なる。２０２４年の大統領選挙に向けた民主党大会では、２期目を目指すバイデン大統領が民主党候補に選ばれた。１９４２年11月20日生まれのバイデン大統領は、大統領選挙のときには81歳である。仮に、大統領選挙に勝てば、82歳から86歳まで大統領職に就くことになる。年齢による差別を嫌うアメリカでも、さすがに高齢すぎないかという声も出そうである。

大統領はアメリカの国家元首である。その大統領は、国民の動向を常に見ながら、さまざまな政策を決めなければならない。例えば、国際的なリーダーシップを発揮するために、地球温暖化阻止のための政策を実施しようとしても、そのためにエネルギー価格やガソリン代が高騰すると、国民からは厳しい目が向けられるからである。

カマラ・ハリス副大統領

バイデン大統領の「ランニングメイト」はカマラ・ハリス副大統領だった。インドとジャマイカから移住してきた両親を持つハリス副大統領は、１９６４年10月20日生まれ。60歳で任期を終えた。副大統領のとりわけ重要な職務は、大統領が死亡した場合に大統領職を速やかに引き継ぎ、すべての大統領権限を担うことであることはすでに紹介した。副大統領はまた、大統領の腹心であり相談役であるとともに、議会や国民を説得する役割を果たすことが期待されている。特使として外国に派遣されることも少なくない。

バイデン大統領は、ハリス副大統領の活躍を期待して、さまざまな担当分野を任せた。例えば、不法移民の「根本原因」対策をめぐる中米諸国との交渉である。しかし、この交渉は必ずしも成功はしていない。メキシコとの国境の間で拘束された不法越境者の数(＊9)は、トランプ大統領のときよりもはるかに増え、さらに増加の一途をたどっているからである。

そのほかハリス副大統領が担当した主な分野は、労働組合や労働者の団体を支援する作業部会長、アメリカ国民の投票権保護のための法律作成、宇宙会議議長、さらには新型コ

＊9【メキシコからの不法越境者数】米税関・国境取締局（CBP）の発表によると、メキシコからアメリカに不法入国し拘束された人は、2022年10月から2023年9月までの1年間で約247万人に達し、過去最多を記録した。2023年10月から2024年9月までの1年間では約213万5000人とやや減少している。

ロナウイルスワクチンをためらう黒人やヒスパニックの接種を促進することなどだった。ちなみに、宇宙会議とは、宇宙関連の課題などを討議する会議で、宇宙ごみの発生や宇宙を利用するための規範づくりなどを議題としている。

カマラ・ハリス大統領候補

２０２４年7月に突然、大転換が起きた。バイデン大統領が自らの選挙戦からの撤退と、後継の民主党大統領候補としてハリス氏を支持することを表明したのである。カマラ・ハリス副大統領は8月の民主党大会で、代議員によるオンラインの投票を経て、正式に党の大統領候補に指名され、これを受諾した。バイデン大統領の撤退には伏線があった。6月に行われたトランプ氏との討論会で、口ごもることが多く、2期目の就任に懸念が生じたからである。それ以前にも、名前を間違えることが指摘されていた。高齢を懸念する声が以前からあったことも事実である。

女性がアメリカの主要な政党の大統領候補に指名されたのは２０１６年の民主党のヒラリー・クリントン元国務長官に次いで2人目である。ハリス氏が当選すれば、史上初めての女性大統領となるはずだった。しかし、２０２４年11月の大統領選挙でハリス氏はトランプ氏に敗北した。

共和党の大統領候補

2022年7月にアメリカの公共放送PBS（Public Broadcasting System）が行った世論調査によれば、共和党の大統領候補として最も支持率が高かったのはトランプ氏77％、フロリダ州知事のロン・デサンティス氏65％、ペンス元副大統領59％の順だった。

当時、トランプ氏が2人の候補者に猛追されていたのは、2021年1月の連邦議会襲撃事件が原因だった。連邦議会下院は調査権限を使い、特別な公聴会を開き、トランプ前大統領の関与を示す証拠のいくつかが公表されたからである。連邦裁判所も事件について徹底的に調査をする方向に舵《かじ》を切った。共和党の支援者の間にも、トランプ氏が2024年の大統領選挙に勝利できるかどうか、疑問が湧き起こり始めてきたのである。

フロリダ州知事のデサンティスは、トランプ氏と同様の急進的な保守派であり、政治経験が豊富なエリートとして知られている。しかし、トランプ氏とは異なり、陰謀論と距離を置いていることから、メディアでは「賢いトランプ」「ミニトランプ」などと称されている。

ペンス元副大統領は、トランプ氏に抵抗した人物として知られている。下院の調査委員会の調査によれば、当時副大統領だったペンス氏に、選挙人の票の取りまとめを改竄《かいざん》するようにトランプ大統領が指示した。しかし、ペンス副大統領は、「副大統領にその権限はなく、国民が選ぶ大事な大統領選挙の結果を曲げることはできない」として、トランプ大統領を拒否したのである。

そのためペンス氏に対する評価は上がった。1月6日の連邦議会襲撃の際に、トランプ支持者たちは「ハング・ペンス（Hung Pence）」と叫んだという。「ペンスを絞首刑（hanging）にしてしまえ」という意味の合言葉だった。「Hung Pence」と書いたプラカードを掲げる人や、ギロチンをかたどった模型を運び込んだ人までいた。ペンス氏は脅しにも負けずに正義を貫いたということで注目されたのである。

トランプ支持者の熱量は高い。トランプ氏の集会では、演説を聞いて支持者たちは熱狂する。2022年の中間選挙に向けた党内選挙では、トランプ氏は自らを支持する議員を当選させて、連邦議会に送り込むことに成功した。その結果、共和党内でのトランプ氏の人気は高まり、2024年の共和党大会で共和党の指名候補として大統領選を戦うことが決まった。

トランプ氏は1946年6月14日生まれの78歳。日本でいえば立派な「後期高齢者」である。２０２４年の大統領選挙で当選したことにより、82歳まで大統領職を務めることになる。

共和党の中の熱狂的なトランプ支持者

アメリカは、宗教、政党、性などさまざまな面で分断されていると言われている。先に紹介した図10（「バイデン大統領の支持率の推移」311ページ参照）は、民主党支持者と共和党支持者の分断を如実に表している。例えば、２０２２年1月の数字で見ると、民主党支持者の82%がバイデン大統領を支持すると答えたのに対して、共和党支持者でバイデン大統領を支持する人はわずか5%に過ぎない。政党が異なるとはいえ、バイデン大統領はアメリカの国家元首である大統領である。

２０２０年の大統領選挙について２０２１年に行われたアンケート調査の結果は衝撃的ですらある。民主党支持者の86%と共和党支持者の25%が「正当／正確な結果」と答えたのに対して、共和党支持者の56%が「違法／選挙は不当に盗まれた」と答えたのである。また、共和党支持者の53%は、トランプ氏が正当な大統領であると信じていることが分かった。

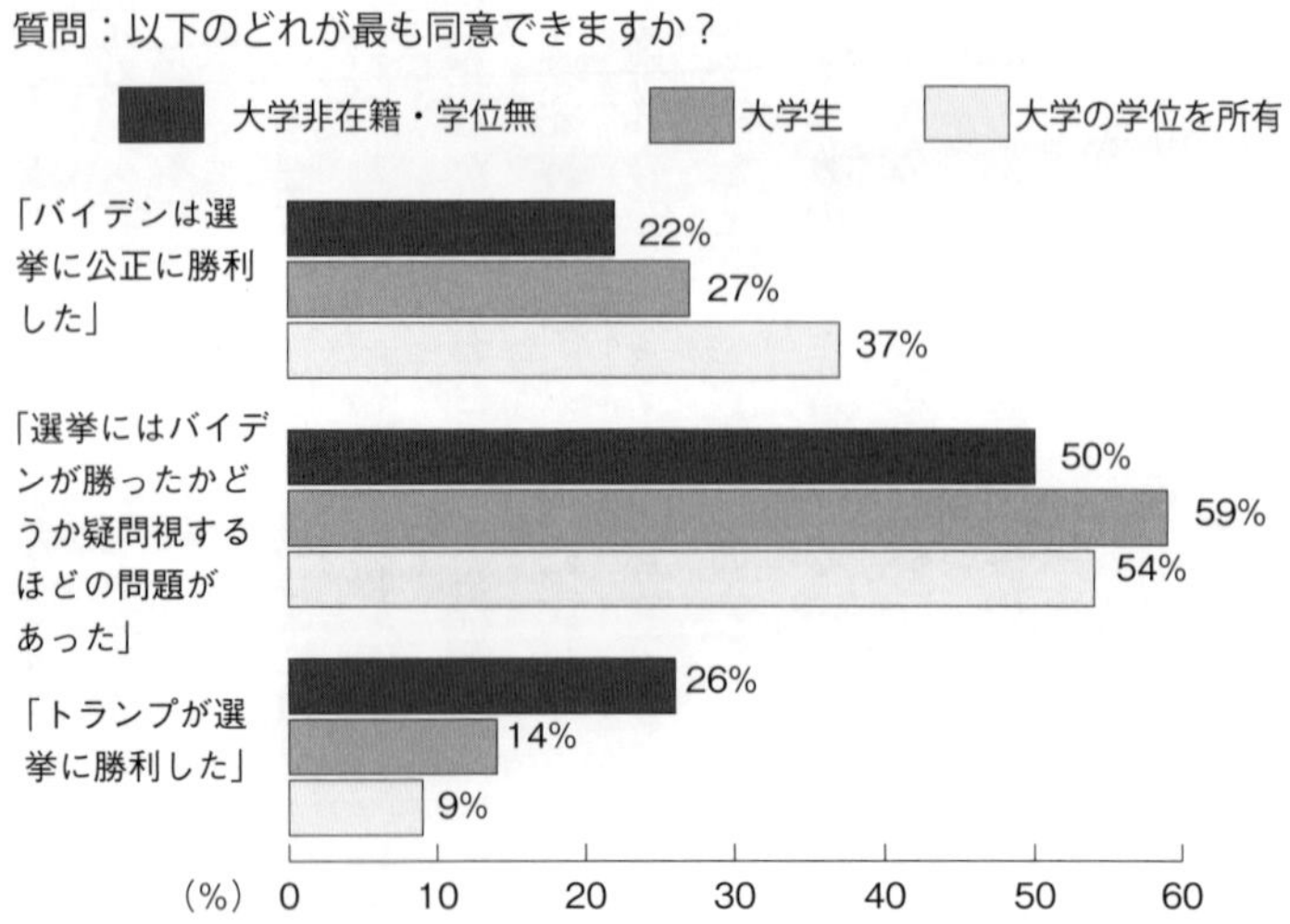

図13　ハーバード大の共和党支持の若者に対する意識調査（出典：ハーバード大学ケネディスクール IOP 、Datawrapper　2021年春調査）

トランプ氏は自らの敗北を認めていなかった。共和党支持者の半数近くを占める熱狂的なトランプ支持者がトランプ氏の言葉を信じ、それが２０２１年１月６日の連邦議会襲撃事件につながったと指摘されている。

若者はどう思っているのだろうか

ここで、ハーバード大学が行った２つの調査結果を紹介しよう。

１つは、２０２１年４月に行われた調査で、共和党を支持する18歳から29歳を学歴別に分けて、２０２０年の大統領選挙についての３つの項目のうち、最も同意できるのは何か

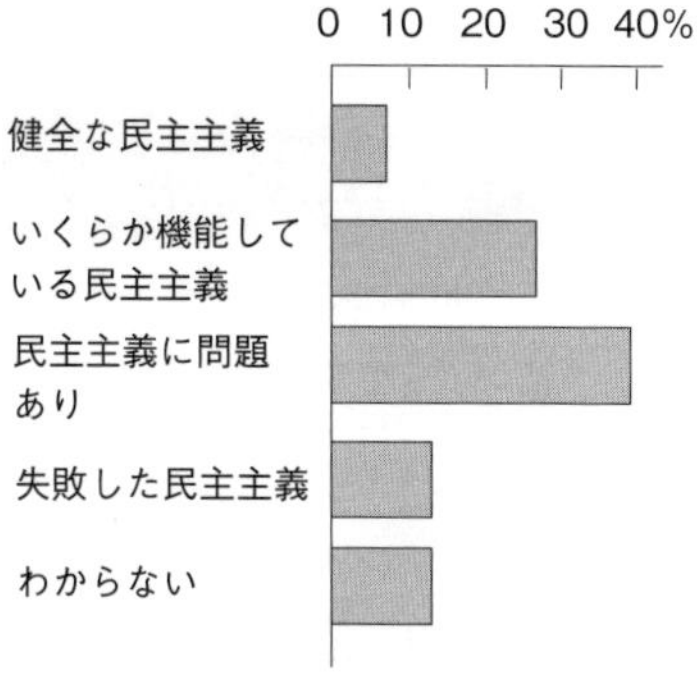

図14　アメリカの現状をどう見ているか（出典：ハーバード大学ケネディスクール）

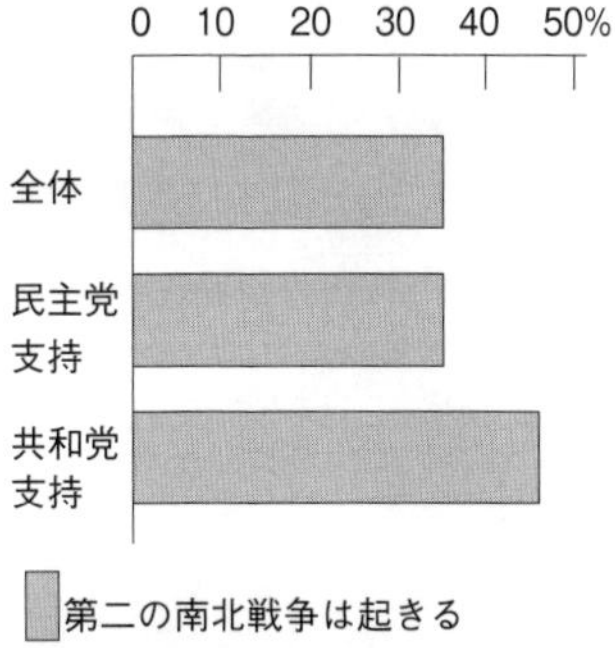

図15　あなたが生きているうちに第二の南北戦争は起きるか（出典：ハーバード大学ケネディスクール）

を聞いたものである（図13）。大学未入学者の22%、大学生の27%、4年生の大卒者の37%が「バイデン大統領は正当に勝利」と答えたのに対して、大学未入学者の50%、大学生の59%、大卒者の54%が「バイデン大統領が勝利したかどうかは問題」と答え、大学未入学者の26%、大学生の14%、大卒者の9%が「トランプ氏が勝利」だった。

もう1つは、ハーバード大学のケネディスクールが、2021年10月～11月にかけて、18歳から29歳の若者に対して行った調査である（図14）。

アメリカの現状に対しては、「健全な民主主義」と答えたのは10%以下であり、約4割は「民主主義に問題あり」と答え、「失敗した民主主義」と答えた若者が10%以上いた。さらに衝撃的だったのは、同じ調査で、生きているうちに「第二の南

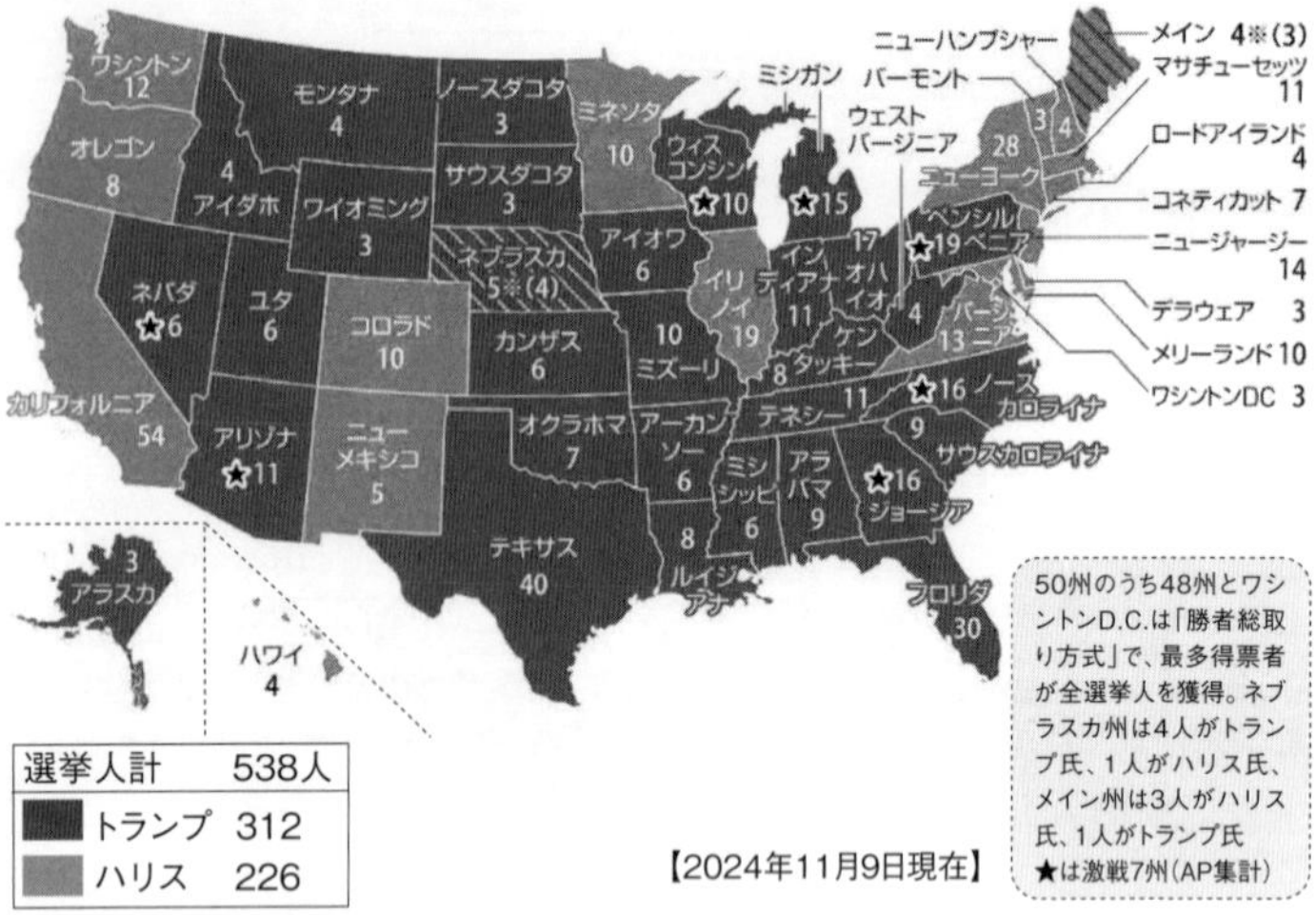

図16　2024年アメリカ大統領選挙人獲得結果（出典：AFP）

北戦争」が起きるかもしれないと考えている若者が、民主党支持者では約35％、共和党支持者では約45％だったことである。若者の3人に1人が、自分が生きているうちに第二の南北戦争が起きると考えているのである（前ページ図15）。

南北戦争はアメリカ分断から混乱を経て、時代が大きく転換した象徴的出来事である。アメリカの若者は、それがこれから半世紀以内に起きるのではないかと危惧しているのである。

2024年大統領選挙……トランプ前大統領の復活

経済	▶法人税を現行の 21%から 15%に引き下げ ▶トランプ減税（所得減税）の恒久化 ▶人工知能や暗号資産など成長産業を支援 ▶チップ、残業代の非課税化 ▶金融政策への大統領の介入に前向き
関税	▶対中国関税を 60%に引き上げ。他国からの輸入品に 10%～20%の一律関税 ▶メキシコ製自動車への追加関税
エネルギー環境	▶石油・天然ガスの大幅増産によるエネルギー価格の引き下げ ▶バイデン政権の EV 推進策を撤回 ▶パリ協定からの再離脱
外交	▶孤立主義的なスタンス ▶ウクライナや中東での戦争の早期終結
その他	▶厳格な国境管理政策により不法移民を強制送還 ▶インド太平洋経済枠組み（ＩＰＥＦ）からの離脱

図 17　トランプ氏の政策（出典：2024 年 11 月 8 日付け読売新聞・東京新聞を参考にして制作）

２０２４年のアメリカ大統領選挙は、国家の未来を問う重要な機会として国内外の注目を集めた（図16）。この選挙では、トランプ前大統領の再出馬とバイデン政権の政策評価が主な焦点となり、各政党がそれぞれの支持基盤を拡大しようと全力を尽くしたといえる（図17）。トランプ候補は、地方や労働者階級、非大学卒の白人有権者を中心に支持を固めた一方で、都市部における非白人有権者の一部にも支持を拡大したと考えられる。一方、カマラ・ハリス候補は、高学歴で社会改革を重視する都市部の若年層や女性層の支持を中心

財政悪化	・トランプ減税（所得減税）の恒久化	▲5.35
	・残業代を非課税に	▲2.0
	・社会保障給付を非課税に	▲1.3
	・国境警備	▲0.35
	・飲食店従業員などのチップを非課税に	▲0.3
	・法人税率引き下げ（21%⇒15%）	▲0.2
	・その他（国防費の増額）など	▲0.7
	小計	▲10.2
財政改善	・10%の一律関税、中国製品は60%	2.7
	※一律関税が20%の場合	※4.3
	・再生エネルギー向け税額控除を廃止	0.7
	・その他	0.3
	小計	3.77
	利払い費	▲1.0
財政赤字	合計	▲7.5

【兆ドル】

図18　トランプ氏の政策と財政予測（2026年〜2035年）（出典：「責任ある連邦予算委員会・Committee for a Responsible Federal Budget」日本経済新聞電子版2024年10月8日公開）

に、民主党の伝統的な強固な支持層を維持する戦略を取ったと見られる。

投票率は59・5％くらいだったと見積もられているが、2025年に正確かつ詳細なデータが連邦選挙委員会（FEC）や各州の選挙管理当局から公式発表される。特にこの選挙では、近年顕著となっている投票方法の多様化が続き、郵便投票、期日前投票、選挙日投票が広く活用された可能性がある。これにより、多くの有権者が自分に合った方法で投票することができた一方で、選挙プロセスの透明性と安全性の確保が、選挙管理当局にとって最大の課題であったとされる。この取り組みは有権者の参加を促進する上で一定の効果を上げた可能性がある。

また、2024年の大統領選挙では、経済、移民問題、気候変動、医療改革といった多岐にわたる政策課題が議論され、有権者の関心がさらに多様化している様子がうかがえた。民主党は社会的平等や気候変動対策を前面に押し出し、若年層や高学歴層の支持を集めることに力を注いだ。一方の共和党は、経済的安定や不法移民対策を含めた治安政策に焦点を当て、労働者階級や地方の保守的な層への訴求を一層強化した。

こうした多岐にわたる層の有権者を奪い合う構図は、アメリカ社会の価値観やイデオロギーの対立を一層浮き彫りにしたのと同時に、支持層の流動化が起こっていることも明らかにした政治的な再編成が進行中であることを示唆する。特に、非白人有権者や多様性の高い地域で共和党の支持が拡大したとされる点は、従来の支持基盤を超えた新たなアプローチが一定の成果を上げた可能性を示している。一方で、民主党は都市部や高学歴層における支持を維持しながら、一方で地方や労働者階級に再び訴求する必要性が、課題として浮き彫りになった。

総じて、2024年の大統領選挙は、アメリカが抱える複雑な課題と、それに対する国民の期待を反映した重要な政治的イベントであったと言える。選挙結果を通じて、アメリカ社会の多様性と複雑さが改めて確認されるとともに、民主主義の進化と混迷の中での前進が求められる時代が続いていることが示唆される。

終章

世界の中の日本の役割を考える

1 試行錯誤する民主主義国家

バイデン大統領が主導した民主主義サミット

２０２１年12月9日から10日の２日間、バイデン大統領の提唱による「民主主義サミット」(The Summit for Democracy)が開催された。Ｗｅｂ会議形式の仮想サミットである。「国内の民主主義を刷新し、海外の独裁国家に立ち向かう」ことを目的として、１０９の国家と2地域が招待された。テーマは、「権威主義からの防衛」「汚職への対処と戦い」「人権尊重の推進」である。

バイデン大統領は、会議参加国をどのような基準で選んだのだろうか。この会議に招待されなかった国もある。中国とロシアを招待から外したのは、民主主義とは相容れない統治体制の国だったからである。他にも、トルコやハンガリー、シンガポールやベトナムも招待から外れた。強権統治下にあるニカラグア、ミャンマー、北朝鮮も招待されなかった。

民主主義国家の数は減少している

実は、民主主義国家かどうかを判断することは難しい。民主主義国家の定義が曖昧だからである。例えば、スウェーデンのＶ－Ｄｅｍ研究所（V-Dem Institute）（＊1）は、「民主主義とは、国民がルールを決めること」と定義している。この研究所の名前のＶ－Ｄｅｍとは、Varies of Democracy（民主主義の多様性）の略語である。Ｖ－Ｄｅｍ研究所によれば、統治者が決めるのではなくて、国民がルールを決めることのできる統治機構を持っている国が民主主義国家である。

この定義のもとで、Ｖ－Ｄｅｍ研究所は、「選挙」「自由」「参加」「熟議」「平等」という5つの指標を指数化して、世界の国々の統治体制を4つに類型化している。「自由民主主義」「選挙民主主義」「完全な独裁主義」「選挙独裁主義」である。「選挙民主主義」とは、多少瑕疵《かし》のある民主主義であり、「選挙独裁主義」とは、選挙制度はあるものの実態は強権体制の国家である。

＊1【Ｖ－Ｄｅｍ研究所】2014年にスタファン・I・リンドバーグ教授によって設立された独立研究所。本部は、スウェーデンのヨーテボリ大学政治学部に置かれている。

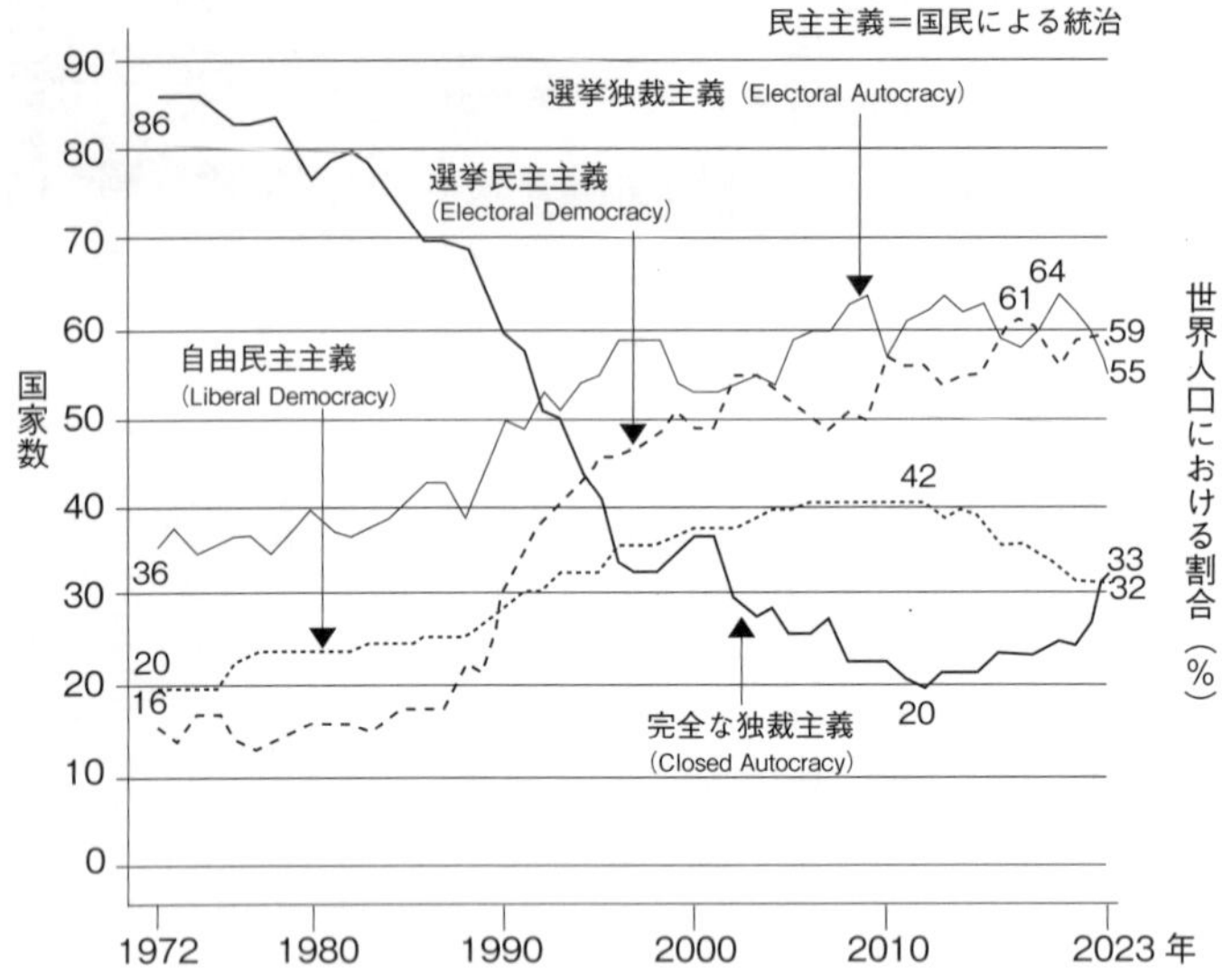

図１　４つの類型別国家数の推移（出典：スウェーデンのV-Dem研究所による「Democracy Report 2024」）

図1は、1972年以降の4つの類型別国家数の推移を示している（＊2）。

日本やアメリカ、カナダ、ヨーロッパの国々は「自由民主主義」である。1972年には20か国だった「自由民主主義」は、徐々に増えて2012年の42か国をピークとして減少傾向にあり、2023年現在、32か国に減った。

代わって増えているのは「完全な独裁主義」と「選挙独裁主義」の国である。中国やロシアなどは「完全な独裁主義」国家である。1972年には86か国だった「完全な独裁主義」は、その後急激に数を減らしたものの、2023年に「完全な独裁主義」は33か国、「選挙独裁主義」は55か国となっている。測定の不確実性により誤分類される可能性のある18の国があるが、不確実性を考慮に入れると、世界には少なくとも78の民主主義国と83の独裁国家が存在する。世界では民主主義の国家が減り、独裁国家が増えているのである。

＊2【4つの類型別国家】選挙独裁主義（インド、トルコ、ボリビア、ハンガリー、フィジー、アルメニアほか）。選挙民主主義（アルバニア、マラウイ、ウクライナ、ブラジル、ポーランド、スリランカほか）。自由民主主義（西ヨーロッパ、北アメリカ、ラテンアメリカの一部、日本、ニュージーランド、台湾ほか）。完全な独裁主義（中国、ロシア、ベネズエラ、タイほか）。

2 日米を中心とした多様な連携

日本とアメリカは、強大化する中国を念頭において、他の太平洋諸国を含む連携を行っている。

日米豪印戦略対話

1つは、「日米豪印戦略対話」である。英語名は「Quadrilateral Security Dialogue」。略して「Ｑｕａｄ（クアッド）」という（図2）。日本、アメリカ、オーストラリア、インドの4か国で安全保障や経済を協議する場であり、「4か国戦略対話」とも呼ばれる。

Ｑｕａｄは、２００4年12月に発生したスマトラ沖大地震およびインド洋津波被害に際して、日本、アメリカ、オーストラリア、インドがコア・グループを結成し、国際社会の支援を主導したことに始まる。その後、事務レベル会合、局長級協議等を定期的に実施し、２０１9年9月の国連総会のときにニューヨークで初の外相会合が開催された。２０２１年3月には首脳テレビ会議、9月にはワシントンで対面での首脳会合が実施された。

図2　Quad構成4か国

Ｑｕａｄは、日本、アメリカ、オーストラリア、インドが基本的価値を共有し、「法の支配に基づく自由で開かれた国際秩序の強化にコミット」することを目的とする会合の場である。その背景には、中国の存在がある。中国は一党支配体制の権威主義国家である。ＧＤＰ世界第2位の経済大国になった中国は今、軍事的な対外拡大の姿勢を露骨に示すようになったからである。

Ｑｕａｄ4か国のうち、日本・アメリカ・オーストラリアは同盟関係にある。しかし、インドの立ち位置は異なる。中立国家であるインドは、他国と同盟を結ばないことを誇りにしているからである。したがって、Ｑｕａｄでは、対ロシア政策や対中国政策などを真正面から取り扱うことを避けている。

例えば、２０２２年5月に東京で開催された「Ｑ

uadサミット」では、コロナワクチンをはじめとする医療での協力、環境問題に共同で取り組むこと、大学院レベルの理工科分野での奨学金制度（Quad Fellowship）の立ち上げ、宇宙共同開発、5Gなど先端技術開発での協力、サイバー・セキュリティでの協力、インド太平洋地域のインフラ開発協力、天災・人災救済での協力などである。また、中国の太平洋進出についても、「東南アジア諸国の協力も得た自由で開かれたインド太平洋シーレインの確保」（IPMDA：Indo-Pacific Partnership for Maritime Domain Awareness ）という表現にとどめている。

インド太平洋経済枠組み

経済的な連携も行われている。1つは、インド太平洋経済枠組み「IPEF（アイペフ）」（Indo-Pacific Economic Framework）で、「インド太平洋地域の経済連携」とも呼ばれる。IPEFはインド太平洋地域における経済面での協力について議論するための枠組みである。参加国は、オーストラリア、ブルネイ、フィジー、インド、インドネシア、日本、マレーシア、ニュージーランド、フィリピン、韓国、シンガポール、タイ、アメリカ及びベトナムの合計14か国である。

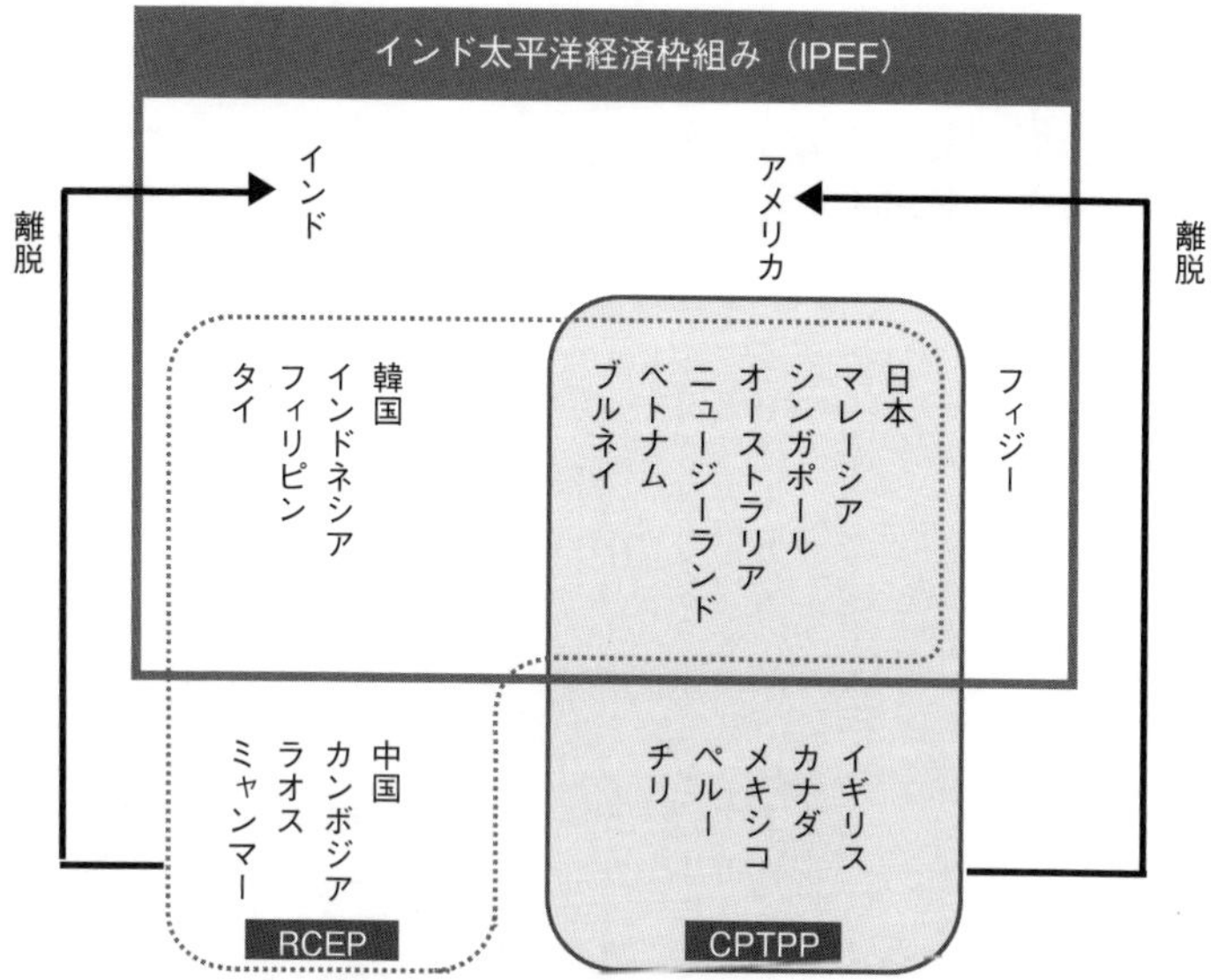

図3　インド太平洋地域のおもな経済枠組み

自由貿易協定としては環太平洋パートナーシップ協定（ＴＰＰ：Trans-Pacific Partnership Agreement）がある。しかし、２０１７年に就任したトランプ大統領はＴＰＰから離脱してしまった。貿易問題は２国間交渉で解決するというのがトランプ大統領の基本的な立場だったからである。ＴＰＰは「ＴＰＰ11」（ＣＰＴＰＰ）となり、２０２４年２月には、イギリスが正式加盟国として加わった。アメリカは日本をはじめとするＣＰＴＰＰ加盟諸国との共同的な経済連携を図るすべを持たなくなった（図3）。

地域的な包括的経済連携協定

アジア太平洋地域にはもう1つの経済連携が存在する。

東アジア地域包括的経済連携「ＲＣＥＰ（アールセップ）」（Regional Comprehensive Economic Partnership Agreement）である。アセアン諸国が主導し、日本や中国が積極的に参加して実現した経済連携枠組みである。日本をはじめとするＴＰＰ加盟の7か国と、中国、韓国、インドネシア、フィリピン、タイ、ラオス、ミャンマーなど15か国が加盟している。ＲＣＥＰには当初インドも交渉に参加していたが、安価な中国製品の国内市場への大量流入を懸念し、２０１９年に最終的な署名を見送った。

バイデン大統領は、２０２２年5月に東京で行われたＱｕａｄの場で、ＩＰＥＦを発表した。これは、イギリスを含めたＣＰＴＰＰやＲＣＥＰの加盟国の一部に加え、アメリカやインドを含む経済協力の枠組みである。

ＩＰＥＦは4つの基本的な柱で構成されている。1つは「貿易」である。デジタル貿易を含む公正な貿易を目指している。もう1つは、「サプライチェーン」である。半導体やレアメタルの供給網を構築することである。3つめが、「脱炭素」である。これも温暖化対策である。そして、4つめが「税・反腐敗」である。企業などの税逃れ対策を阻止して公正な競争環境を整備することである。

実は、ＩＰＥＦはＣＰＴＰＰと大きく違っている。ＣＰＴＰＰは連邦議会の承認が必要な国際連携協定（国際条約）であるのに対して、ＩＰＥＦは単なる枠組みに過ぎない。したがって、連邦議会の承認を必要としない。大統領が交代すると消滅する可能性もある。

また、ＩＰＥＦは、アメリカ国民に大きな影響を与えるような厳しい法律的な枠組みはつくらないことになっている。他の国々はどこまでアメリカが本気でコミットするのかについては疑いの目で見ていると言っていい。国際的に指導力を発揮しようとしても、その約束を国内で履行できる保証がないと、大統領は国際的なリーダーシップを果たすことは難しい。

3 日本の役割

日本の地政学的位置

ここで、世界地図を開いて、日本を取り巻く国々を確認しておこう（図4）。

日本の東は太平洋であり、海を隔ててアメリカがある。西側は、韓国・台湾・北朝鮮・中国・ロシアと海を隔てて接している。ロシア・中国・北朝鮮は「完全な権威主義国家」である。

ロシアはウクライナを攻撃し、侵略しようとしている。北朝鮮は核兵器使用をちらつかせて脅しを掛けている。韓国とは、歴史的な問題もあって、大統領によってはぎくしゃくした関係になることもある。中国は、「台湾は中国の一部であり、必要ならば武力を用いる可能性がある」と宣言している。北朝鮮と韓国は、停戦状態であり、緊張が高まっている。

いわば「問題山積のお隣さん」に囲まれている日本は、アメリカとの同盟関係にある。アメリカは韓国とも同盟関係を結んでいるが、それは北朝鮮との対峙のためである。

図4　日本を取り巻く国々

アメリカの軍事力は分散を余儀なくされている。ロシアに侵攻されたウクライナ支援、中国が虎視《こし》眈々《たんたん》と狙っている台湾の防衛、イランの核兵器阻止などである。「世界の警察」として世界中をカバーしていくことは、もはやアメリカ一国では難しくなった。国内が政治面で大きな転換期に入り、分断と混乱の危機に瀕しているからである。

日米協力と日本の安全保障

2022年5月に、アメリカのロイド・オースティン国防長官と日本の岸《きし》信夫《のぶお》防衛大臣との会談が行われた。ロシアのウクライナ侵攻が始まって2か

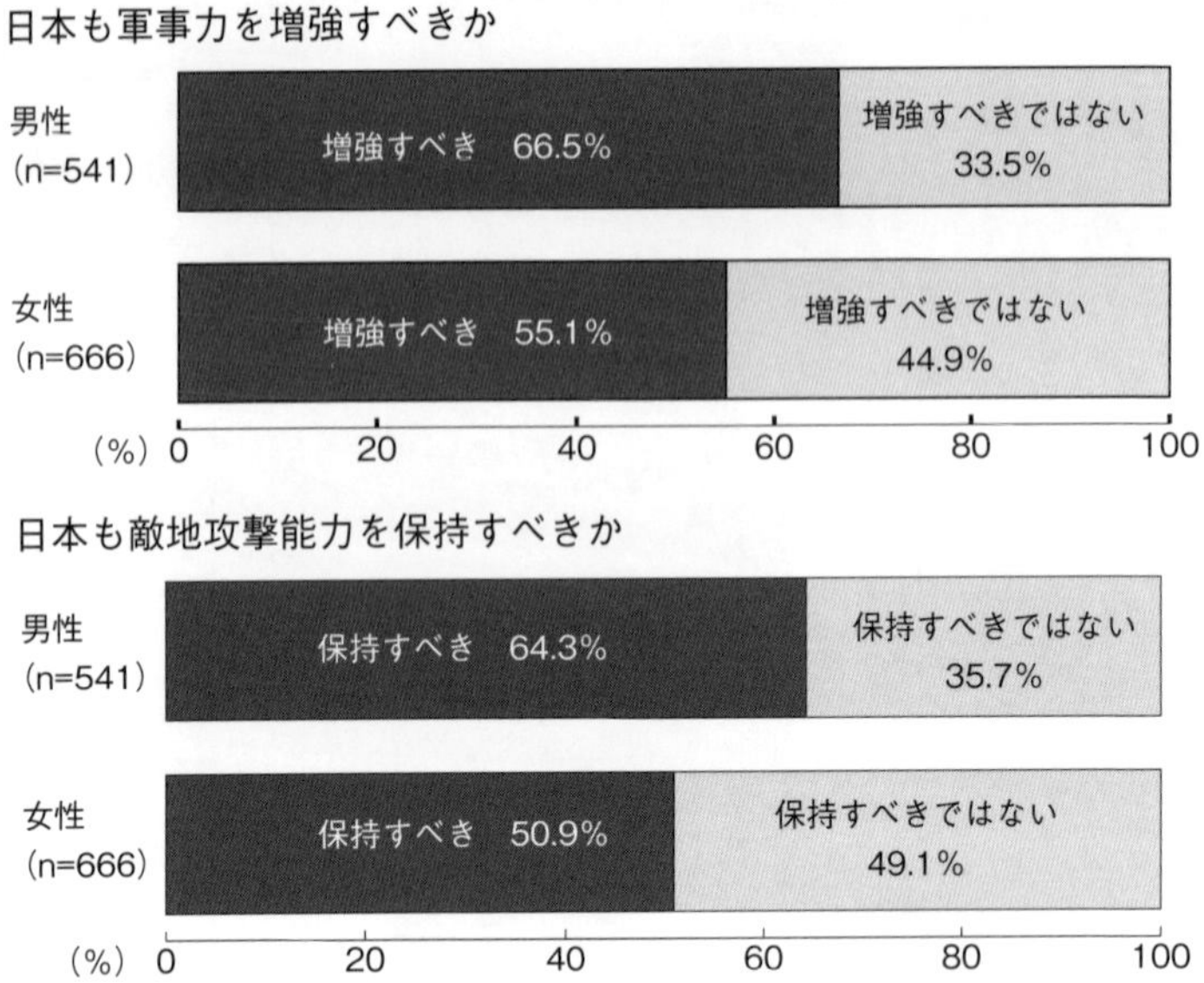

図５　ロシアのウクライナ侵攻に関する世論調査　（出典：共同通信、リーディングテック）

月後のことである。会談では、ウクライナ戦争を念頭に、岸防衛大臣がヨーロッパでの安全保障への関与を強化すると述べるとともに、中国を念頭に、インド太平洋地域の力による一方的な現状変更を容認せず、必要があれば連携を強化することなどを確認した。

世界各地で紛争や戦争が起きていることを背景に、日本とアメリカの防衛戦力を擦り合わせる作業を早急に行うことも確認された。これを受けて日本は「中期防衛力整備計画」の見直しを行った。安全保障問題で日本とアメリカが協力することが改めて確認されたのである。

実は、ウクライナ戦争を受けて、安全保障に対する日本の世論も大きく変化している。ロシアがウクライナに侵攻した2か月後の2022年4月に「ロシアのウクライナ侵攻に関する世論調査」が行われた。その一部を紹介すると、「日本の軍事力の増強」については、男性の66・5％、女性の55・1％が肯定的な回答をしている。また、「日本も敵地攻撃能力（反撃能力）を保持すべきか」という問いに対しては、男性の64・3％、女性の50・9％が「持つべき」と回答している（図5）。

日本にとっての日米関係と世界秩序

日米関係は、日本にとっても、アメリカにとっても重要である。すでに指摘したように、日本は地政学的に重要な場所に位置しているからである。日本は、厄介な「ご近所さん」に囲まれているということである。

日本にとってアメリカは、日本の安全保障を担保できる唯一の同盟国である。したがって、日米関係は、国際秩序や地域の安定を維持するうえでさらに重要な関係になる可能性が高い。しかし、万が一この地域で戦争が起きたとき、アメリカは自由に動くことはできないということも理解しておく必要がある。アメリカには合衆国憲法という縛りがある。また、国民の意見という縛りがあるからである。

アメリカは内向きになりつつある。民主党政権は「バイ・アメリカン（Buy American）」（アメリカ製品を買おう）を旗印に、選挙を戦ってきた。トランプ大統領は「アメリカ・ファースト（America First）」という言葉でそれを表現した。選挙では、民主党も共和党も「国内第一」を訴えている。そうしなければ、アメリカ国民に選ばれないからである。

中国の経済的、技術的、軍事的な台頭が始まったことによって、新しい国際秩序が形成されようとしている。ウクライナを侵略している間、西側諸国はロシアに対する経済制裁を発している。金銭的な国際決済システム「SWIFT（スイフト）」（Society for Worldwide Interbank Financial Telecommunication）から、ロシアを追い出したりした。ロシアの石油やLNG（液化天然ガス）にも制限をかけた。しかし、ロシアの石油やLNGは、中国あるいは北朝鮮、インドなどが大量に購入している。経済制裁は抜け穴だらけだった。加えて、イランはロシアに兵器を提供している。

難しいかじ取りを迫られる時代

民主主義国と権威主義国と独裁国が共存していかなければならない時代を迎えている。民主主義の旗振り役をアメリカだけに依存するのではなく、日本もその役割を果たすべきである。また、日本の安全保障をアメリカに過度に依存し続けることはできそうにない。最も望ましいのは、他国から攻撃されないことである。日本がこのままの状態を続けていくと、ウクライナの二の舞になるかもしれないからだ。

ウクライナはソ連崩壊時に自国にあった核兵器を放棄した。強力な軍事力もなかった。経済も停滞していた。それなのに攻撃され、侵略され、多くの人が亡くなっている。何もしなければ安全というわけではないということである。

最も望ましいのは、「抑止力」を持つことだ。抑止力とは、他国から攻撃されず、戦争を起こさせない力のことである。それは軍事力を行使して勝つこととは異なる。戦争は悲惨な暴力である。暴力で他の国の安心や、安全や、国民の生活を破壊することを戦争と言う。ロシアによるウクライナ侵攻のようなことを起こさせないようにする力が「抑止力」である。例えば、核兵器を持つことは「抑止力」につながる。しかし、それは世界の緊張をいっそう高めることになるかもしれない。また、物理的手段を用いずに戦争を起こさせない力を「ソフトパワー」と呼ぶこともある。

アメリカ一国で世界のバランスを取ることはもはや難しい。安全保障に関する日本への依存度はますます高まってくる。それをバランスの取れたものにするためにも、日本もいよいよアメリカに対して「モノ」言える国にならなければならない。それには軍事力というよりはむしろ、人権問題、地球温暖化問題、環境問題などでの倫理観の高さを示していく必要がある。それは日本の「ソフトパワー」である。

そのためには、日本は経済的にさらに豊かになる必要がある。経済力がなければ、「抑止力」も持てないし、世界のなかでの発言力も持つことはできない。発展途上国は経済力の強い国についてくるからである。

世界のさまざまな分野で、民主主義を標榜する国々と権威主義および独裁国との確執が表面化している。日本は、混迷する国際秩序の中でどのように生きていくのか、かじ取りの難しい時代を迎えている。高い理念を持ち続けつつ、経済力を強化する。それが世界における日本の役割である。

おわりに

2024年の大統領選挙が終了したばかりの11月末から12月初旬にかけて、私はワシントンD.C.にいた。この選挙は、トランプ前大統領の復帰という大きな政治的転換点が争点ともなり、国内外で多くの注目を集めた。トランプ前大統領の再登板はすんなり決まり、予想されていた票の数え直し、暴動、訴訟の嵐は、結果として発生しなかった。これにより、2024年の選挙がアメリカ民主主義の安定性を示したとも言える。しかし、これは表面的な評価に過ぎず、アメリカ社会の内部で進行している複雑な変化や課題は、引き続き国民や政治リーダーに多くの試練を課している。

2025年、アメリカはまた1つの大きな転換期に差し掛かる。「分断」という言葉ではもはや説明がつかない、複雑かつ多層的な「混迷の時代」が到来しているのだ。この混迷は、単なる党派間の競争ではなく、社会構造そのものを反映する現象である。共和党と民主党の支持基盤が再編成されつつあり、それに伴って選挙制度や国際社会との関係性にも大きな影響が出る。

「分断」という言葉は長らくアメリカ政治を象徴する言葉として用いられてきた。これにはアメリカを外から眺め、論評するニュアンスがあり、時には外国人が持つアメリカ社会への上から目線的な立ち位置がうかがえた。しかし、「混迷」は違う。日本や世界の市民をも強力な力で巻き込んでいくものになるだろう。もはや第三者的には語れない段階である。アメリカ国内で起きている政治的な変化は、日本や世界各国に波及し、今後数十年にわたる国際秩序に影響を及ぼす可能性がある。そのため、この混迷の本質を理解し、それを乗り越えるための具体的な手立てを考えることが、アメリカだけでなく、国際社会全体に求められる重要な課題とならざるを得ない。

2024年の大統領選挙で特に注目すべきは、顕著に見られた支持基盤の変化である。従来、民主党は低所得層や労働者階級の支持を受け、共和党は高所得層やビジネスエリート層を支持基盤としていた。しかし、2024年の選挙ではその構図が大きく変わり、にわかに逆転することのない現象となって現れた。非大学卒業者を中心とする労働者階級が、トランプ候補の「アメリカ第一」政策や反エリート的なメッセージに共感を示し、地方や中小都市で共和党への支持が圧倒的に強まったのである。一方で、民主党は都市部の高学歴層や進歩的な若者を支持基盤とし、教育改革や気候変動対策といった政策課題に焦点を当てることで、これらの層の支持を強化したが、勝利にはつながらなかった。

民主党と共和党の支持層の逆転現象は、単なる政治的な再編成ではなく、経済的、文化的、さらには社会的な不平等が顕在化した結果として理解する必要もあるだろう。このような動きは、時代の変化を象徴しており、従来の「分断」という枠組みでは十分に説明することができない。2024年の選挙をきっかけに、50年に一度ともいわれる歴史的な転換期を、アメリカが迎えている可能性がある。

2024年に顕著となった再編成の背後には、アメリカ社会が直面する経済的課題が存在したことも確かである。新型コロナウイルスのパンデミックやグローバル化による産業構造の変化は、地方や中小都市における雇用喪失や賃金停滞を加速させた。このような状況で、トランプ候補の「アメリカ第一」政策は、輸入規制や国内産業の保護を掲げることで、労働者階級の不安に直接応えるものとして支持を集めた。一方で、都市部に住む高学歴層は、トランプ政権下で進行した国際的孤立主義への反発や、気候変動問題への対応の遅れに不満を抱き、民主党への支持を強化する結果となった。このように、２０２４年の選挙結果は、単なる党派の争いを超えて、社会の構造的な課題を反映しているといえる。

またトランプ次期政権の閣僚指名は、この混迷の時代を象徴する重要な要素となっている。トランプ次期大統領が指名した閣僚候補の中には、上院での承認が危ぶまれる者も複数存在する。まず、国防長官候補であるピート・ヘグセス氏は、元ＦＯＸニュース司会者という経歴を持つが、過去に性的暴行疑惑が報じられたことがあり、これが承認プロセスで大きな障壁となる可能性がある。また、司法長官候補として一時名が挙がっていたマット・ゲーツ氏は、過去のスキャンダルにより指名を辞退せざるを得なくなった。さらに、保健福祉長官候補として指名されたロバート・Ｆ・ケネディ・ジュニア氏は、反ワクチン活動家として知られており、その立場が上院での承認において議論を引き起こすことが予想される。他にも多くの閣僚候補が、上院での承認に疑問を残すものとなっている。

彼らはトランプ氏に共鳴するだけでなく、輪をかけて現状打破を掲げている。閣僚候補ではないもののイーロン・マスク氏の活動および目指すものも政府の大改革である。それぞれの閣僚候補は、官僚機構を大幅に変えることを目指していることで知られる。このような閣僚人事そのものが、トランプ氏の掲げる「ワシントンの沼を排水する」という理念を反映しており、既存のエリート層に対する不信感を基盤に、新たな秩序を構築する試みの一環と見られる。また、これらの指名には、共和党内の多様な派閥を調整し、支持基盤を一層強固にするという狙いもあると考えられる。

アメリカの政治的混迷は、世界にも深い影響を及ぼしつつある。ヨーロッパ諸国は、トランプ政権が掲げる「アメリカ第一」の政策に適応するため、経済連携や安全保障政策を再構築しようと努力している。また、中国とロシアはアメリカとの地政学的対立を見据え、新たな外交戦略を模索している。「アメリカ第一」政策は、他国との貿易協定の見直しや関税政策の強化を含む。

この動きは、日本を含む多くの国に対し、貿易戦略の再構築を迫るものである。例えば、トランプ政権下での日米貿易交渉において、自動車関税や農産物市場の開放が議論されたように、アメリカの政策変更が直接的に日本経済に影響を与えることは避けられない。同様に、ドル基軸通貨としての地位を持つアメリカの金融政策は、他国の金利政策や為替相場に直接波及する。アメリカの利上げや金融緩和が日本円の価値や輸出入価格に影響を与える事例は、これまで幾度も繰り返されてきた。

　そしてその保護主義的な経済政策は、アメリカ国内の産業保護に焦点を当てる一方、自由貿易体制を揺るがし、日本を含む他国の輸出産業やグローバルサプライチェーンに大きな波紋を広げつつある。日本の自動車産業が関税引き上げに直面したり、脱炭素社会を目指した再生可能エネルギー関連産業への投資が減速したりする可能性は、トランプ政権の政策転換による典型的な影響例といえよう。こうした政策は、アメリカの国内問題に見えて、実際には世界経済全体の調整や方向性に直接的な影響を与える点で、日本が注視しなければならない課題である。

　また、アメリカの軍事力と外交政策は、世界各地の安全保障環境を直接的に左右する。特に日本にとって、アメリカは日米安全保障条約を通じて国防の要であり続けている。例えば、中国の台頭に伴う東アジアの緊張が高まる中で、アメリカがインド太平洋地域における軍事的プレゼンスをどのように維持するかは、日本の防衛政策に直接影響する。トランプ政権復帰に伴い、インド太平洋地域での一国主義的なアプローチが再び強まると予想される。日米安全保障条約を軸に依存してきた日本は、アメリカの政策変更に伴うリスクを想定し、防衛費増額や多国間協力の再構築を進める必要に迫られている。

また、アメリカが中国との対立を深める一方で、ロシアとの関係改善を模索する姿勢は、日本がどのように地域のパワーバランスを維持するべきかという課題を突きつけている。中国やロシアといった大国間競争の中で、アメリカの対応次第で日本の外交戦略も柔軟な調整が求められる。特にウクライナ問題や台湾海峡を巡る動向は、アメリカの軍事的および外交的な選択が直接的な鍵を握っている。

さらに、文化的影響も無視できない。アメリカのポップカルチャー、テクノロジー、そして社会運動は、世界中の価値観や行動様式に影響を与えている。例えば、ブラック・ライブズ・マター（Black Lives Matter）運動はアメリカ国内での警察改革や人種差別の問題を超えて、世界的な議論を巻き起こし、多くの国で人権問題への関心を高めた。日本でもこの影響は見られ、人種差別やジェンダー平等に関する議論が活性化する契機となった。同様に、アメリカ発のテクノロジー企業、例えばアップルやグーグル、アマゾンが世界中の消費者行動やビジネスの在り方を変革している事例もまた、アメリカの影響力の一例である。

アメリカ国内の社会変化も、他国に対する影響力を持つ。例えば、2024年の大統領選挙で示された支持層の再編成は、グローバルな民主主義の在り方に新たな視点を提供している。トランプ支持層が非大学卒業者を中心とした低所得労働者階級に集中した一方で、カマラ・ハリス支持層が高学歴かつ進歩的な都市部の住民に多かったことは、格差や社会的分断がどのように政治的選好に影響するかを浮き彫りにした。これは、日本を含む多くの先進国が直面する課題とも重なり、社会の分断を超えていかに民主主義を維持するかという普遍的なテーマを提示している。

そして、アメリカの選挙運営の進化も注目すべきポイントである。2024年にはAIやブロックチェーン技術を活用した選挙管理が透明性向上に寄与した。不正投票の抑制や偽情報拡散の防止が、アメリカ国内での選挙プロセスに対する信頼回復を後押しした。ジョージア州やミシガン州の選挙管理者が暴力的脅迫に屈せず、民主主義を守るために奮闘した事例は、選挙制度の透明性を維持することが国家防衛の一環であることを示している。これらの努力は、日本の選挙運営にも参考になる点が多い。例えば、電子投票の導入やデジタルデマ対策が課題となる中で、アメリカの取り組みは日本にとっても有益な教訓を提供している。

２０２４年12月４日にワシントンＤ．Ｃ．で開催された「ＰＢＣ選挙サミット」は、選挙制度や民主主義の維持に関する重要な議論の場となった。このサミットでは、公正な選挙を確保するためのサイバーセキュリティ対策が強調され、電子投票システムの安全性が改めて議題に上った。外国からのハッキングリスクが指摘される中、連邦政府と州政府が連携して透明性の確保に向けた取り組みが進められている。また、サミットでは「What you do is more important than who you are」という理念が再三にわたって言及された。この考え方は、選挙管理に携わる職員や専門家たちが担う役割の重要性を強調し、政府への信頼を取り戻すための具体的な行動を促すものである。

また、この選挙サミットで強調された「信頼」の重要性も、国際社会に対する教訓を提供している。アメリカにおける選挙制度の透明性やサイバーセキュリティの強化に向けた努力は、日本を含む他国においても公正な選挙の実施やデジタル化に伴う新たな課題を考慮する際の参考となろう。日本においても電子投票の導入が議論される中で、アメリカの選挙運営における成功例や失敗例を学ぶことは、政策設計に大いに役立つ。

これらの具体例は、アメリカが経済、外交、安全保障、文化、そして社会的価値観の全てにおいて世界の潮流を形作る力を持つことを示している。したがって、アメリカの動向を理解することは、世界や日本が直面する課題を予測し、解決するための鍵となるのである。アメリカの今を知ることは、日本が直面する未来の方向性を理解するための窓口であり、世界全体が進むべき道筋を考えるための出発点でもある。

アメリカの歴史を振り返ると、２０２４年のトランプ氏の当選は、単なる偶発的な政治的出来事ではなく、繰り返される社会変革のサイクルに沿った必然的な動きであることが見えてくる。この国は創設以来、何度となく大きな変革期を迎えてきた。独立戦争や南北戦争、20世紀初頭の進歩主義時代、そして１９６０年代の公民権運動はすべて、既存の社会秩序が揺るがされ、新しい価値観や構造が模索された転換点であった。２０２５年は、この流れの中で「混迷の時代」の新たな章を迎えたと言える。

最後に、本書が完成するまでに、内田宏壽氏と堀岡治男氏に多大なご支援をいただいたことに深い感謝を述べたい。お二人のご尽力がなければ、アメリカ政治の「混迷の時代」をテーマに、アメリカの歴史や制度にまで掘り下げて示唆を得る本書の出版は不可能であった。本書が読者にとって、アメリカの今を理解し、世界と日本の未来を考えるための一助となるのであれば、それはお二人の貢献の賜物である。この場を借りて、心からの感謝を申し上げるとともに、本書がその意義を十分に果たすことを切に願うものである。

2024年12月　ワシントンD.C.にて

中林美恵子

中林美恵子（なかばやし みえこ）

【略歴】
早稲田大学教授。1960年生まれ。埼玉県深谷市出身。大阪大学博士（国際公共政策）。米国ワシントン州立大学修士（政治学）。1992年に米国永住権を獲得。同年、米国家公務員として連邦議会上院予算委員会に正規採用され、上院予算委員会の共和党側に勤務（1993年1月～2002年4月）。約10年間、米国の財政・政治の中枢で予算編成の実務を担う。帰国後、独立行政法人・経済産業研究所研究員、跡見学園女子大学准教授、米ジョンズ・ホプキンス大学客員スカラー、中国人民大学招聘教授などを歴任。財務省・財政制度等審議会、文部科学省・科学技術学術審議会等の公職、および衆議院議員（2009年～2012年）を経て、2013年に早稲田大学准教授。2017年に教授に就任。2018年より、米国マンスフィールド財団の名誉フェロー。2020年7月より凸版印刷株式会社（現TOPPANホールディングス株式会社）社外取締役。2024年より、笹川平和財団上席フェローおよび東京財団政策研究所常務理事も兼務。

【著書】
『トランプ大統領とアメリカ議会』日本評論社 2017
『トランプ大統領はどんな人？』幻冬舎 2018
『沈みゆくアメリカ覇権 ― 止まらぬ格差拡大と分断がもたらす政治』小学館 2020
『挑戦を受ける民主主義と資本主義 ― ショックセラピー2035』東京書籍（竹中平蔵氏と共著）2022
『Handbook of Japanese Public Administration and Bureaucracy』Amsterdam University Press／MHM Japan Documents（著者・編者）2024
『混乱のアメリカと日本の未来』マイナビ出版 2024
など多数。

装丁　長谷川　理
編集協力　堀岡　治男
編集　内田　宏壽
校閲・校正　室谷　きわ

写真：時事通信フォト、ユニフォトプレス

アメリカの今《いま》を知《し》れば、日本《にほん》と世界《せかい》が見《み》える
―混迷《こんめい》が告《つ》げる時代大転換《じだいだいてんかん》の予兆《よちょう》―

令和七年三月三日　第一刷発行

著　者　中林《なかばやし》　美恵子《みえこ》

発行者　渡辺　能理夫

発行所　東京書籍株式会社
〒一一四-八五二四　東京都北区堀船二-一七-一
電話　〇三（五三九〇）七五三一（営業）
〇三（五三九〇）七五二六（編集）

印刷・製本　TOPPANクロレ株式会社

定価はカバーに表示してあります。
乱丁・落丁の場合はお取り替えいたします。
本書の内容を無断で転用することはかたくお断りいたします。

Printed in Japan
ISBN 978-4-487-81830-3 C0031 NDC313
https://www.tokyo-shoseki.co.jp